朱敏宇
張騫
朱榮岩
張睿夫人

何尚中
高誡身
仕威夫人
杜威長女公子

張睿
杜威
高誡身夫人
杜威少女公子

蘇

An academic chronicle
of John Dewey in China

杜威在华学谱

顾红亮 ◎ 编著

华东师范大学出版社
·上海·

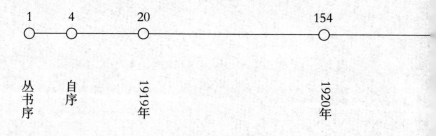

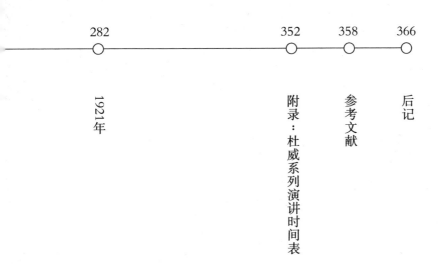

丛书序

19世纪末，传统西方哲学受到严重挑战，哲学家们不约而同地努力为哲学寻找新的出路。在罗蒂的眼里，杜威、海德格尔、维特根斯坦无疑是这一努力的杰出代表。而与后两位哲学家相比，杜威的优点更为突出。如果说实践、社会、历史是新哲学的核心关怀的话，那么它们在杜威哲学那里得到了最为充分的体现；不仅如此，杜威哲学还可导出科学和民主的观念。要走出西方哲学的困境，杜威可为我们提供最好的思想资源。

但罗蒂或许遗忘了，早在杜威之前约半个世纪，受黑格尔的影响，马克思便已经开启了新哲学的路径。在近代哲学向现代哲学转型的过程中，马克思走在了时代的最前沿。

他是杜威的先驱和同道。毋庸讳言,在马克思和杜威之间存在着分歧,其中一些甚至相当尖锐。但尽管如此,我们不应模糊一个基本的事实,那就是:这些分歧与他们共同的哲学目标相比,是次要的、枝节性的。当代另一位美国著名哲学家韦斯特曾经有言:"杜威就是美国的黑格尔和马克思!" [1]

许多人已经注意到,在诸多西方哲学流派中,杜威的实用主义与中国传统哲学最具亲和性。杜威曾被西方学者称作"孔子第二",怀特海明确说道:"如果你想了解孔子,去读杜威;如果你想了解杜威,去读孔子。" [2] 杜威伦理学的哲学立场、知行合一的哲学方法、非二元论的哲学思维方式等等,无不显示出与传统中国哲学的意趣相投。愈做中西哲学比较研究,愈为中国哲学的进一步发展寻找出路,杜威哲学愈值得关注。

与众多西方哲学家不同,杜威不是书斋型学者。他关注社会、关注人生、关注现实,他的哲学影响波及众多领域,直接参与了对美国思想文化的塑造:无论是作为哲学分支的形而上学、伦理学、知识论,还是人文社会科学领域的政治学、法学、社会学、心理学、教育学、艺术学、宗教学、历史学、文学批评等等,无不渗透了杜威的影响。可以说,了解杜威是打开美国之门、了解美国社会以及思想文化最好的钥匙。

一百年前,杜威的来访曾在中国思想学术界激起一阵不小的波澜,自那以后,杜威在中国命运坎坷,直到上世纪八十年代之后,才终于逐渐获得它应有的学术尊严。几乎是同时或稍早一些时候,杜

---

[1] 韦斯特:《美国人对哲学的逃避》,董山民译,南京大学出版社,2016年,第97页。
[2] 《当代美国学者看杜威》,王成兵主编,中国社会科学出版社,2015年,第8页。

威在西方学术界也重新受到青睐;随着美国人对杜威研究兴趣的复活,欧洲大陆的学术界也开始将"实用主义"从一个贬义词变成了褒义词。人们终于看到,杜威哲学不但没有成为历史,相反,它仿佛等在前方,为当代许多重要的哲学争论提供独特的启示。

有关杜威哲学的研究成果可谓汗牛充栋,但"杜威研究在中国"系列的问世却有着不同寻常的意义。它是一个信号,标志着中国学者的杜威研究工作进升到了全面展开的阶段。继《杜威全集》(39卷)、《杜威选集》(6卷)以及《杜威著作精选系列》(12种)的翻译、出版之后,关于杜威哲学的全面研究已经水到渠成。

由于诸多原因,在我国学术界,杜威哲学研究存在着巨大的断层。在长达近半个世纪的时光里,在学术研究的视野中,杜威完全消失了。只是自上世纪八十年代之后,这一研究才逐渐陆陆续续地展开,但长期积淀下来的偏见如此之深,要彻底改变一些人对杜威哲学的偏见,还需要付出极大的努力。由"复旦大学杜威中心"组织编写的"杜威研究在中国"系列只是开了个头,我们期待着学术界的跟进,相信更多的成果将会不断涌现。

"复旦大学杜威中心"一直致力于对杜威乃至整个美国哲学的翻译和研究,致力于为这一研究提供优质的学术平台。我们热切期待各方朋友的加入,共同努力,将杜威研究工作推向一个新的水平。

华东师范大学出版社是我国出版杜威翻译及研究作品的重镇,对于杜威的翻译研究始终如一地给予了大力的支持,朱华华编辑为这套丛书付出了非常高效而艰苦的努力,对此,我们深表感谢!

复旦大学杜威中心:刘放桐　陈亚军

2019 年 4 月 30 日

自序

一

大约二十五年前，我选择"杜威哲学与现代中国哲学的关系"课题作为博士论文选题。在博士论文的写作过程中，认识到档案文献对于哲学史研究的重要性。因此，开始有意识注意搜集杜威在华学术演讲和游历参观的资料，复印或摘抄《申报》、《晨报》等民国报刊中有关杜威行踪的报道和演讲稿。1999年，博士论文完成之际，副产品"杜威在华讲学大事记"形成初稿。十多年过去了，这份初稿一直保存在电脑中。2015年，《实用主义的误读》由广西师范大学出版社再版时，"杜威在华讲学大事记"被收为该书的附录。

博士论文经过修改，以《实用主义的误读》为题在2000年由华东师范大学出版社初次出版(广西师范大学出版社 2015 年再版)。该书的侧重点在于讨论杜威的实用主义哲学与胡适、陶行知等思想家的关系。随着对实用主义与中国之间关系的研究的深入,杜威的实用主义哲学与现代新儒家之间的关系渐渐成为我的研究重点。《实用主义的儒化》(社会科学文献出版社 2016 年版)便是这个研究的结晶。

无论是对杜威的实用主义与中国思想之间关系的研究,还是对杜威哲学衍化的研究,都需要了解杜威在中国访问的历史事实与经过,需要掌握杜威在华讲学的文献。要做到这一点,就需要做扎实的、翔实的档案整理。如果能以年谱的形式把杜威在华活动记录下来,形成一份学术性的断代年谱,那将是一件十分有益的基础性研究工作。

早年编撰的"杜威在华讲学大事记",是编著杜威在华年谱的一个起点。我依靠硕士生和博士生的帮助,利用到美国波士顿、台北等地访学的机会,查找报刊文献,阅读多种全集、日记集、书信集,不断扩充"杜威在华讲学大事记"。渐渐地,编年的文献越聚越多,信息越补越全,从二三十页变成二百多页,一本年谱初具雏形。我把这份断代学术性年谱命名为《杜威在华学谱》。

如果说《实用主义的误读》、《实用主义的儒化》侧重于理论阐述,那么,《杜威在华学谱》则侧重于文献综合或文献"诠释",三者构成我的实用主义研究的"三部曲"。对于实用主义的研究者和读者来说,《杜威在华学谱》可提供较丰富的档案文献,具有一定的文献参考价值。

从讲故事的角度看,本书将合理可靠"诠释"杜威访华的场景与面貌。学术界已经出版多部描述杜威在中国访问及其思想影响的著作,如元青出版《杜威与中国》(人民出版社,2001年),张宝贵编著《杜威与中国》(河北人民出版社,2001年),杨寿堪和王成兵合作撰写《实用主义在中国》(首都师范大学出版社,2002年),此书后改名为《实用主义的中国之旅》(中国社会科学出版社,2014年),等等。

在英语世界中,Barry Keenan 出版过 *The Dewey Experiment in China：Educational Reform and Political Power in the Early Republic* (Cambridge，Mass.：Harvard University Press，1977)。Jessica Ching-Sze Wang 出版她的博士论文 *John Dewey in China* (Albany：State University of New York Press，2007)。这些研究从不同的角度展现杜威的实用主义哲学与中国的多维关系。在这些研究的背后,有一项更为基础性的文献整理工作,一直未受重视。黎洁华编写过《杜威在华活动年表》(《华东师范大学学报》(教育科学版)1985年第1、2、3期),颇具参考意义。三十多年过去了,迄今未见更详尽的年谱或年表出现,不免是一种缺憾。

从方法论的角度看,希望本书有助于促进20世纪中国哲学史研究方法的创新。用东方人的治史方法,编撰西方思想家的年谱,已经有一些成果,朱政惠编著的《史华慈学谱》(上海辞书出版社,2006年)就是一个例子。用日志、年谱等传统治史的方法研究杜威在中国的讲学历程,挖掘更多杜威在华访问的"史实"和"档案",发挥传统史学方法在哲学史研究方面的积极功能,是一项值得探索的学术任务。它把哲学史的实证研究和哲学思辨结合起来,希冀推动中国哲学史研究方法的革新,给当代中国哲学史研究带来新的风气。

二

整理"杜威在中国"的档案资料,需要考虑时间范围和文献范围的设定。

第一,时间范围。

杜威抵达上海的时间是 1919 年 4 月 30 日,离开北京准备返国的时间是 1921 年 7 月 11 日,离开青岛乘船赴日本的时间是 1921 年 8 月 2 日,抵达美国旧金山的时间是 1921 年 9 月 11 日。把杜威在华年谱文献所涉的时间范围设定在 1919 年 4 月 30 日至 1921 年的 7 月 11 日或 8 月 2 日之间,无可非议,自然妥帖。黎洁华编著的《杜威在华活动年表》采取的时间段是从 1919 年 4 月 30 日至 1921 年 7 月 11 日。

本书愿意把时间范围稍稍放宽,但又不能放得太宽。因此,确定的时间段是从 1919 年 1 月至 1921 年 12 月,整整三年。这样可以把杜威访华前后的背景和离开中国后的反应容纳进来,把"前因后果"呈现出来,更全面地展示杜威访华的丰硕成果和广泛的影响力。

"前因"包括杜威的日本之行。杜威开启东方之行,包括对日本和中国的访问。杜威应允到中国访问,与他到日本的讲学直接关联。胡适写信邀请杜威访华。郭秉文和陶履

8

恭在东京拜访杜威,发出讲学邀请。杜威是在访问日本期间做出到中国讲学的决定的。杜威的日本之行是中国之行的前奏。因此,本书的时间段延伸到1919年1月,简略地汇集了杜威夫妇在日本访问参观的经历。

"后果"包括杜威途经日本和到达美国后的活动及中外学术界的反响,包括杜威发表的论述中国现象的文章。胡适1921年10月在北京大学开设"杜威著作选读",带领学生阅读《思维术》。选课人数众多。这些事实都显现出杜威在华访学的成效。把本书的时间段延伸到1921年底,能略微展示杜威访华的后续效应。

本书按年、月、日顺序纪事,编排档案文献和学术活动。力图记录杜威每天的日程安排,尽管这几乎是不可能的。以杜威的学术演讲为例:首先,按杜威演讲的日子来编排;如果不能确定演讲日期,就按演讲稿在报纸刊登的日期来编排。

第二,文献范围。

本书收录的文献,类型多样,主要包括以下几类:

第一类,杜威在中国进行的学术演讲、参观等活动的记录或报道。很多演讲稿刊载在当时的报纸上,有的还被结集出版,如《杜威三大讲演》、《杜威五大讲演》等。当时的《晨报》、《申报》、《民国日报》、《大公报》、《时事新报》、《益世报》、《新青年》、《新教育》等报纸杂志都有关于杜威到各地演讲、参观的报道。

第二类,杜威发表的时政论文。杜威在中国访问期间,写下不少政论性的英文文章,讨论中美关系、中日关系、中国的学生运动、中国的工业化、中国的教育和文化发展等,寄给美国的《新共和》、《亚细亚》等杂志发表。《杜威全集》(*The Collected Works of John*

Dewey, *edited by Jo Ann Boydston*, *Carbondale and Edwardsville*：*Southern Illinois University Press*，1961—1991.已由华东师范大学出版社引进并翻译出版)共收录有关中国问题的时政论文(包括回函、书评、报告等)约49篇,其中中期著作第11卷有9篇,中期著作第12卷有8篇,中期著作第13卷有24篇,中期著作第15卷有1篇;晚期著作第2卷有4篇,晚期著作第3卷有3篇。在1919—1921年间撰写或发表的中国问题文章,主要集中在杜威中期著作第11、12、13卷,共计约38篇,数量相当可观。

第三类,杜威夫妇的信函等,包括在日本和中国所写的家信。杜威夫妇刚到日本和中国时,给家里人写信,报告他们在日本和中国的所见所闻和所思所感。这些家信被杜威的女儿Evelyn Dewey编成书信集,以《日本和中国书简》(*Letters from China and Japan*，New York：E. P. Dutton & Company，1920)为题在纽约正式出版。在杜威夫妇的家信中,蕴藏着大量的年谱信息。

第四类,中国学者撰写的介绍或者批评杜威思想的文章,所作的与杜威思想有关的演讲等。陈独秀、胡适、陶行知、蒋梦麟、梁漱溟、冯友兰等都对杜威的思想发表过评论,或者引述过杜威的言论,或者吸收过杜威的观点。

第五类,中国学者写的日记、书信、自传、回忆录等。胡适、黄炎培、经亨颐、冯友兰、恽代英、杨昌济、吴虞等学者的日记,都记载有与杜威交往、听杜威演讲、阅读杜威著作的经历。陶行知、蒋梦麟、蔡元培、胡适、郭秉文等之间的通信,保存了不少杜威访华的资料。

根据当今标点习惯,本书对于无标点或用旧式标点的原文,酌情改动。

三

整理"杜威在中国"的文献,不仅有技术层面的考量,如时间范围和文献范围的划定,而且有主导原则的考量。这涉及三个问题:如何对待资料的"全"与"不全"? 如何研究性地驾驭和使用资料? 如何看待日常生活的资料?

第一,在搜集"杜威在中国"的档案文献方面,本书并不求"全",而是求"有价值之全",有利于掌握杜威在中国的学术性的日程安排线索。搜寻杜威在中国的档案文献的过程,是一个让文献"说话"的过程,让文献"敞开"的过程,让不同来源的文献考证校勘、相互交流、相互印证,澄清事实,更正不实记载。

例如,《北京大学日刊》刊登启事,说1919年11月11日晚7时,北京大学音乐研究会开同乐会,邀请杜威和各音乐家演说,并演奏中西音乐。实际上,当天晚上,杜威因病没有到场演讲。笔者从胡适的文章《在同乐会上的演说》中得到佐证。胡适写道:"今日本有杜威先生的演说,因为病了没有来。——刚才会长已经报告——我今日到会,一则代达杜威先生的歉意;一则贡献我个人的意见。"①结合《北京大学日刊》的启事和

---

① 胡适:《在同乐会上的演说》,《胡适全集》第20卷,合肥:安徽教育出版社,2003年,第64页。

胡适的文章,确认杜威因病缺席同乐会。

又如,胡适把杜威抵达上海的时间记成1919年5月1日,杜威在演讲中也说自己到中国的时间是5月1日。胡适和杜威的说法影响了一些学者的看法,把5月1日确定为杜威抵达中国的时间。根据《申报》记载,杜威夫妇抵达上海的时间是1919年4月30日,不是5月1日。北京大学代表胡适、南京高等师范学校代表陶行知、江苏省教育会代表蒋梦麟等人到码头迎接杜威夫妇,并送他们到沧州别墅居住。①《申报》的报道证实杜威和胡适的记忆不准确。

第二,本书并不求"罗列"资料,而是求"诠释"事实。本书"诠释"的大多是关于杜威的学术行踪的事实,有出处,有评价,有对照。杜威的学术日程"安排"是笔者研究杜威在中国的课题成果。本书尽力体现研究的色彩,使之成为研究性的"学谱"。

例如,1920年1月2日,天津青年会邀请杜威在天津演讲"真伪个人主义"(或译为"真的与假的个人主义")。天津《益世报》的报道简要记录演讲的大意。胡适在《非个人主义的新生活》中复述杜威此次演讲的核心思想,在真的个人主义与假的个人主义之外,引出第三种类型的个人主义,即独善的个人主义,新村运动渗透着这种个人主义哲学。"不满意于现社会,却又无可如何,只想跳出这个社会去寻一种超出现社会的理想生活。"胡适批评独善的个人主义的根本错误在于:"把'改造个人'与'改造社会'分作两截;在于把个人

---

① 参见《杜威博士到沪》,《申报》1919年5月1日。

看作一个可以提到社会外去改造的东西。"①本书把天津《益世报》对杜威演讲的报道和胡适的评述文章放在一起，让读者去品味胡适如何在时代的语境中发挥杜威的个人主义思想，提出"社会的新生活"观念，从而体会杜威的演讲以一定的方式介入现代中国的思想纷争与学术争论。

又如，本书把1919年2—4月间杜威访日的大致行程整理出来，读者可以对照他的日本之旅与中国之旅的异同，了解他对日本的态度前后变化的轨迹。可以说，杜威在日本的讲学经历，为他的中国之行做了充足的准备。杜威夫妇在日本学会了使用筷子吃饭，品尝了日本的料理和茶点，欣赏了日式的歌舞伎剧，领略了日本的婚礼和玩偶节风俗，这些都使杜威夫妇品味到东方文化的特有韵味。杜威在东京、京都等地考察学校，给教师演讲，和当地官员交流，体验了东方的教育理念、学习方式与制度环境。日本讲学的收获成为他迅速融入中国文化氛围的润滑剂。但是，杜威经历的"五四运动"，使他体察到日本军国主义对国际秩序的威胁、对中国社会秩序的危害。他开始检讨先前对日本的姿态。"真奇怪，在我们旅游了日本一段相当的时间之后，如今意想不到的竟会如此排斥她，这也该算是一种命定的事，你应该将我这些意见转递给日本人。"②

又如，在人们的一般印象中，在"五四"时期，杜威在中国各地演讲，听众踊跃，广受欢迎。人们很容易把杜威想象成演讲"高手"。

---

① 胡适：《非个人主义的新生活》，《胡适全集》第1卷，合肥：安徽教育出版社，2003年，第708、713页。
② 杜威夫妇：《中国书简》，王运如译，台北：地平线出版社，1970年，第58页。

一些学者把杜威描绘成一位受人尊敬的明星哲学家。胡适感谢杜威"当了我们年轻中国 40 年的老师"①,安乐哲说杜威"有资格被冠以'孔子第二'的称号"②,托马斯·培里形容杜威是"20 世纪的一个世俗化的利玛窦","他自己同中国知识分子之间建立起来的思想交往的程度确实是令人惊讶的"③。梁启超说:"中国人宜以杜威的哲学为底,造出一派新的哲学来。"④在 20 世纪 20 年代的中国,杜威的形象既高大又光辉。事实不尽然。当时一些人并不完全认可杜威的权威哲学家形象。

其一,很多时候,杜威的演讲既单调又乏味。

胡适对杜威枯燥的演讲风格深有体会。"杜威不善辞令。许多学生都认为他的课讲得枯燥无味。他讲课极慢,一个字一个字的慢慢的说下去。甚至一个动词、一个形容词、一个介词也要慢慢想出,再讲下去。在这里你可看出他讲课时选择用字的严肃态度。"⑤1921年 7 月 6 日,在杜威离华前夕,胡适在日记中写:"罗素长于讲演,杜威先生称他为生平所见最完美的讲演者之一人。杜威不长于口才,每说话时,字字句句皆似用气力想出来的。他若有演稿,尚可作有力的演说;若不先写出,则演说时甚不能动听。"⑥在胡适眼里,杜威

① 胡适:《来自东方的敬意》,《杜威传》,单中惠编译,合肥:安徽教育出版社,2009年,第 425 页。
② 安乐哲:《和而不同:比较哲学与中西会通》,北京:北京大学出版社,2002 年,第 188 页。
③ 托马斯·培里:《杜威对中国的影响》,《杜威传》,单中惠编译,合肥:安徽教育出版社,2009 年,第 392 页。
④ 《胡适全集》第 29 卷,合肥:安徽教育出版社,2003 年,第 331 页。
⑤ 胡适:《胡适口述自传》,上海:华东师范大学出版社,1993 年,第 92 页。
⑥ 《胡适全集》第 29 卷,合肥:安徽教育出版社,2003 年,第 348 页。

实在不擅长演讲。

杨亮功对杜威在哥伦比亚大学讲课的效果也有记述:"他不善言辞,有时使用艰深字眼令人难解。不仅外国学生有此感觉,即是美国学生也不能免。因此我们这一班学生约有二十人,每人拿出美金五元请一位速记小姐,由她将讲辞速记下来,加以整理,分发各人。"①杜威的"不善言辞"可谓声名远播。

胡适和杨亮功提到的杜威的"笨拙"讲课风格,也体现在中国的演讲中。可是,在中国的演讲与在哥伦比亚大学的讲课不同,演讲现场有口译者,如胡适、陶行知、郑晓沧等,即时把杜威的演说内容译成中文。台下大多数的中国听众不懂英语,他们注意的不是杜威的英语表达,而是译者的中文内容。译者的口才调节着演讲现场的气氛,这稍稍弥补杜威演讲的不生动与不活泼。

在懂英语的青年学生中间,杜威的演讲也不一定受欢迎。潘光旦回忆他在清华初期的学生生活时说:"杜威也来讲过,当然是讲所谓实验主义的哲学,他说话声音很低,又单调,不但听不清,还起了'摇篮曲'的作用,一起讲五次,我在座入睡过四次。"②学生时代的潘光旦在杜威的演讲现场呼呼入睡,可见杜威演讲之乏味。这也许与他对杜威的实验主义哲学不感兴趣有一定关系,但也和杜威沉闷的言语表达直接相关。

其二,"五四"时期,杜威的演讲内容遭到一些人的消极抵制。

在当时中国的教育界和思想界,并不是所有的教师都欣赏杜威

① 杨亮功:《早期三十年的教学生活·五四》,合肥:黄山书社,2008年,第38页。
② 潘光旦:《清华初期的学生生活》,《潘光旦文集》第10卷,北京:北京大学出版社,2000年,第581页。

的民主主义教育思想。杜威刚到上海不久，即赴杭州演讲。1919年5月7日，在浙江教育会演讲"平民教育之真谛"。5月9日，浙江教育会会长经亨颐在日记中写："八时三十分，即赴教育会，与各校职对杜威［讲演］开谈话会，未有如何诚得（心），事近敷衍。即午，伍仲文宴杜威于鲍乃德之寓，余亦同去。"①"事近敷衍"一语，表明当时浙江教育界一部分教师对于杜威的教育演讲并不热心，也不上心。

《时报》1920年11月12日报道过教师逃离杜威演讲现场的现象："杜威连日所讲，皆'教育上之德谟克拉西'，叫学生自动自治，注重平民教育，实行社会服务。某教员听之，大不谓然，当谓其同伴曰：请他演讲，是请他劝学生用心读书，听我们的教训；那晓得他总在叫学生革我们的命，真是岂有此理！遂逃席而去。"②逃席的教师无法接受杜威的让学生自治的思想，坚持教师中心论，坚持教师高高在上的权威地位。这个事件反映出杜威在宣讲民主主义教育哲学的过程中，遭遇到一些阻力。有些教师并不愿意接纳杜威的哲学。

对于杜威哲学的传入，在教师队伍中，尚存在一定的阻力。在一部分官员中，更是如此。《申报》报道："鲁省驻京议员延请杜威博士赴东讲演，日内即将起程。闻鲁督张树元昨有漾电到京，请政府阻止，原文略谓：顷据教育厅长呈，称闻驻京议员特请杜威博士等即日来鲁讲演，本省人士极为反对，如果实行，窃恐别生事端，恳为阻

---

① 经亨颐：《经亨颐集》，杭州：浙江大学出版社，2011年，第525页。
② 《杜威讲演中之趣闻》，《时报》1920年11月12日。

止等语。"①杜威的山东之行虽遇障碍,遭山东督军张树元的反对,但在胡适陪同下,仍然成行了,在济南作"教育原理"、"新人生观"等演讲。

胡适讲述北京女子高等师范学校校长方还与杜威夫人之间的故事,该故事刊登在《每周评论》第29号上。北京女子高师校长方还隆重邀请杜威夫人到该校演讲。在演讲前,方还请该校女教员转告杜威夫人,希望她在演讲时强调学生服从的重要性。杜威夫人婉拒方校长的意思。胡适评论说:"方还未免太笨了。他既然怕新教育的思潮,应该用他对待女学生的办法,把大门锁了,不许杜威夫人进来,岂不狠妙?既让他进来了,又要请他讲'服从的紧要',不但丢脸,也未免太笨了。"②方还对待杜威夫人演讲的态度代表了相当一部分老师和官员的保守态度,即外迎内拒,表面上欢迎新思潮新观念,内地里坚持旧做法旧制度。

上述几个例子昭示出,杜威在中国固然有大受欢迎的一面,也有不那么受欢迎的一面。我们不能想当然地把杜威在中国的演讲都当作是深受中国知识分子欢迎的演讲。同时,我们也看到,普通人接受新思想新理念,需要一个较长的吸纳过程。20世纪20年代初期,一部分先进的知识分子竭力传播与吸收杜威的实用主义,这一个事实并不能掩盖另外一个事实:一些群体和一些个体对杜威实用主义持逃避或拒斥态度。③

---

① 《京华短简》,《申报》1919年12月27日。

② 胡适:《方还与杜威夫人》,《胡适全集》第21卷,合肥:安徽教育出版社,2003年,第184页。

③ 本节相关内容参见顾红亮:《不善辞令,让杜威曾经不大受欢迎》,《解放日报》2016年6月7日。

其三,本书作为学谱,自然关心杜威在中国的学术性日程安排。但不限于此,杜威的学术行程和日常生活是密不可分的。他的思考、旅行、演讲、会友、写作、参观、聚餐,都是日常生活的一部分。与其说我们关注杜威在中国的学术行程,不如说关注杜威在中国的日常生活方式。

在本书中,我们关心杜威到了哪个地方,看了哪些景点,见了哪些人物,谈了什么话题,做了什么演讲,写了什么文章,给谁写了信,跟谁吃了饭。这些日常生活的细节看起来微不足道,但并非无关宏旨;看起来反复杂多,容易熟视无睹,但深藏一般性结构。日常性无处不在,弥漫周遭。阅读杜威在中国的日常性,不仅可以读出中外学术交往、思想交流的"密码",而且可以读出普通人日常生活的结构和文化心理特征。

一方面,相对于中国人的日常生活来说,杜威的访华是"闯入式"的,是非日常的,是"异质的"。用杜威的"异域"眼光来观察,可以更灵敏地发现20世纪20年代初期中国人的日常生活的特征。另一方面,杜威在中国生活了两年多,他已经融入了中国人的生活世界,杜威在中国的日常生活可以成为解剖当时中国人日常生活现代变迁的一个生动案例。因此,总的来说,杜威在中国讲学是一个具有世界意义的历史事件,既体现中国哲学界吸纳实用主义合理因素的开放心态,又体现美国哲学在全球范围内扩展其自身影响力的自信与实力。对杜威在华讲学故事的深入考察和总结,无疑会在世界舞台上展示中国哲学的"开放"形象,进一步激励中国哲学家在世界哲学的舞台上讲好现代和当代的"中国故事"。

查找、搜集、整理杜威在华学术活动的档案文献,是很耗费时间和精力的。在十多年的搜集资料过程中,不断有新的线索出现,不断有新的材料发现,不断有新的文献充实。可以说,这几乎是一个无止境的过程。

1919年

1919 年
1 月

1 月 1 日,《新潮》第一卷第一号发表傅斯年的文章《人生问题发端》。该文写于 1918 年 11 月 13 日。该文提到 Pragmatism 概念,使用"实际主义"的译名。"生物学家主张的总是'进化论'(Evolutionism),从此一转,就成了'实际主义'(Pragmatism)。""实际主义却拿着人生观念,解释一切问题;只认定有一个实体——就是人生;——不认定有惟一的实体——就是超于人生。所有我们可以知,应当知,以为要紧,应当以为要紧的,都是和人生有关,或者是人生的需要。供给人生的发达与成功的,是有用的,有用就是真。……所以我们可以说实际主义是生物学派进一层的,是联合着生物学派,发明人之所以为人的。"①

1月16日,傅斯年写《译书感言》。该文发表在《新潮》第一卷第三号,1919年3月1日。"实际主义不是哲姆士在波士顿罗威研究所讲台上创造的,也不是失勒在人性主义学里创造的,也不是杜威在逻辑理论上创造的,也还不是皮耳士在普及科学月刊上创造的——西洋思想界进化到现在,经那样的历史,受现代时势的支配,自然而然有这主义产生。"②

1月22日,杜威夫妇搭乘日本的"春秋丸"号轮,从旧金山出发,前往日本。③

杜威在1918年12月9日致莱文森(Salmon O. Levinson,又译列文森)的信中写:"夫人和我觉得,随着时间的流逝,照现在的情形,我们度假最远所能到达的地方只能是日本了。如果现在不去,以后就更不会再指望了。因此,最后我们决定办理护照,并预定了1月22日的船票。"④

杜威在1918年12月21日致莱文森的信中写:"我接受了一个邀请,在东京帝国大学作几次演讲,这些演讲会给我们带来帮助,使我们与那里的事情发生更紧密的联系,若不然,它们也许只会成为

---

① 傅斯年:《人生问题发端》,《傅斯年全集》第1卷,长沙:湖南教育出版社,2003年,第85、87—88页。
② 傅斯年:《译书感言》,《傅斯年全集》第1卷,长沙:湖南教育出版社,2003年,第191页。
③ 参见乔治·戴克威曾(George Dykhuizen):《杜威的日本之行》,《杜威传》,单中惠编译,合肥:安徽教育出版社,2009年,第295页。
④ 乔治·戴克威曾:《杜威的日本之行》,《杜威传》,单中惠编译,合肥:安徽教育出版社,2009年,第294页。

我们所举的事例。"①

**1919 年
2 月**

　　2 月 8 日，杜威在《日晷》(Dial)1919 年第 66 卷发表《西奥多·罗斯福》(Theodore Roosevelt)。杜威在文章中写："罗斯福是一个行动的人。正因为如此，他成为时代的化身。他竭力宣扬奋力进取的生活，并加以身体力行。""罗斯福的事业最能博得美国人钦慕的也许莫过于这一事实：他有勇气要求美国人相信他。从政治上说，至少在形式上把民众当作他的家庭成员来看待。""他以建设性的道德热情与呆板的政客不断地进行讨价还价，与乏味的政治频繁地作出妥协。他向那些政治人物证明，他不是学究式的改革家；那类改革家声称抱有崇高的理想，却什么事也没干成。他对正义持有这样一种信念，即'使事情顺利过关'。……理论上的理想主义和便捷明快的实用主义的二元论，仍然庇护着美国人的生活。"②

———————

① 《杜威全集·中期著作》第 11 卷，上海：华东师范大学出版社，2012 年，第 348 页。
② 《杜威全集·中期著作》第 11 卷，上海：华东师范大学出版社，2012 年，第 121—126 页。

2月9日,上午11点,抵达日本的横滨港。小野荣二郎、帝国大学负责人姊崎宏教授、伦理学教授友枝孝彦等人在码头迎接杜威夫妇。下榻帝国饭店。约一周之后,应新渡户稻造博士及其夫人的邀请,住进了新渡户家。[①]

2月11日,杜威夫妇在写于东京的家信中说:"今天是节日。因此我们无法去银行,但我们可以去参加一个会议,讨论全民选举和民主化的问题。……昨天早晨我们去散步,下午有车接我们出去,这样我们已经从表面得来的第一印象中恢复过来。我们看到了大学和幕府将军之墓,从车上望去,那些墓修得极好。……我能预见到我们将会很忙,接下来的几周,你妈妈将比我有更多的时间进行各种观光活动。无法描述这是多么令人着迷,当然这很类似于书籍和图片,但从质量上来说,观光带来的感受不仅是真实的,而且是全方位的——不只是零散的标本。"[②]

2月13日,杜威夫妇在写于东京的家信中说:"今天,我们开始了独立购物。这里说英语的人之多,英语口语程度之高令我吃惊。……一番狂风暴雨式的社交、寒暄活动,尤其是昨晚的活动达到了高潮。相比之下,今天下午显得有些沉闷。……我们每天早晨都在8点钟吃早餐,今天我们还未吃完早餐人们就开始打进电话。两位先生用车送我们去学校,我们再次拜会了校长,他是该校的绅士,我想是儒学家。……然后,我们去了我提到过的那家百货商

① 参见乔治·戴克威曾:《杜威的日本之行》,《杜威传》,单中惠编译,合肥:安徽教育出版社,2009年,第295页。
② 约翰·杜威、艾丽丝·杜威:《寄自日本的书信》,《杜威传》,单中惠编译,合肥:安徽教育出版社,2009年,第305—306页。

店。……然后，我们又在这里吃了午饭，很普通的日本午饭，味道非常好，我们用筷子吃的饭。然后，他们送我们回酒店。2 点钟的时候，一位朋友来带我们去拜会涩泽（Shibusawa）先生——我想甚至只住过一晚的外国人都知道他是谁，不过你可能不会知道他已经 83 岁了，皮肤却像婴儿一般，反应敏捷，思维活跃。……他希望保留过去的儒学标准，并使之适应现在的经济状况。……还有一位朋友邀请我们到帝国剧院去看戏剧。……4 点开始表演，中场休息大约半个小时吃饭，一直持续到晚上 10 点。……今天一天相对比较平静。只有 4 名日本客人和 2 名美国客人。……所到之处，人们待人如此善良，让我们飘飘然，自觉是了不起的人物，既享受到家庭般的欢乐，又体会到身处奇特的半魔力国家所产生的惊喜，这对我们来说的确是半魔力的。"①

2 月 22 日，杜威夫妇在写于东京的家信中说："昨天，我们去看日式表演剧，下午 1 点开始，约 9 点结束。坐在包厢里，不断地有人端上茶点，两幕戏之间有丰盛的饭食。……你妈妈比我看得多，我得 4 点半去协和学会……约有 25 名日本人和美国人出席会议。我讲了 30 分钟话后，在旁边的饭店用餐。之后，一起逗留了一个小时左右。……除了看戏，本周的大事还包括参观女子大学……上午，我们在他们的实习小学和幼儿园度过。……之后，我们 10 人共进午餐，由家政系的女生烹饪和侍奉。绝妙的午餐！——配菜装饰远胜过西餐。餐后，真正的表演开始了，先是插花，分古典和现代风格；接着是示范给客人上茶点的古典礼仪，地位低者如何拜见地位高

---

① 约翰·杜威、艾丽丝·杜威：《寄自日本的书信》，《杜威传》，单中惠编译，合肥：安徽教育出版社，2009 年，第 306—308 页。

者;随后是演奏竖琴……之后,我们被带到茶馆欣赏茶道。你妈妈跪坐在榻榻米上,我基本坐在椅子上。后来,我们又去体操馆观看传统女武士的剑矛操练等项目。……我现在对被视为教养的传统礼仪和仪式极其尊敬。……出了体操馆后,我们来到位于一个花园内的学生宿舍。……我们被带到其他房间后,回到餐厅,品尝了非常精制的日式佛教斋饭,饭菜都盛于小碟,包括作为甜点的甜食,五六种各不相同,制作精美;还饮用了三种茶。……哦,我没有向你提及此次旅行的理性思考。此外,我太忙而没有时间去思考。……在上封信中,我忘了告诉你,内政大臣给了我一个可续签日本铁路头等座位的月票。这里一位朋友请他给你妈妈也办一张,但他却说很抱歉,该特权无法授予妇女。"①

2月25日,星期二,下午3:30,在东京帝国大学演讲"关于哲学含义的一些有争论的概念"。②

从2月25日起,至3月21日止,杜威在东京帝国大学以"今日哲学的地位——哲学改造问题"为题做了八次演讲。《"哲学改造问题"的八篇演讲大纲》(Syllabus of Eight Lectures on "Problems of Philosophic Reconstruction")发表于《哲学、心理学与科学方法杂志》1919年第16卷。此次演讲的内容以《哲学的改造》为题于1920年由亨利·霍尔特出版公司(Henry Holt and Company)正

① 约翰·杜威、艾丽丝·杜威:《寄自日本的书信》,《杜威传》,单中惠编译,合肥:安徽教育出版社,2009年,第310—312页。

② 参见乔治·戴克威曾:《杜威的日本之行》,《杜威传》,单中惠编译,合肥:安徽教育出版社,2009年,第296页。

式出版。①

杜威在本次演说中说："如果这个讲演，能够将哲学不是发源于理智的材料而是发源于社会的情绪的材料这个思想，作为一个合理的假说，留在诸君心里，也就能够留给诸君对传统哲学的一个新态度。"②

2月28日，星期五，下午3:30，在东京帝国大学演讲"思辨的认知与行动的认知"。③

2月28日，杜威夫妇在写于东京的家信中说："除了逛街，我们还去了电影院和一家日本料理店。这里的餐馆都是特色店。我们去的那家是面馆，我们品尝了三种面：小麦汤面、炸虾荞麦面以及海带凉面。我们俩总共花了27美分。而这个普通的小店，比任何美国饭店甚至最好的都干净。电影情节似乎比我们的复杂，当然进展较缓慢。……但即便有向导陪同帮助，我还是看不懂。这是简单的娱乐活动。除白天散步，我们一般去寺庙。"④

2月，《新教育》1919年第1卷第1期发表陶行知的文章《试验主义与新教育》。署名陶知行。"然近二百年来教育界之进步，皆由试验而来。……杜威（J. Dewey）之集成教育哲学

① 参见《杜威全集·中期著作》第11卷，上海：华东师范大学出版社，2012年，第283—289、348页。
② 杜威：《哲学的改造》，许崇清译，北京：商务印书馆，1989年，第13页。
③ 参见乔治·戴克威曾：《杜威的日本之行》，《杜威传》，单中惠编译，合肥：安徽教育出版社，2009年，第296页。
④ 约翰·杜威、艾丽丝·杜威：《寄自日本的书信》，《杜威传》，单中惠编译，合肥：安徽教育出版社，2009年，第312页。

也，以试验。"①

2月，杜威夫妇在写于东京的家信中说："街景和服装一样，看起来就像久远的过去遗留下来的东西。当然，东京是日本的现代化城市，但我们也应该留意它在变革时期所保留的过去的东西。……除此之外，我们就像猴子，无法向司机说明白到底要去哪里。在街上找不到任何英文街名，除了几个英文标识，其他一个标识也看不懂。……一切都是如此滑稽，好玩。"②

2月，杜威夫妇在写于东京的家信中说："下飞机后一个星期，我们到了一个小山上。……我们独自住在一套漂亮公寓，几乎到处都是窗户。该公寓内的窗户都是玻璃窗。一间大卧室、一小化妆间和一间书房。现在，我坐在书房里，阳光从四面的窗户照射进来。……昨天，我们参观了距此几步之遥的女子大学。……当天下午，又有来访者，其中有两位妇女。……我们已去过帝国剧院，享受过涩泽先生的包厢。这次最终安排去看歌舞伎剧，我们席地而坐欣赏真正的日式表演剧，那是我非常渴望的事情。"③这里提到的公寓是新渡户提供给杜威夫妇居住的公寓。

杜威女儿简·M·杜威(Jane M. Dewey)在《约翰·杜威传》中写："在日本讲学期间，新渡户一家热情地给杜威夫妇提供了他们自

① 陶行知：《试验主义与新教育》，《陶行知全集》第 1 卷，成都：四川教育出版社，2005 年，第 8 页。
② 约翰·杜威、艾丽丝·杜威：《寄自日本的书信》，《杜威传》，单中惠编译，合肥：安徽教育出版社，2009 年，第 304 页。此信被置于 1919 年 2 月 11 日的家信之前。
③ 约翰·杜威、艾丽丝·杜威：《寄自日本的书信》，《杜威传》，单中惠编译，合肥：安徽教育出版社，2009 年，第 308—310 页。此信被置于 1919 年 2 月 13 日和 2 月 22 日的家信之间。

己的设备齐全的住宅。新渡户是一个公谊会教徒血统的美国人。在新渡户家里住的几个月,加上与东京帝国大学的联系,使杜威夫妇接触了历史悠久的日本文化,包括规模很小的日本男女平等主义者运动。"①

1919 年
3 月

3 月 1 日,杜威在《哲学评论》(*The Philosophical Review*)1919 年第 28 卷第 2 期发表《评〈乔治·西尔维斯特·莫里斯的生平和著作〉》(Review of The Life and Work of George Sylvester Morris by Robert Mark Wenley)。《乔治·西尔维斯特·莫里斯的生平和著作》的作者是 R. M. 温利(R. M. Wenley),由纽约的麦克米兰公司(Macmillan Co.)出版于 1917 年。杜威在书评中写:"如温利教授写成的这本书,它兼备传记的因素和对重大的时代运动的研究,这为我们提供了非常需要的、把现在和过去连结起来的、不断持续的一种纽带意识。""莫里斯先生的转变,伴随着精神上的冲突。他本人通过将希腊思想和德国思想化为一体的方式,成功地

---

① 简·M.杜威:《约翰·杜威传》,《杜威传》,单中惠编译,合肥:安徽教育出版社,2009 年,第 40 页。

使传统宗教和理性的智力达成调解,使古老的新英格兰个人主义和对具体可见的制度的信守不二彼此互容,使道德信仰和科学主张融洽共处。"①

3月1日,《新潮》第一卷第三号发表傅斯年的文章《失勒博士的〈形式逻辑〉》。"我以为实际主义是现在思想界中最精的产物,应当导引到中国,更可用它的力量,纠正中国一切不着边涯浑沌浮乱的思想。""我们骤然便看 Dewey 的 Essays on Experimental Logic 或 J. M. Baldwin 的 Thought and Things,恐怕不容易钻入,还是先读这本书好。"②"这本书"指失勒(F. C. S. Schiller)的《形式逻辑》(Formal Logic: A Scientific & Social Problem)。

3月2日,杜威夫妇在写于东京的家信中说:"今天提早写信是因为我们要去镰仓。你可能听说过50英尺高的大铜佛像吧,它就在那里。一位朋友安排我们去拜见日本最著名或学识最渊博的佛教高僧,属禅宗教派。该教派颇具哲学思想,信奉朴素生活和适当禁欲。……昨天,我第一次通过翻译向教师协会约500名教师发表演讲。一个明显的事实是,在众多小学教师中,大约仅有25名女教师。晚上,我们去吃晚饭并参加了英语口语学会的招待会,有美国人和日本人,多数为日本人,男人和女人都有,是少见的社交场面。"③

3月4日,星期二,下午3:30,在东京帝国大学演讲"哲学改造的

---

① 《杜威全集·中期著作》第11卷,上海:华东师范大学出版社,2012年,第278—279页。

② 傅斯年:《失勒博士的〈形式逻辑〉》,《傅斯年全集》第1卷,长沙:湖南教育出版社,2003年,第198、199页。

③ 约翰·杜威、艾丽丝·杜威:《寄自日本的书信》,《杜威传》,单中惠编译,合肥:安徽教育出版社,2009年,第313页。

社会原因"。首次演讲有 1 000 多名听众参加。①

　　3 月 4 日,杜威夫妇在写于东京的家信中说:"昨天开始是这样度过的:因为是著名的玩偶节,早晨我为一个看上去不怎么样的洋娃娃做了件衣服,它是我为一个小姑娘费劲找到的,完全是美国风格。……下午,我应邀去的一个家庭拥有全国最佳玩偶收藏或最佳收藏之一,此行真开眼界。……第二道茶点结束后,我们道别离开。……然后,我们去 M 教授家赴宴。……食品饮料接连不断,直到晚上近 11 点我们才离开。……除饮料外,我们还饮用了两种酒。……饭后,我们离开西式招待厅上楼来到日式大房间,坐在火炉边,孩子们也来了。……星期天,我们在日本著名高僧面前坐了 2 个小时……"②

　　3 月 4 日,杜威夫妇在同日的另一封写于东京的家信中说:"朋友带我们去镰仓……朋友带我们去拜访日本禅宗教派的首领释(Shaku)大师。他通过翻译与我们谈了约 2 个小时,问答关于佛教的问题,尤其是他的不同观点。……其谈话主要涉及道德但颇为形而上学,多少有些不易理解,让我想起了罗伊斯。……在某方面他比罗伊斯现代,他说神是人内心的道德理想,当人发展时神道也发展。……我们参加过一个宴会。我们的主人似乎是位通才:参议院议员、教育权威、兰花爱好者、画家以及我搞不懂的一些才能。……不管你怎么看日本人,他们大概是地球上最文明的民族,也许过于

① 参见乔治·戴克威曾:《杜威的日本之行》,《杜威传》,单中惠编译,合肥:安徽教育出版社,2009 年,第 296 页。
② 约翰·杜威、艾丽丝·杜威:《寄自日本的书信》,《杜威传》,单中惠编译,合肥:安徽教育出版社,2009 年,第 313—315 页。此信约为杜威夫人所写。

有教养了。"①

3月5日,杜威夫妇在写于东京的家信中说:"我已举办3次讲座。他们是有耐心的民族,听众仍然较多,大约有500人。"②

3月7日,星期五,上午,参观帝国博物馆。③

下午3:30,在东京帝国大学演讲"现代科学与哲学改造"。④

3月8日,参加一个招待会。⑤

3月9日,观看日本的能剧。参加女子大学校长成濑的葬礼。⑥

3月10日,杜威夫妇在写于东京的家信中说:"昨天,我们第一次欣赏了能剧(Nohdrama)。我们上午9点到达那里,我下午2点前离开去参加成濑先生的葬礼,而你妈妈一直看到近3点,她得去一所学校讲演。……回头说星期六,招待会令人愉快。我们遇到在教会中小学和大学任职的美国教师,在我看来他们友好而睿智。……星期二晚上,妈妈邀请X夫妇和其他一些人到日本餐馆吃晚饭,包括我们自己共有8人。……哦,对了,星期五上午,我们去了帝国博物馆,馆长带我们四下参观。我不想描述博物馆,只是想说在回家的路上我们被带到一

① 约翰·杜威、艾丽丝·杜威:《寄自日本的书信》,《杜威传》,单中惠编译,合肥:安徽教育出版社,2009年,第316—317页。此信约为杜威所写。

② 约翰·杜威、艾丽丝·杜威:《寄自日本的书信》,《杜威传》,单中惠编译,合肥:安徽教育出版社,2009年,第317页。

③ 约翰·杜威、艾丽丝·杜威:《寄自日本的书信》,《杜威传》,单中惠编译,合肥:安徽教育出版社,2009年,第318页。

④ 参见乔治·戴克威曾:《杜威的日本之行》,《杜威传》,单中惠编译,合肥:安徽教育出版社,2009年,第296页。

⑤ 约翰·杜威、艾丽丝·杜威:《寄自日本的书信》,《杜威传》,单中惠编译,合肥:安徽教育出版社,2009年,第318页。

⑥ 约翰·杜威、艾丽丝·杜威:《寄自日本的书信》,《杜威传》,单中惠编译,合肥:安徽教育出版社,2009年,第317页。

家烟斗店,你妈妈买了3只日本小烟斗,即女士烟斗,相当精巧。"①

3月11日,星期二,下午3:30,在东京帝国大学演讲"关于经验与理性的概念变迁"。②

3月12日,陶行知在致胡适的信中写:"三个礼拜前听说杜威先生到了日本,要在东京帝国大学充当交换教员,当头一棒,叫我觉得又惊又喜。为何惊呢,因为我两三年后所要做的事体,倒日本先做去了。既而又想到杜威先生既到东方,必定能帮助东方的人建设新教育,而他的学说也必定从此传得广些。且日本和中国相隔很近,或者暑假的时候可以请先生到中国来玩玩,否则就到日本去看看他也是好的。想到这里,又觉得大喜了。所以即刻就把这事和郭先生谈了一下,当时就决定由他经过日本的时候当面去请。现在又有你欢迎的信去,我看杜威先生十分有六七分能够来了。我不久也要写一封信去。总而言之,这件事我们南北统一起来打个公司合办,你看如何? 上海一方面等写信和省教育会商量之后再看下文。"③

3月14日,郭秉文、陶履恭在东京拜访杜威,邀请杜威来华讲学。④

① 约翰·杜威、艾丽丝·杜威:《寄自日本的书信》,《杜威传》,单中惠编译,合肥:安徽教育出版社,2009年,第317—318页。

② 参见乔治·戴克威曾:《杜威的日本之行》,《杜威传》,单中惠编译,合肥:安徽教育出版社,2009年,第296页。

③ 陶行知:《敦请杜威来华讲学——致胡适》,《陶行知全集》第8卷,成都:四川教育出版社,2005年,第178页。

④ 参见《郭秉文陶履恭调查日本教育报告》,《教育潮》第1卷第1期,1919年4月;《陶履恭教授致胡适之教授函》,《北京大学日刊》1919年3月27日。根据"秉文、履恭等于十三日来东京"(《郭秉文陶履恭调查日本教育报告》)、"今早到东京,午后往访Prof. Dewey于新渡户家"(《陶履恭教授致胡适之教授函》)等表述,可推测郭秉文、陶履恭拜访杜威的时间是1919年3月13日。根据"此时彼又赴帝大演讲"(《陶履恭教授致胡适之教授函》)等表述,可推测郭秉文、陶履恭拜访杜威的时间是1919年3月14日。此处采用3月14日的说法。

3 月 14 日,星期五,下午 3:30,在东京帝国大学演讲"影响逻辑学的改造"。[1]

3 月 14 日,杜威夫妇在写于东京的家信中说:"我们刚参加过一次小规模的野外聚餐会。你妈妈有点感冒,所以,仆人把晚饭给她送上楼,以免孤单也把我的送上来。……他们当然是性情温和的民族。我观察过从附近公立学校出来的儿童,未见一例欺负人或挑逗的情况,只有特别温和的那种,没有争吵和近似于争论的情况。……昨天,我们在那个区,妈妈又去那里买了个烟斗,跟他讲了人们对礼物的赞美。……今天下午,就有人给她送来一些可爱的百合花和孤挺花,送花人是我们从未见过面的。……晚饭我们是去一家日本餐馆吃的。在这家鱼味餐馆里,我们自己烹制鱼和蔬菜,但这次不用炭火而用煤气。"[2]

3 月 14 日,杜威夫妇在同日的另一封写于东京的家信中说:"我未能参加一所私立幼儿园举办的玩偶节活动,结果,今晨收到孩子们寄来的明信片和许多他们自制的礼物。礼物都是玩偶,很有趣,我要寄回家一些。……今天的日程是这样的:去一个传教士家吃午饭;然后参加你父亲下午 3:30 的讲演;之后参加为芝加哥大学的学生们举办的宴会。明天是我的自由日,小秘书将带我去购物。……明天,我们去邻居家吃午饭。……上星期二的婚礼是我们见过的最有趣的社交聚会。这种仪式是基督教式的,来宾代表着这座城市的

---

[1] 参见乔治·戴克威曾:《杜威的日本之行》,《杜威传》,单中惠编译,合肥:安徽教育出版社,2009 年,第 296 页。

[2] 约翰·杜威、艾丽丝·杜威:《寄自日本的书信》,《杜威传》,单中惠编译,合肥:安徽教育出版社,2009 年,第 319—320 页。此信约为杜威所写。

富贵和时尚。"①

3月18日,星期二,下午3:30,在东京帝国大学演讲"伦理学与教育学的改造"。②

晚上,参加在军械场花园举行的晚会。③

3月20日,杜威夫妇在写于东京的家信中说:"星期二晚,H将军在军械场花园为我们举行晚会。……我们本来不可能以其他方式进入军械场。约有25人参加,大部分是基督教协会成员以及日本教会的牧师们,前一天晚上我在那里作过演讲。将军热衷于引入更多的民主,我就民主的道德意义发表演说。"④

3月21日,星期五,下午3:30,在东京帝国大学演讲"影响社会哲学的改造"。⑤

乔治·戴克威曾指出:"杜威的讲座对当时日本大多数的哲学学者,尤其是老一代的哲学家,并没有产生重大的影响。受德国哲学的影响,这些思想家所钟爱的是理性的、绝对的、系统的哲学,而不是杜威和实用主义者所谓的经验的、具体的、实践的学说。"⑥

---

① 约翰·杜威、艾丽丝·杜威:《寄自日本的书信》,《杜威传》,单中惠编译,合肥:安徽教育出版社,2009年,第320—321页。此信约为杜威夫人所写。
② 参见乔治·戴克威曾:《杜威的日本之行》,《杜威传》,单中惠编译,合肥:安徽教育出版社,2009年,第296页。
③ 约翰·杜威、艾丽丝·杜威:《寄自日本的书信》,《杜威传》,单中惠编译,合肥:安徽教育出版社,2009年,第322页。
④ 约翰·杜威、艾丽丝·杜威:《寄自日本的书信》,《杜威传》,单中惠编译,合肥:安徽教育出版社,2009年,第322页。
⑤ 参见乔治·戴克威:《杜威的日本之行》,《杜威传》,单中惠编译,合肥:安徽教育出版社,2009年,第296页。
⑥ 参见乔治·戴克威曾:《杜威的日本之行》,《杜威传》,单中惠编译,合肥:安徽教育出版社,2009年,第298页。

3 月 22—25 日,《晨报》发表署名徐彦之的论文《实验主义的方法论》。①

3 月 25 日,克莱斯(Scudder Klyce)致信杜威,请求杜威为他的书《宇宙》(Universe)写一个导言。"确信这会非常实用地有助于找到一个出版商来出版它,并且会具有更大的影响力来使读者阅读它。"②

3 月 27 日,《北京大学日刊》发表《陶履恭教授致胡适之教授函》。"适之吾兄鉴:今早到东京,午后往访 Prof. Dewey 于新渡户家。彼询兄之近况。恭以教授而外,复从事于新文学译剧等事。彼甚喜。彼极赞兄之论文。恭告以现著有中国哲学史,已经出版,乃根据于前论文之研究更扩充之。Dewey 夫妇定于五月间来华,拟先到广东,然后到南京、北京,可在三处讲演。并云拟不日复兄之信。在三处时,只需 Local Expenses 至 Exchange Professorship。彼亦甚赞成。惟今年恐不能在华久留,以九月间回美授课也。顷与郭君商好,吾兄可函询梦麟及陶知行君,为一共同之举动,(蒋、陶已由郭君专函告之)函请 Dewey 来华。至办法经费,可由三君商量。此时彼又赴帝大演讲。彼自谓此行专为观察风景,在东京只参观女学校一处云。(下略)"③

3 月 27 日,杜威夫妇在写于镰仓的家信中说:"今天上午,帝国大学的 3 位教授来访。他们希望详细安排我们在此的活动日

---

① 徐彦之:《实验主义的方法论》,《晨报》1919 年 3 月 22—25 日。
② 《杜威全集·中期著作》第 13 卷,上海:华东师范大学出版社,2012 年,第 440 页。信函时间根据英文本校正。
③ 《陶履恭教授致胡适之教授函》,《北京大学日刊》1919 年 3 月 27 日。

程。……但他们不能明白,我们在去中国之前无法说出要做事情的准确日期。……目前反美势头正盛,似乎主要限于报章,但多少也受到人为的煽动,可能是受一小部分军国主义分子的挑唆。……抨击美国是抑制自由民主情绪传播和强化军国主义政党之论点的最简易方法,就好像扭住了狮子的尾巴似的。"①

3月28日,杜威夫妇在写于东京的家信中说:"明天我们再去镰仓,离这里只有1小时30分的车程。我们还将做短途旅行,去山里和温泉区。……我们可能几天后返回,停留约一个星期。然后,我们去京都旅行5天,参拜位于伊西(Ise)的神殿,它是日本最古老最神圣的神道教神殿,意味着它是皇家祭祖的主要地点。……我们在这里已有6个多星期了。……对他们非常不幸的是,他们成为头号强国的速度太快了,很多方面都没有准备好;实现他们的声誉和地位是件可怕的任务,他们可能会被压垮的。"②

3月28日,正在日本东京帝国大学讲学的杜威给胡适回信,此信的译稿刊登在1919年3月28日《北京大学日刊》附张上。此信说:"我接到你的信非常欢喜。我每日总想写信把我们想到中国来游玩的事告诉你,所以接到你的信格外高兴。我们的行程还不曾十分确定,大约五月中旬可到上海,在中国可稍住几时。到七月或天太热的时候,我们仍旧回日本乡间住几个星期,然后回美国。""我在东京帝国大学原定讲演八次,已讲了六次,本星期可以讲完。他们

---

① 约翰·杜威、艾丽丝·杜威:《寄自日本的书信》,《杜威传》,单中惠编译,合肥:安徽教育出版社,2009年,第323页。

② 约翰·杜威、艾丽丝·杜威:《寄自日本的书信》,《杜威传》,单中惠编译,合肥:安徽教育出版社,2009年,第324—325页。

要译成日本文,所以要我把讲义写出来,因此我竟不曾有很多浏览风景的机会。""你问我能否在中国讲演,这是很荣誉的事,又可借此遇着一些有趣的人物。我想我可以讲演几次,也许不致于我的游历行程有大妨碍。我想由上海到汉口,再到北京,一路有可以担揽的地方就下来看看。""郭秉文博士同陶履恭教授前天来看我,他们问我能否在中国住一年、作讲演的事。这个意思很动听,只要能够两边大学的方面商量妥帖了,我也愿意做。我觉得几个月的旅行实在看不出什么道理。要是能加上一年的工夫,也许我能有点观察了。"①

胡适与杜威的交往很深。举几个例子,1915 年 10 月 8 日,胡适在致韦莲司的信中写:"我已经在这个新大学上了一个星期的课了。总的来说,我很喜欢这里的教授,我尤其喜欢杜威。"②1933 年 9 月 15 日,胡适在致韦莲司的信中写:"今天的大事是我看到了约翰·杜威博士(Dr. John Dewey),他看起来极健康,极有精神。又极慈祥,极快乐!"③1949 年,胡适在杜威九十岁生日庆典上讲话,"我们非常感谢你在中国居住的时间比你在其他外国所居住的时间都长。你在那里度过了两年多的时间,准确地说是两年又两个月。你曾到过中国 11 个省份的学校里生活过,与当地的教师和学生交谈过,为我们带来了新的哲学和新的教育理论。"④

---

① 《杜威博士致胡适教授函》,《北京大学日刊》附张 1919 年 3 月 28 日。
② 《不思量自难忘——胡适给韦莲司的信》,周质平编译,合肥:安徽教育出版社,2001 年,第 77 页。
③ 《不思量自难忘——胡适给韦莲司的信》,周质平编译,合肥:安徽教育出版社,2001 年,第 185 页。
④ 胡适:《来自东方的敬意》,《杜威传》,单中惠编译,合肥:安徽教育出版社,2009 年,第 424 页。

3月28日,《北京大学日刊》发表北京大学哲学研究会启事,公布征集到的会员演讲题目,一共23个,请会员选择所欲研究题目和演讲月份。其中第六个题目为"何谓'实验主义'(Pragmatism)"。①

3月31日,陶行知在致胡适的信中写:"今日接到郭秉文先生的信,他说到日本已经见过杜威先生,杜威先生并不是帝国大学交换教授,不过游历的时候带着演讲就是了。郭先生请他到中国来,他就一口答应,说4月中就可到中国,打算游历上海、南京、扬子江流域,一直到北京。杜威先生曾发表他的意思说,除今年之外,还愿留中国一年。既然有此很好的机会,这一年光阴自然不能轻轻放过。怎么办法,要等郭先生和哥仑比亚大学商量后才可定当。杜威先生到华接洽事宜应由北京大学、江苏省教育会、南京高师三个机关各举代表一人担任。敝校昨日已推定兄弟担任此事,请老兄和蔡子民先生商量推举一人,以便接洽。附上敝校所拟办法数条,请与蔡子民、蒋梦麟、沈信卿三先生(蒋、沈二君现在北京)磋商,并请赐教。杜威先生来期已迫,请从速进行为要。杜威先生通信地址一纸,请留存尊处。"②

3月31日,陶行知在《时报·教育周刊·世界教育新思潮》第6号发表《介绍杜威先生的教育学说》。"杜威先生素来所主张的,是要拿平民主义做教育目的,试验主义做教学方法。这次来到东亚,必定与我们教育的基本改革上有密切关系。""他的著作当中,和教育最有关系的,一是《平民主义的教育》,二是《将来的学校》,三是《思

---

① 《哲学研究会启事》,《北京大学日刊》1919年3月28日。

② 陶行知:《杜威将来华讲学——致胡适》,《陶行知全集》第8卷,成都:四川教育出版社,2005年,第180页。

维术》，四是《试验的论理学》。这四部书，是教育界人人都应当购备的。"①该文又载于《新中国》第 1 卷第 3 号，1919 年 7 月 15 日。

3 月，《新教育》1919 年第 1 卷第 2 期发表郑宗海译的《杜威氏之教育主义》。"今日教育新思潮之领袖，当推约翰·杜威，兹编译自其'予之教育主义'（My Pedagogic Creed），此虽数年前旧作，然与其近年所刊印之《民本主义教育》相较，无甚参差，近闻杜威氏正讲学于东京帝国大学，想其游华之日必已不远，因亟译是篇以介绍其教育学说于吾国之教育界。"②该文分五节：何为教育，何为学校，教育之材料，方法之性质，社会之进化学校。

1919 年
4 月

4 月 1 日，杜威夫妇在写于东京的家信中说："日本人做的一件事情我们应该仿效。他们在学校开设非常好的课程，教孩子们什么是美以及礼貌友善对待外国人，要像对待自己家的客人一样。这可以提高民族尊严。……

---

① 《时报·教育周刊·世界教育新思潮》第 6 号发表《介绍杜威先生的教育学说》。《陶行知全集》第 1 卷，成都：四川教育出版社，2005 年，第 255—256 页。
② 《杜威氏之教育主义》，《郑晓沧教育论著选》，北京：人民教育出版社，1993 年，第 1 页。

昨天天皇外出，正好被我碰上。对我来说是相当吃惊和幸运的经历。……直到今天我才得知当时所有的人都是目光低垂地站立着，而我是唯一目视天皇的人，他们对天皇崇敬至极，所以我没有听到他们的喘息声。……瞧，我多有运气，我耽误了一会儿也问心无愧，我见到了天皇。……幸运的是，一位男爵的女儿，身为皇室成员，已经邀请我们明天和她一起去看举行晚会的皇家花园，我们可能会看得更仔细一些。……我们已经学会熟练使用筷子吃饭，用筷子没什么不好。……最后这几天，我们一直在做真正欧洲人意义上的观光，在城里四下转悠，整天购买小东西，然后晚上回到十分温馨的家里。"①

4月1日，杜威在同日的另一封写于东京的家信中说："上周我们在镰仓度过3天，包括往返共4天。……我们在那儿期间天气湿冷，只有一天除外。那天，我们排满行程，看了许多地方，搞得相当疲惫。……今天，我们去了一家店铺，这家店铺专门印刷日本古典艺术的精美复制品，包括在日本的中国古画，依我之见，比彩色版画复制品更值得购买。……一周前，我们去过一家拍卖行，看到一大批真正的古董，比古玩店里出售的要精美得多。……我还没写到的另一个经历是看柔道。那位杰出的柔道家是一个师范学校的校长，他为我安排一场特殊的柔道表演，事先他对每一部分进行理论方面的解释。星期天上午的表演在一个大型柔道馆举行……"②

---

① 约翰·杜威、艾丽丝·杜威：《寄自日本的书信》，《杜威传》，单中惠编译，合肥：安徽教育出版社，2009年，第325—327页。此信约为杜威夫人所写。

② 约翰·杜威、艾丽丝·杜威：《寄自日本的书信》，《杜威传》，单中惠编译，合肥：安徽教育出版社，2009年，第328页。此信约为杜威所写。

4月2日,杜威夫妇在写于东京的家信中说:"我们去了一家艺术品商店,买了几张前天选好的印刷品。然后拜会了一位政治经济学教授,他是一名国会议员,思想激进,头脑清晰,人也很有趣,精力、好奇心和兴趣都非常像美国人。我们四处走走,了解了很多事情,然后他带我们去他岳母家吃午饭。……因为我们很少吃过真正的日本饭菜。除了女儿节的玩偶饭,这是我们第一次吃真正的日本饭,并由家里的女人们服侍着,这似乎是我们受到过的最高待遇。……我们已经安排好星期一再次去帝国剧院。今天是在一个小剧院观看著名演员雁次郎的表演。"[1]

4月4日,杜威夫妇在写于东京的家信中说:"今天我们去了博物馆,在某些方面它要比帝国博物馆还要好。这里的东西令你目不暇接,还有精美的中国的物品,所有的一切都精妙绝伦,但绘画作品除外。"[2]

4月8日,杜威夫妇在写于东京的家信中说:"我们正在收拾行装,明早8:30出发,行程一天,先是乘日本最快的火车,一直到下午4点钟。……我们已经有了各种各样的经历,最有趣的是在周日到农村去看樱花和狂欢者,有点类似狂欢节的时刻。……昨天我们又去了帝国剧院。两个包厢10个人。……另一次盛宴是在昨天晚上,地点在日本的传统茶楼里,一段供消遣的能舞(noh dance)和大约12

---

[1] 约翰·杜威、艾丽丝·杜威:《寄自日本的书信》,《杜威传》,单中惠编译,合肥:安徽教育出版社,2009年,第329—331页。
[2] 约翰·杜威、艾丽丝·杜威:《寄自日本的书信》,《杜威传》,单中惠编译,合肥:安徽教育出版社,2009年,第332页。

道菜的盛餐,但最有趣的还是与人们交谈。"①

4月12日,杜威夫妇在写于奈良的家信中说:"我们开始了行程,第一次看到了日本,当然是从风景的角度来说。第一天从东京到名古屋的车程很有趣,但假若没有富士山的话,就不会完全这样有趣。……第二天,我们去参观古老的伊田神庙,大约2点钟到达,又气又饿,但肯定错过了朝拜的时间,因为天气不好。"②

4月14日,《每周大事记》发表《杜威先生将讲学北京大学》。北京大学邀请来华游历的杜威在该校讲学一年,已经得到博士的允许。校长蔡元培致电哥伦比亚大学校长征求意见。③

4月15日,胡适在《新青年》第6卷第4号上发表《实验主义》,介绍美国实验主义哲学。分四部分:一、引论;二、皮耳士——实验主义的发起人;三、詹姆士的心理学;四、詹姆士论实验主义。④

4月15日,杜威夫妇在写于京都的家信中说:"今天早晨我们是在山中(Yamanaka)商店度过的。……明天,我们将去一个茶道起源的寺院,参观茶道表演,那儿的高僧将为我们表演。……我们今天参观的花园是一个古老的日本花园,自1000多年前建成就没有变化过,融入了古代中国和印度的思想。……第一天我们乘坐市长的汽车到处参观。第二天,学校给我们租了一辆汽车。……市长邀请我们星期六与教师们谈话,然后我们应市政当局之邀参加了一个日式

---

① 约翰·杜威、艾丽丝·杜威:《寄自日本的书信》,《杜威传》,单中惠编译,合肥:安徽教育出版社,2009年,第332—333页。
② 约翰·杜威、艾丽丝·杜威:《寄自日本的书信》,《杜威传》,单中惠编译,合肥:安徽教育出版社,2009年,第333—334页。
③ 《杜威先生将讲学北京大学》,《每周大事记》1919年4月14日。
④ 参见胡适:《实验主义》,《新青年》1919年第6卷第4号。

晚宴。……早饭后，我们去博物馆，几个小女孩出现了并鞠躬。……星期日的早晨，一些士兵出发去满洲里或朝鲜。"①

4月15日，蒋梦麟在致胡适的信中写："适之兄：读兄致知行函，并来信，知道了。译稿用白话，弟无条件的赞成。英文原稿要付刊，更不成问题。余俟杜威先生到后再商，似比较的便当些。南京讲教育，自不成问题。上海意思亦讲教育，将来教育部演说恐亦要讲教育呢。故题目一时甚难酌定。白塔楼已有回电否？兄来沪时可在弟家住。麟四月十五日。此间已推我为欢迎代表。"②

4月19日，杜威夫妇在写于京都的家信中说："我们刚从艺伎晚会归来。这是又一次了，由市长和其他15位市政官员举办。你爸爸十分得意，据说，这是京都市有史以来第一次以那种方式款待学者。……我们晚上8:30到家。"③

4月20日，经亨颐在日记中写："有雨。上午九时，至教育会开评议员会，为江浙教育会协进会推定许绒甫、叶墨君为职员，又提议欢迎杜威博士。"④

4月22日，杜威夫妇在写于京都的家信中说："今天，我们去参观学校：首先是男子中学，然后是一所小学，门上方悬挂着美日两国国旗以示敬意，气氛十分友好。……之后，去了一所纺织学校，出于

① 约翰·杜威、艾丽丝·杜威：《寄自日本的书信》，《杜威传》，单中惠编译，合肥：安徽教育出版社，2009年，第335—338页。
② 《蒋梦麟致胡适》，《胡适来往书信选》上册，北京：中华书局，1979年，第36—37页。
③ 约翰·杜威、艾丽丝·杜威：《寄自日本的书信》，《杜威传》，单中惠编译，合肥：安徽教育出版社，2009年，第338—341页。
④ 经亨颐：《经亨颐集》，杭州：浙江大学出版社，2011年，第521页。

某种原因,学校很差,入学率不高。……最后,我们去了一所女子中学,附属一所培养中学师资的女子师范学院。……此次,和其他多数行程一样,我们都是乘坐市长专车。这真是一个学者受尊敬而不受歧视的国度。……大阪不希望被京都超过,所以,我将给那里的老师讲课,市里安排我们住宾馆,市长为我们举行宴会。"①

4月23日,杜威在日本京都致信巴恩斯(Albert C. Barnes),谈到即将出版的《哲学的改造》。这是由在日本的帝国大学的八次演讲汇集而成的著作。杜威在信中写:"从我的演讲中竟产生了这么一本半带畅销书性质的论述哲学改造问题的书,还能把它送去印刷出版,并用几个星期的闲暇时间来做些校改之类的事。"②

4月28日,杜威夫妇搭乘"熊野丸"轮,离开日本,前往上海。③另一种说法是杜威夫妇于1919年4月27日离开日本。④

4月28日,《申报》发表消息:美国哲学家杜威将于4月30日抵沪。教育部、北京大学、南京高等师范学校、江苏省教育会、浙江省教育会均派代表欢迎。⑤

4月29日,经亨颐在日记中写:"四时,又至会(指浙江省教育会——引者注),集善交社干事,商议欢迎杜威博士来杭办法。"⑥

4月30日,下午,杜威偕夫人爱丽司(Alice)从日本抵上海。北

---

① 约翰·杜威、艾丽丝·杜威:《寄自日本的书信》,《杜威传》,单中惠编译,合肥:安徽教育出版社,2009年,第341页。
② 《杜威全集·中期著作》第11卷,上海:华东师范大学出版社,2012年,第348页。
③ 乔治·戴克曾:《杜威的中国之行》,《杜威传》,单中惠编译,合肥:安徽教育出版社,2009年,第354页。
④ 参见《美国哲学家抵沪》,《晨报》1919年5月2日。
⑤ 参见《杜威博士之抵沪期》,《申报》1919年4月28日。
⑥ 经亨颐:《经亨颐集》,杭州:浙江大学出版社,2011年,第523页。

京大学代表胡适、南京高等师范学校代表陶知行、江苏省教育会代表蒋梦麟等人去码头迎接。并送他们到沧州别墅居住,此后几天在上海休息并参观游玩。择 5 月 2、3 两日(星期五、星期六)午后 3 时(新时)在省教育会开讲演大会。①

关于杜威到达中国的时间问题。胡适后来在很多文章或演讲中,把杜威到达中国的时间记为 1919 年 5 月 1 日,实为误记。他在《杜威先生与中国》(1921 年)一文中写:"杜威先生今天离开北京,起程回国了。杜威先生于民国八年五月一日——'五四'的前三天——到上海,在中国共住了两年零两月。"②他在五十年代的哥伦比亚大学的《口述自传》中说:"杜威于 1919 年(民国八年)5 月 1 日到达中国。他本于是年二、三月间在日本东京帝国大学讲哲学。⋯⋯杜威于 5 月 1 日到达中国时正是'五四运动'爆发的前三天。这个在北京开始发动的学生运动原为抗议巴黎和会中有关日本对德国在华旧租借地的决议。杜威于五、六、七三个月中在上海、北京一带目睹此如火如荼的学生运动。"③他在夏威夷大学的演讲《杜威在中国》(1960 年)中写:"杜威夫妇就在一九一九年五月一日,也就是刚好在学生运动五月四日在北京爆发的前三天到达上海。这就是大家常常把它叫做'五四运动'的学生运动。"④

---

① 参见《杜威博士到沪》,《申报》1919 年 5 月 1 日。《美国杜威博士来华游历》,天津《益世报》1919 年 5 月 3 日。
② 胡适:《杜威先生与中国》,袁刚、孙家祥、任丙强编:《民治主义与现代社会——杜威在华讲演集》,北京:北京大学出版社,2004 年,第 743 页。
③ 胡适:《胡适口述自传》,上海:华东师范大学出版社,1993 年,第 98 页。
④ 胡适:《杜威在中国》,袁刚、孙家祥、任丙强编:《民治主义与现代社会——杜威在华讲演集》,北京:北京大学出版社,2004 年,第 745 页。

和胡适的做法类似，一些研究著作也把 1919 年 5 月 1 日当作杜威抵达中国的时间。①

杜威在演讲中把抵达中国的时间说成是 1919 年的 5 月 1 日。在北京《教育哲学》系列演讲的末次演说中，他说："我到中国是五月初一，正与中国学生运动同时，所以脑子背后时时有一个学生运动的影子。"②但是，杜威夫妇在 1919 年 5 月 1 日写的家信中说："昨晚我们是在上海过夜的。"③这说明杜威夫妇已经于 1919 年的 4 月 30 日抵达上海。

关于哪些单位邀请杜威来华讲学的问题。陶行知在 1919 年 3 月 31 日致胡适的信中说："杜威先生到华接洽事宜应由北京大学、江苏省教育会、南京高师三个机关各举代表一人担任。"④

根据《申报》1919 年 5 月 1 日的报道，北京大学代表胡适、南京高等师范学校代表陶行知、江苏省教育会代表蒋梦麟等人去码头迎接杜威夫妇。另外，浙江省教育会代表经子渊也计划去码头迎接，但错过迎接时间。可以把北京大学、南京高师、江苏省教育会、浙江省教育会视为邀请杜威来华的单位。

胡适有不同的说法。他在《口述自传》中说："当蒋梦麟和我这一群杜威的学生听说他在日本讲学时，我们乃商请北京大学、南京高等师范、江苏教育会，和北京一个基金会叫做尚志学会，筹集基金

---

① 参见杨寿堪、王成兵：《实用主义的中国之旅》，北京：中国社会科学出版社，2014 年，第 45 页。

② 《教育哲学》，袁刚、孙家祥、任丙强编：《民治主义与现代社会——杜威在华讲演集》，北京：北京大学出版社，2004 年，第 481 页。

③ 杜威夫妇：《中国书简》，王运如译，台北：地平线出版社，1970 年，第 1 页。

④ 陶行知：《陶行知全集》第 8 卷，成都：四川教育出版社，2005 年，第 180 页。

邀请杜威来华讲学,并分担全部费用。"①胡适于 1952 年 12 月 3 日
在台湾师范学院作《杜威哲学》的演讲中说:"那一年正是中国五四
运动的时候,蒋梦麟先生、陶知行先生和我,代表江苏省教育会,北
京大学和北京大学的行知学会请他到中国来讲学。"②

　　1921 年 6 月 30 日,北京大学、男女两高师、尚志学会、新学会五
团体公饯杜威夫妇。杜威在发言中说:"今天承蒙五团体邀请,十分
感谢。这五团体中,北京大学、尚志学会、新学会,是最初请我讲演
的;而北京大学、男女两高师,又是我最近教授的地方,所以都有密
切的关系。"③

　　4 月,《新教育》杂志出版"杜威专号"(第 1 卷第 3 期)。发表一
组文章,介绍杜威哲学思想。这些文章包括:《杜威哲学的根本观
念》(胡适)④、《杜威的教育哲学》(胡适)⑤、《杜威之道德教育》(胡
适)⑥、《杜威之人生哲学》(蒋梦麟)⑦、《杜威之论理学》(刘经庶)、
《杜威先生略传》(新教育共进社)、《教育与社会》(朱进)、《记杜威博
士演讲的大要》(潘公展)、《实验主义》(胡适之讲,潘公展记)。配发

① 胡适:《胡适口述自传》,上海:华东师范大学出版社,1993 年,第 98 页。
② 胡适:《胡适讲演》,北京:中国广播电视出版社,1992 年,第 298 页。
③ 《五团体公饯杜威席上之言论》,《晨报》1921 年 7 月 1 日。
④ 胡适:《杜威哲学的根本观念》,《胡适全集》第 7 卷,合肥:安徽教育出版社,2003
　 年,第 444—448 页。
⑤ 胡适:《杜威的教育哲学》,《胡适全集》第 20 卷,合肥:安徽教育出版社,2003 年,
　 第 37—48 页。
⑥ 胡适:《杜威之道德教育》,《胡适全集》第 20 卷,合肥:安徽教育出版社,2003 年,
　 第 49—56 页。该文又被视为蒋梦麟的文章,《蒋梦麟教育论著选》,北京:人民教
　 育出版社,1995 年,第 90—96 页。
⑦ 蒋梦麟:《杜威之人生哲学》,《蒋梦麟教育论著选》,北京:人民教育出版社,1995
　 年,第 83—89 页。

杜威肖像照（正面半身照）。还配发"杜威博士及其夫人参观上海申报馆摄影"，照片为七人合影，这七人分别为：胡适、蒋梦麟、陶行知、张作平、史量才、杜威夫人、杜威。该期杂志的实际出版时间应在 1919 年 5 月份。

4 月，《教育潮》第 1 卷第 1 期发表《现代教育主张与现代哲学》，杨贤江翻译，原作者未注明。"杜威即主张此说，谓学校当造社会之缩型，学校生活当营小规模之诸种社会事业，学校市、自治团、学校国等，皆可为实行之法，而其目的，所以［为］鼓励其现在生活之兴味以为结合将来社会生活之准备者也。"①

| 1919 年 5 月 | 5 月 1 日，杜威夫妇参观《申报》馆，陶行知、蒋梦麟等陪同，与报馆总经理史量才等人合影。② |

5 月 1 日，杜威夫妇参观商务印书馆。

张元济在日记中写："美哥仑比亚大学 Dr. John Dewey 偕其夫人来厂，系蒋梦麟同

———————

① 杨贤江译：《现代教育主张与现代哲学》，《杨贤江全集》第 6 卷，郑州：河南教育出版社，1995 年，第 10 页。
② 参见王文岭撰：《陶行知年谱长编》，成都：四川教育出版社，2012 年，第 34 页。

来。伴者尚有陶知行。奥尔达(利达洋行主人)约在汇中晚饭。"①

5月1日,杜威夫妇在写于上海的家信中说:"昨晚我们是在上海过夜的,但直至目前为止,我们对中国尚无任何印象,因她尚未对我们展示过丝毫的自我特色。我将上海与底特律、密西根相比,除了上海没有那么多煤烟外,三者几乎是非常相似的,由此可知上海是一个真正国际性的都市。不过每个国家虽然都应有她自己的法规制度,而昨晚在我们乘了一短程的汽车后,竟然发现那辆车不能进入中国城的区域,因为它没有那个区域的行车执照。"②

5月1日,经亨颐在日记中写:"阅申报,杜威博士已到沪。明日早车又须一往也。"③

5月2日,《申报》发布消息《杜威博士演说改期》,原定5月2、3日的演说改期至5月3、4日演说。该日《申报》刊登杜威博士及其夫人肖像。④

5月2日,《晨报》发布消息《美国哲学家抵沪》。"杜氏已于前月二十七日由日本神户乘船来华,于三十日抵上海。……杜氏在实验主义派中,其研究之精细,说理之高深,群推第一。……杜氏的主张专重实际的应用,不尚空虚的理想。谓凡是理想必定要对于人生上发生一定的功效,方可谓为真理,方有价值可言。凡不能实行的,皆不得谓之理想。总而言之,他哲学的特色全在理想事实打成一片

---

① 《张元济日记》下,石家庄:河北教育出版社,2001年,第765页。
② 杜威夫妇:《中国书简》,王运如译,台北:地平线出版社,1970年,第1页。
③ 经亨颐:《经亨颐集》,杭州:浙江大学出版社,2011年,第523页。
④ 参见《杜威博士演说改期》,《申报》1919年5月2日。另参见《杜威博士演说定期》,《申报》1919年5月3日。

而已。"①

5月2日,杜威夫妇在写于上海的家信中说:"今天我们与接待会联系上了,他们大部分是留美回来的学生,这些留学生在他们国内都有引人注目且受重视的地位,如果有一天当中国能真正自立而站稳了脚,他们远在美国的母校学院也将分享一份光荣。他们首先带我们去参观一所纺织工厂。这里对劳工的保障尚且不及日本,日本至少还有虚应其事的表面文章。"②

5月2日,星期五,晚上7时至9时半,胡适在上海西门外林荫路江苏教育会会所演讲"实验主义","以为杜威博士星期六、星期日演说之导言"。③

"首由沈信卿君致欢迎及介绍词毕,博士即起而讲演,大意谓实验主义之产生,实由十九世纪科学发达之结果。有二种重要之变迁,在教育上极有关系:(一)科学律令之意义变更。向来以科学上之律令为世间真理,绝对不能改变。自五十年来,学者日以觉悟,研究真理者日有发明,前此所认为天经地义、不可变易之真理,只觉适用于一时,时过境迁,真理亦不能不改变,其结果遂有实验主义之真理论。(二)生物进化之关系。古人以世间一切物种为永无改变,中外同此见解。自六十年前达尔文生物进化论出,以物种之由来多为应付环境之结果。凡生物在四周环境之中,感受种种影响,不能不辗转变化,以求适于生存,久而久之,适宜之物种生殖繁衍;而不适者,皆受天然的淘汰,此与实验主义亦极有关系。"

---

① 《美国哲学家抵沪》,《晨报》1919年5月2日。
② 杜威夫妇:《中国书简》,王运如译,台北:地平线出版社,1970年,第3页。
③ 《杜威博士演说改期》,《申报》1919年5月2日。

"今日所讲者即为实验主义之三大部分:(甲)方法论;(乙)真理论;(丙)实在论。方法论以根本的方法不尚名而重实,不重空谈而重结果,凡理论,当就事实上观察其有何效果。此方法之应用有三:(一)对于事物,须注重发生何种感觉及反动;(二)对于意思,须用作假定的工具,视其有无效果;(三)对于信仰,须问某种信仰能发生何种人格上的效果。此方法论之大意也。真理论之大意,以世间一切真理无异工具。使用工具不能无敝真理,经一时代之应用,认为适宜时代既过,则不免于无用,必另有一新真理作过渡。故吾人须以自己之主意,出以批评的态度去实验真理。实在论大意,以世界为人造的世界,吾人居此世界是冒险的,须恃自己能力,对付四周环境之种种阻力,是为自动之生活。故杜威先生之主义以真正之教育,在养成儿童有创造的知力,此则非注重实验主义不可云。"①

该演讲稿以《胡适之演说实验主义》为题,发表在《晨报》1919 年 5 月 10、11 日。②

5 月 2 日,经亨颐在日记中写:"晴。自昨晚大风。晨七时,乘早车赴沪,抵振华旅馆,寓六十五号。午膳后,倦卧二小时,即至西门江苏省教育会,晤胡适之,同往蒋梦麟处,杜威博士及其夫人亦在,握手相见,同便膳。七时,胡适之在省教育会演说实验主义亦为动学说之一义,可助我心得。九时,返振华,丁辅之来谈。"③

5 月 3 日,胡适在致蔡元培的信中写:"杜威博士夫妇于三十日

① 《胡适之博士讲演记略》,《申报》1919 年 5 月 4 日。
② 胡适:《谈谈实验主义》,《胡适全集》第 7 卷,合肥:安徽教育出版社,2003 年,第 437—443 页。
③ 经亨颐:《经亨颐集》,杭州:浙江大学出版社,2011 年,第 523—524 页。

午到上海,蒋、陶与我三人在码头接他们,送入沧州别墅居住。这几天请他们略略看看上海。昨晚上我在教育会讲演实验主义大旨,以为他明日讲演的导言。今天(三日)明天(四日),他有两次讲演。五日他去杭州游玩,蒋梦麟陪去。浙江教育会代表经子渊先生,昨日来迎。在杭州约住四五日,只有一次讲演。回上海后,住一二日,即往南京。在彼约有两星期的勾留。大约三星期后,即来北京。哥仑比亚大学似尚无回电来。昨晚与梦麟商量,可否请先生商请教育部发一正式电去。电稿另纸录呈,请先生斟酌施行。教育部所拟暑假讲演会事,昨晚袁次长有电来。今天我们同杜威先生商量定了,再行回答。我送杜威先生行后,即回京,约星期三四到京。请先生告知教务课,续假两日(星期二三)。代表消费公社所办的事,已有眉目,尚未完全办妥。"①

5月3日,下午2时,杜威偕夫人到江苏省教育会演讲。由蒋梦麟翻译,讲演的题目是"平民主义的教育"。演讲开始前由沈信卿致词欢迎。

"讲演大意分述如次:(一)世界平民主义日益发达,在教育上有密切之关系。今后教育当注重于全体人民,无论何等人,皆当使享受同等之教育。(二)西洋在十八世纪以前之教育,亦不过为少数贵族及僧侣而设,与一般平民之知识无关。(三)学校二字在希腊原文,意义训为闲暇,可知教育原为一般贵族有闲暇时所受,于平民无关。西洋义务教育之施行,距今不过八十年,时期犹短。凡着手施行义务教育之国家,勿自气馁,积极进行,不难与欧美并进。(四)欧

---

① 胡适:《致北京大学校长函》,《胡适全集》第 20 卷,合肥:安徽教育出版社,2003年,第 57 页。

洲义务教育虽称发达,犹守旧见,偏重于物质的文明方面,故尚未达平民主义之真精神。贵国设施教育,可不受此种障碍,从捷路做去。(五)欧洲平民主义之不发达,就消极之理由言,在偏重文艺,希腊为欧洲文化之始祖,其人头脑聪颖,然至近世科学不振,其原因只知重文艺,轻视工作致之;就积极之理由言,重文艺则专尚记忆,不尚思想,墨守旧习,结果科学不能发明,社会遂无进步。(六)教育之新精神,第一要件,当注重个性主义,养成儿童有自动之能力,独立之思想,自己判断,不使随波逐流,如奴隶之受人指使,哲学家言世无政治上之奴隶,只有知识上之奴隶。学校教育苟不注重于儿童之自立,致成知识上之奴隶,则虽号称共和国,徒有其名而已。第二要件,注重共业教育之真价值,当使各种原子,互相吸引,共同作业,须使共同有兴趣,又须使共同得利益,斯为共和之真精神。(七)学校教育欲达上述目的,须有一定之标准,即主动的精神,是当此过渡时代,非有一种主动的精神,往往使人无所适从,而在今日中国尤为重要。彼政治家外交家徒能注意于目前,欲解决二十年外之利害,注意于养成平民的社会,舍教育家末由。博士讲后,复述其爱慕中华教育家之挚意,并代表全美国教育界,祝我国教育家以毅力造成中国新社会云云。"①

5 月 3 日,杜威夫妇在写于上海的家信中说:"中国人喜欢喧嚷,但并不狂乱,非常容易相处,同时也给人脏污的印象,一般说来,人情味是十分浓厚的。中国人比日本人高大得多,而且多数看起来更

---

① 《杜威博士第一日讲演记》,《申报》1919 年 5 月 4 日。"平民主义的教育"1919 年 5 月 3 日的演讲的记录稿,参见袁刚、孙家祥、任丙强编:《民治主义与现代社会——杜威在华演讲集》,北京:北京大学出版社,2004 年,第 354—357 页。

为漂亮清秀。最令人惊异的是大多数劳动者,不仅看来很有理性,甚至可说是充满智慧的,就像这旅社中的许多侍者一样。……今天当我对一些教师演讲时,我曾注意其中具有类似巴黎艺术家气质的,真是不乏其人。"①

5月3日,经亨颐在日记中写:"二时,至江苏省教育会,聆杜威博士演说平民主义之教育,词意颇幽远。五时,散会,与肃文同返振华,香树自杭来。"②

5月4日,"五四"运动爆发。

下午2时,在江苏省教育会继续"平民主义的教育"的演讲,侧重讲"平民教育主义之办法"。有报道:"听者之众,几于无席可容。"③下午4时散会。

"大意如下:(甲)平民主义之教育,应注重于大多数之人民,养成具有满足其生活之能力,唤起劳作上之趣味,又须使人民于劳作之暇,寻得身心之快乐。(乙)平民教育之原则,应就日常起居饮食上注意,为大多数劳动之人民,谋家庭间之幸福。(丙)以前之教育不就平民着想,其结果遂生危险,今日发生之过激党,即因向日教育不注意于平民日常之生活所致。劳动之人民感受生活上之困苦,困苦生怨,遂起反抗,故教育上应注意,使多数人民之职业,不因生活之故,出于机械的勉强的,宜使人民对于职业出于心之所好,具有劳作之兴趣,始合平民教育之旨。(丁)今日教育之一部分与平民主义

---

① 杜威夫妇:《中国书简》,王运如译,台北:地平线出版社,1970年,第6页。
② 经亨颐:《经亨颐集》,杭州:浙江大学出版社,2011年,第524页。
③ 周由廑:《约翰·杜威博士教育事业记》,《东方杂志》第16卷第6号,1919年6月15日。

暗合者,即幼稚园,是因其所授功课,如叠木、炊事等,凡弗禄比亚所创之方法,足以为社会与家庭生活之雏形,倘以此意更推行于学校,则与社会生活更当接近。"①

"(戊)更举一例,某处矿场附近有一学校,儿童之年龄较幼稚园稍长,平日教授,使之实习鉴矿,儿童极有趣味,劳作出于自愿,未几竟成矿之模型,此种教育,利益有三:(一)可养成作业兴趣之习惯;(二)可养成群性的习惯;(三)可养成实验的习惯。(己)教育之应从社会方面着想。更可举例证明,某国城市有某校,曾通告全市,征集货物,考验其真赝结果,全市无赝货出售。又美国葛雷城之学校之用具,都由学生制造,全市饮料常由学生分析化验,可知学生习科学,当用以解决社会问题,不宜为抽象的教授,致学生所受之教育与社会绝无关系。(庚)平民教育之要点:(一)注重于社会上之事情,使儿童学习者在在与社会相关;(二)发达儿童之群性,使知协同作事之利益;(三)授以日常应用之课业,务养成知识上之趣味。(辛)中国普及教育方始着手,凡西洋教育之缺点,不必再事模仿,蹈其覆辙,应就社会大势,从基本上做起,自可减少无数周折,收效较速。"②

"博士末复殷殷勉我国教育界,积极进行,以全力造儿童之幸福。讲演毕,由全体听讲人员起立致敬,散会时已四下钟。闻晚间并由省教育会设席款待博士云。"③

晚,往九亩地新舞台观中国戏剧,"又于日间乘坐马车周览本埠

① 《杜威博士第二日讲演记》,《申报》1919 年 5 月 5 日。
② 《杜威博士第二日讲演记》,《申报》1919 年 5 月 5 日。
③ 《杜威博士第二日讲演记》,《申报》1919 年 5 月 5 日。"平民主义的教育"1919 年 5 月 4 日演讲的记录稿,参见袁刚、孙家祥、任丙强编:《民治主义与现代社会——杜威在华讲演集》,北京:北京大学出版社,2004 年,第 357—359 页。

华租两界市场"。①

5月3、4日演讲记录稿《平民主义的教育》发表在《教育潮》第1卷第2期,潘公展笔述。发表在《晨报》1919年5月12、13日。②

5月4日,杜威夫妇在写于上海的家信里说:"今天我见到了一位缠小脚的中国妇人,并曾和她一道午餐。但在进餐席间,她却一直留在厨房做菜,等我们的午餐吃完了,她才进到屋里来。她的脸圆圆胖胖似银盘一样,相当漂亮。至于她走路的姿态你当可想象得出,是一种摇摇扭扭而又缓慢细碎的步子。""昨天我们还去百货公司买手套和袜带……之后我们又参观了一家纺织厂……"③

5月5日,应浙江省教育会代表邀请,去杭州讲演,计划住四五日。浙江省教育会会长来沪欢迎。蒋梦麟偕同前往,早车赴杭。④

5月5日,经亨颐在日记中写:"顺至青年会,访鲍乃德,约同至车站欢迎杜威。返寓午膳后,即往城站。未几,车至,博士及其夫人、蒋梦麟亦同来,即赴鲍乃德寓便餐。邀梦麟宿于余处。"⑤

5月6日,星期二,游西湖,浙江省教育会设晚宴欢迎杜威。⑥

5月6日,经亨颐在日记中写:"即晚,在会宴杜威博士及其夫人。散席后,又同至凤舞台观剧。十时返寓,梦麟亦来。"⑦

---

① 参见《杜威博士赴杭》,《申报》1919年5月6日。

② 《杜威博士讲演大要》,《晨报》1919年5月12、13日。

③ 杜威夫妇:《中国书简》,王运如译,台北:地平线出版社,1970年,第7页。

④ 参见《杜威博士莅杭讲演》,《申报》1919年5月6日;《杜威博士赴杭》,《申报》1919年5月6日。

⑤ 经亨颐:《经亨颐集》,杭州:浙江大学出版社,2011年,第524页。

⑥ 参见《杜威博士莅杭讲演》,《申报》1919年5月6日;《杜威博士赴杭》,《申报》1919年5月6日。

⑦ 经亨颐:《经亨颐集》,杭州:浙江大学出版社,2011年,第525页。

5月6日，恽代英在致胡适的信中写："听说先生此次迎接Dewey，要同他从湖北走过，不知能否同到敝校，一齐有所赐教？此间同学能够'新'、能够'动'的，比较以前多得很了。我们总还盼望将来比现在还要多些。先生等若在此有一天盘桓，于代英及同学等，或将都有些进益！这亦是干求的一桩事。"①

5月6日，恽代英在日记中写："余与元衡师商，遂致快信于子民、适之两先生，请其转函俭学会，并约适之先生，如能同Dewey[杜威]来此校，亦故妄言之。"②

5月7日，星期三，下午2时，到杭州平海路的浙江省教育会会场讲演"平民教育之真谛"。"共和主义的教育，其宗旨在使人人有被教育之机会，其方法则在尊重个性。"③一说由蒋梦麟任翻译，④一说由郑宗海（郑晓沧）任翻译。⑤

5月7日，经亨颐在日记中写："返寓午膳后，略休息，即赴会。自三时，开讲演大会，杜威博士讲平民教育，到者不下二千人，五时散会。即晚，余与文叔宴青年团董事，而鲍乃德亦宴杜威，余不能去，他客亦有因此不到者。"⑥

5月8日，杜威夫人在浙江省教育会演讲"女子教育之新义"，由张天祚任翻译，朱毓魁笔记。该演讲记录稿发表在《教育潮》第1卷

① 恽代英：《致胡适》，《恽代英全集》第3卷，北京：人民出版社，2014年，第8页。
② 恽代英：《民国八年日记》，《恽代英全集》第3卷，北京：人民出版社，2014年，第226页。
③ 《平民教育之真谛》，袁刚、孙家祥、任丙强编：《民治主义与现代社会——杜威在华讲演集》，北京：北京大学出版社，2004年，第362页。
④ 参见《杜威博士莅杭讲演》，《申报》1919年5月6日。
⑤ 参见《杜威博士来华讲演纪闻》，《教育潮》1919年第1卷第2期，第75页。
⑥ 经亨颐：《经亨颐集》，杭州：浙江大学出版社，2011年，第525页。

第2期。① "故今后欲国人群之进化、国家之强盛,必使国民皆得遂其发育,断勿置女子于度外。为女子者,亦当尽其在我,以促进文化,慎勿贻无用之诮也。"②

5月8日,《申报》发表《杜威博士之行程与略传》。该文指出: "美国大哲学家杜威博士来沪后,已于前日赴杭,游览西湖,本星期五准可返沪,逗留三五日后,即赴金陵作两周勾留,再赴北京居留一个月,然后东渡日本避暑。唯闻北京大学当局以博士西来为难得之机会,预备挽留在京,俾博士学说直接传达都中学子,现已商同博士同意,唯不卜多年任职之哥伦比亚大学能否听任博士留华,现在已分电该大学商取同意去矣。"③

5月8日,经亨颐在日记中写:"晴。九时,为北京学生事件及杜威谈话会,集各校长商议办法,又拍一电。即午,李垕身在新新旅馆宴杜威,余不得不去;……即晚,善交社公宴杜威,余为主席,直至十一时,始散。"④

5月9日,星期五,经亨颐在日记中写:"八时三十分,即赴教育会,与各校职对杜威[讲演]开谈话会,未有如何诚得(心),事近敷衍。即午,伍仲文宴杜威于鲍乃德之寓,余亦同去。"⑤

5月10日,经亨颐在日记中写:"晴。八时,到会,又开谈话。即午,邀杜威及其夫人,又鲍乃德夫妇,至余寓便膳,甚欢。下午,同至

① 参见《杜威博士来华讲演纪闻》,《教育潮》1919年第1卷第2期,第75—76页。
② 《女子教育之新义》,袁刚、孙家祥、任丙强编:《民治主义与现代社会——杜威在华讲演集》,北京:北京大学出版社,2004年,第690页。
③ 《杜威博士之行程与略传》,《申报》1919年5月8日。
④ 经亨颐:《经亨颐集》,杭州:浙江大学出版社,2011年,第525页。
⑤ 经亨颐:《经亨颐集》,杭州:浙江大学出版社,2011年,第525页。

清和坊等处游览。四时,至西泠印社摄影,余先返。即晚,兄弟烟草公司宴客于总商会,余去一转,即返。"①

5月11日,上海图画美术学校在浙江省教育会开旅行写生成绩展览会,参观者千余人。"美国哲学大家杜威博士由省教育会会长经亨颐介绍参观,极表赞美,当索该校长刘海粟君所绘西湖全景一帧以志纪念。"②

5月11日,经亨颐在日记中写:"上海美术学校今日在会开展览会。又开评议会。十二时,返寓。午后,至城站送杜威博士行,便至元利购物,即返。"③

5月12日,杜威夫妇在写于上海的家信中说:"北京的这场风暴,目前看来已经平息了,大学校长依然坚持立场,所以学生们被释放了。据说事情的发生是由于日本人的要求,他们认为学生们的行为太过分了。根据报上的报道,抵制日货的活动正在展开,但是我认为如果他们想长期实行这种抵制的话,日币应同时不予使用。""东方可说是男性文明的一个标准实例,它的问题所在乃是由于妇女们早被认定应该屈服于男性之下,此外,妇女与一切的活动均无关系。我深信,中国今天之所以成为众矢之的,并不单单是由于宗亲观念或教育背景的影响,而他们每况愈下的体质,普遍政治的腐败以及公德心的缺乏,实在都是因为妇女地位低下的结果。"④

① 经亨颐:《经亨颐集》,杭州:浙江大学出版社,2011年,第525页。
② 《杭州快信》,《申报》1919年5月14日。
③ 经亨颐:《经亨颐集》,杭州:浙江大学出版社,2011年,第525页。
④ 杜威夫妇:《中国书简》,王运如译,台北:地平线出版社,1970年,第9页。

5 月 12 日,和孙中山共进晚餐。杜威在一篇文章《是什么阻碍了中国》(What Holds China Back)(《亚细亚》1920 年第 20 卷)中提到此次会见。"在与前总统孙逸仙一起愉快度过的一个晚上,他提出了关于与日本的快速发展相比中国的变化显得缓慢的理论。就像中国古谚所说,'知易行难'。孙先生这样解释,中国人把这个谚语记到了心里。中国人不行动,是因为他们害怕犯错;他们想在事先得到保证,不会有任何失败或者严重的麻烦才行动。而另一方面,日本人认识到,行动比认知容易得多。他们相信得必大于失,于是采取行动,前进,做事情,而不考虑错误与失败。我倾向于认为那个古老的智者是有影响的,因为他的教导得到了曾经是亲近厚重的环境的证实。"①

蒋梦麟在他的《西潮》里也录有此事:"有一天我和罗志希同杜威先生谒见孙先生谈到知难行易问题,杜威教授对中山先生说:'过重实用,则反不切实用。没有人在西方相信"知"是一件容易的事。'"②

5 月 13 日,杜威夫妇在家信中说:"昨晚,当我与中国前任总统孙中山先生同桌晚餐时,我发现他竟是位哲学家。他目前已写好一本书,即将付印。内容是说明中国之积弱完全是由于将中国古代一位哲人的思想——'知易行难'——根植于心的缘故。结果必然的是,他们不喜欢做任何实际的工作,而只希望求得理论上的通盘了解。但同时的日本人,甚至在茫然不自知的情况下已扩充了自己的军备;而中国人却凡事都深怕自己的行动会导致什么错误

① 《杜威全集·中期著作》第 12 卷,上海:华东师范大学出版社,2012 年,第 47 页。
② 蒋梦麟:《西潮》,沈阳:辽宁教育出版社,1997 年,第 105 页。

的结果,所以他写了一本书来向他的国人证明'知难行易'的事实。"①

"我依然相信日本有许多坦诚的人民正从事于自由主义的活动,但他们缺少道德上的勇气。那些最具智慧的自由主义者,对于事实的真相几乎与我们一样无知,但他们却清楚应继续保持这种无知的状态,以配合其伟大的爱国热忱,这当然是一种很容易纠正的观念,但基于欧洲这许多强权分割的实例,他们的这种做法也不过是出于一种自卫而已。"②

"学生会议昨天通过以电报通知政府,他们将于下星期一罢课,如果他们所提的要求不被接受的话。这四项要求当然包括拒签巴黎和约,惩罚卖国贼,他们受贿而与日本签订秘密卖国条款等等。依我看这个学生会议的确比学生本身稳健得多,听风声不超过今天上午罢课就会开始。"③

5月14日,下午4时,杜威及夫人由商务印书馆黄警顽之介绍,借郑晓沧至爱俪园游览时赴仓圣明智大学参观。该校因杜威即将赴南京,机会难得,遂召集全体学生于大讲堂听杜威讲演,郑晓沧翻译,至天色已晚。临别赠该校杂志一册。④

5月14、15、17日,《晨报》发表署名"百如"的文章《美国教育者杜威》。该文章写道:"我们对于杜威氏这次来,特别的喜欢,大概有

---

① 杜威夫妇:《中国书简》,王运如译,台北:地平线出版社,1970年,第11页。此信没有标注日期,只标注星期二上午,根据此信的前一封信标注的日期5月12日星期一来推测,此信写于5月13日。此信的后一封信标注的日期也是5月13日。
② 杜威夫妇:《中国书简》,王运如译,台北:地平线出版社,1970年,第12页。
③ 杜威夫妇:《中国书简》,王运如译,台北:地平线出版社,1970年,第15—16页。
④ 参见《杜威博士参观仓圣大学》,《申报》1919年5月15日。

三种原因。一,我们在国内的人,居然有机会把世界第一流的学者请了来,听他的言论,接近他的声音笑貌,这样幸福,是不容易得的。他所说的,我们多数人或者未必全能领会和了解,但在'观感之间',所得到的,也就不少了。二,杜威氏的民本主义的和实验的教育学说,是我们教育家急须研究的东西。他的哲学——工具主义的哲学——是我们空疏浮泛的思想界的根本救济。三,这一两年来,国内思想的新潮流,渐渐鼓荡起来,和旧式的学术,自然有许多冲突。这时候有一个大家尊仰的'论师'在我们中间,新思想就得了一个很好的指导,很有力的兴奋。顽旧的人,能听听这样明哲的议论,或者能受些感化,换些新空气,也未可知。"①

5 月 16 日,赴南京。

5 月 17 日,杜威在《日晷》(*Dial*)1919 年第 66 卷发表《日本和美国》(Japan and America)。杜威在文章中写:"如若从这样的观点看,反美运动已不再仅仅表现为报纸上的倾诉和反驳,它变成了一枚凸透镜,两个国家之间产生摩擦的一切可能的原因皆聚焦于此。""直到目前,按照我所能获得的最可信的传闻,反美主义几乎完全是报纸上的事。""日本的自由主义运动已向前迈出了强有力的步伐——几乎是难以置信的强有力步伐。"②

5 月 18 日,《申报》报道:"美国教育家杜威氏昨由沪来宁,定明

---

① 百如:《美国教育者杜威》,《晨报》1919 年 5 月 14 日;《美国教育者杜威》(续),《晨报》1919 年 5 月 15 日;《美国教育者杜威》(续)"他的重要著作",《晨报》1919 年 5 月 17 日。

② 《杜威全集·中期著作》第 11 卷,上海:华东师范大学出版社,2012 年,第 127—131 页。

日在青年会演讲学理。"①

5月18日,晚上7时,在南京高等师范学校演讲《真正之爱国》,陶行知担任翻译。共和国的爱国心的构成原素有三:"想象","理想","自动"。"共和国所需者则为有知识能力与职责之爱国心也。"②

5月18—21日、24—26日,在南京高等师范学校讲演。由陶行知等翻译。有报道:杜威自来到中国后,每次讲演时,"听讲者非常踊跃,无不座为之满"③。

杜威与南京教育界人员对话,形成记录稿《南京教育界人员与杜威先生之问答》,刘伯明翻译。其中说:"教授科学,不重试验,其弊甚多。盖以学生所得者,空而无用,于审思明辨毫无裨益。"④

杜威在南京高等师范学校演讲,形成记录稿《教育答问》。其中说:"思考之方法,……简单言之,曰搜求材料,曰比较,曰应用而已。虽属平常,然与师范生关系甚切,故特表而出之,为养成理智的习惯之一助也。"⑤

5月18日,参观南京的贡院、文庙等。杜威夫妇在写于南京的家信中说:"我们参观了以前的考试大楼,现在已废弃不用,正准备

---

① 《南京快信》,《申报》1919年5月18日。

② 参见《南京高等师范日刊》1919年5月26、27日。王文岭撰:《陶行知年谱长编》,成都:四川教育出版社,2012年,第37页。该演讲稿《真正之爱国》,参见《陶行知全集》第12卷,成都:四川教育出版社,2005年,第51—54页。

③ 参见《杜威博士来华演讲纪闻》,《教育潮》1919年第1卷第2期,第75—76页。

④ 《南京教育界人员与杜威先生之问答》,袁刚、孙家祥、任丙强编:《民治主义与现代社会——杜威在华讲演集》,北京:北京大学出版社,2004年,第657页。

⑤ 《教育答问》,袁刚、孙家祥、任丙强编:《民治主义与现代社会——杜威在华讲演集》,北京:北京大学出版社,2004年,第660—661页。

拆掉。里面有两万五千间小室,应考期间所有的应考者都被'关'在里面。其实这些小间并没有门,里面全部的设备是一张桌子,一张椅子,和两块两尺半长的厚木板。他们被规定就在这个范围之内应答试卷,煮饭和睡觉。……这就是中国有名的考试制度。"①

5月19—21日,《晨报》发表署名周兆沅的文章《实用主义之要旨》。"至实用主义,所谓思考在于行为之要求,真理不外实际之效果。尤与王阳明知行合一之学说相符。……故实用主义,译为知行合一,当无不可。"②

5月22日,杜威夫妇在写于南京的家信中说:"有一天我对一位年轻的教授说,中国人至今仍是袒护人民中的三种阶级时,他的确大吃一惊,一位学生和一位颇有社会地位的批评家问我是那三种阶级。我反问是否有可能就是官吏、僧侣和军队,他回答说:'可能是'。经历了这么久的时间但他们却丝毫不欲改进,看来是由于性格使然,无论在思想或行动上都是如此,尤其以实际行动上为甚。"③

5月22日,黄炎培、蒋梦麟在致胡适的信中写:"杜威先生来函,劝'勿馁气,此为唤兴国民潜力好机会'。加仑比亚④已允给假,大学如散,上海同人当集万金聘之。……如北京大学不幸散了,同人当在南组织机关,办编译局及大学一二年级,卷土重来,其经费当以捐

---

① 杜威夫妇:《中国书简》,王运如译,台北:地平线出版社,1970年,第20—21页。
② 周兆沅:《实用主义之要旨》,《晨报》1919年5月19—21日。
③ 杜威夫妇:《中国书简》,王运如译,台北:地平线出版社,1970年,第22—23页。
④ 亦译哥伦比亚、哥仑比亚,下同。

募集之。杜威如在沪演讲,则可兼授新大学。"①

5月23日,杜威夫妇在写于南京的家信中说:"我相信任何人都不能预测今后的政治局势;我们在此的三星期中,眼见学生们的活动已引起了一项全新且无法计数的动力因素。首先你所能听到有关中国的就是对政治的抱怨、官吏的腐败与卖国,士兵们几乎要靠抢劫为生,有些公务员甚至是由日本付予薪给,中国人没有一点组织的能力,更没有团结内聚的决心;而今学生团体来插手一些事务,于是一切都显现出新的吵杂与新的气象。"②

5月24日,蔡元培在日记中写:"昨梦麟函中,言杜威可留华一年,已得哥仑比亚复电。"③

5月25日,晚上,在南京高等师范学校演讲"共和国之精神",陶行知担任翻译。各校学生听讲者达3 000多人。欲养成共和国之精神,有两大要素:"第一要素为爱自由","第二要素为共同动作"。④

5月26日,杜威夫妇在写于南京的家信中说:"学生问题的情况一天比一天恶化,甚至学生会议中最富同情心的和缓分子也变得焦躁不安了。此地被公认为最慷慨正直的省主席已允诺支持这些前进的新方法。"⑤

---

① 黄炎培、蒋梦麟:《致胡适》,《蒋梦麟教育论著选》,北京:人民教育出版社,1995年,第108—109页。
② 杜威夫妇:《中国书简》,王运如译,台北:地平线出版社,1970年,第24页。
③ 《蔡元培日记》上,北京:北京大学出版社,2010年,第254页。
④ 参见《南京快信》,《申报》1919年5月26日。该演讲稿《共和国之精神》,参见袁刚、孙家祥、任丙强编:《民治主义与现代社会——杜威在华讲演集》,北京:北京大学出版社,2004年,第22—23页。
⑤ 杜威夫妇:《中国书简》,王运如译,台北:地平线出版社,1970年,第27页。

5月26日,晚上12时,蒋梦麟在致胡适的信中写:"杜威留中国,其俸已由省教育会担保。任之与弟又要做和尚募化万余金。将来预备在沪开演讲大会。还要请他到重要地方如天津、北京、广东、汉口去讲讲。省教育会要做这一件慷慨的事,你赞成么?大学现状给我讲讲,千万千万,我实在纪念杀了。"①

5月28日,杜威从南京发出文章《东海的两边》(On the Two Sides of the Eastern Sea),该文章发表于《新共和》1919年第19卷,7月16日。杜威在文章中写:"从日本到中国只需要三天便捷的旅程。很可怀疑,是否世界上还有其他什么地方,伴随另一种同等距离的行程会使人看到政治倾向和信仰上出现如此彻底的变化。它肯定要比从旧金山到上海的旅行中感受到的变化大得多。""一个人到达中国后,他的第一感觉就是感受到日本遍地渗透的势力,它正以命定般的力量发挥作用,以便毫不迟疑地达到那种结局 ——由日本用它那最终同化的观点来主宰中国的政治和工业。""我在最近这四个星期中与之交谈过的每一个现居中国的人,中国人或是美国人,他们都不约而同地相信,未来大战的种子已在中国深深埋下了。"②

5月29日,杜威夫妇到天津,胡适在天津迎候。

下午6时,抵京,寓北京饭店34号。"下车时,踏足不稳,腿部微受跌伤。博士拟于一礼拜内遍游近畿各名胜之地,并欲亲往万里长

---

① 蒋梦麟:《致胡适》,《蒋梦麟教育论著选》,北京:人民教育出版社,1995年,第111页。

② 《杜威全集·中期著作》第11卷,上海:华东师范大学出版社,2012年,第146—150页。

城一观,俟游览毕后,即在学术讲演会等团体开始讲演云。"①

5 月 29 日,《晨报》发表《美国哲学大家杜威博士本日到京》。报纸配发一张杜威的正面半身照片,题为《本日到京之杜威博士》。②

5 月 29 日,吴虞在日记中写:"阅《思维术》。"③

5 月 31 日,去西山游玩。④

5 月,哥伦比亚大学复电,批准杜威请假一年,允其在华讲学。

胡适后来回忆说:"引起杜威夫妇那么大的兴趣以至于他们改变了原订要在夏季几个月以后就回美的计划,并且决定在中国逗留整整一年的,就是这次学生运动以及它的成功和失败的地方。"⑤

5 月—6 月间,李大钊致函胡适。该函未署日期。"适之兄:杜威先生和柯先生的信送上,乞为代覆。杜威先生一信,大致系感谢杜威先生指示我们的厚意,我们自然应该把教育比个人看得更重,不过政府并没有正式向我们表示他愿意和解的意思,而且正在那里制造加害我们代表的材料。以后进行,还希望他多多指教。弟李大钊。此信不妨稍详,兄可加入些意思。"⑥

---

① 《杜威博士抵京》,《晨报》1919 年 5 月 31 日。关于北京、北平的地名用法,除引文使用遵照原文习惯外,本书一律使用北京。
② 《美国哲学大家杜威博士本日到京》,《晨报》1919 年 5 月 29 日。
③ 《吴虞日记》上册,成都:四川人民出版社,1984 年,第 464 页。
④ 参见杜威夫妇:《中国书简》,王运如译,台北:地平线出版社,1970 年,第 30 页。
⑤ 胡适:《杜威在中国》,简·杜威:《杜威传》,单中惠编译,合肥:安徽教育出版社,2009 年,第 380 页。
⑥ 李大钊:《致胡适》(一九一九年五月—六月),《李大钊全集》第 3 卷,石家庄:河北教育出版社,1999 年,第 284 页。

1919 年
6 月

6 月 1 日，上午，去故宫博物院参观。①
去颐和园游玩。②

6 月 1 日，杜威夫妇在写于北京的家信
中说："目前我们这边的事务已暂告停息了，
我们都觉得这一生我们从未像以往四个月所
学的这么多。尤其上个月，似乎有太多的事
务要我们来理解吸收。拿东西方的情况来比
较，东方足智多谋，极其神秘的；而西方的欧
洲，他们会开朗到用一个大盘子递给你宣战
通知，虽然我们必须承认它的附签有时也是
花样很多的。"③

6 月 1 日，杜威夫妇在写于北京的家信
中说："我们正好看到几百名女学生从美国教
会学校出发去求见大总统，要求他释放那些
因在街上演讲而入狱的男学生。要说我们在
中国的日子过得既兴奋又多彩的确是相当公
平，我们正目击一个国家的诞生，但通常一个
新国家的诞生并不是一件简单的事。……今
天早上我们所见到的那群演讲的学生，听说

---

① 参见杜威夫妇：《中国书简》，王运如译，台北：地平
线出版社，1970 年，第 31 页。
② 参见杜威夫妇：《中国书简》，王运如译，台北：地平
线出版社，1970 年，第 36 页。
③ 杜威夫妇：《中国书简》，王运如译，台北：地平线出
版社，1970 年，第 30 页。

后来全都被捕了,而他们的口袋里早已带好了牙刷和毛巾。有的传言则说事实上不只两百人被捕,而是一千多人,只北平一地就有十万人罢课,方才出发的那些女孩子显然是受了她们老师的鼓励,许多母亲都在那里看着她们走过。"①

6月2日,去紫禁城内的故宫博物院参观。②

6月2日,杜威夫妇在写于北京的家信中说:"我们在国内时认为中国已经革命,而今已成为民主共和政体的这个观念,实在是受骗了。中国目前还未脱满洲官僚政治的遗风,一切他们所有的腐败贪污的恶习竟都相传下来。满洲的小皇帝就住在这里,在他的宫里,环绕着他的是他的宦官,教师,以及两位母后。让他一个十四岁的人来当皇帝确是十分可笑,每年除了共和国政府议决给他多少钱之外,他自己是一文莫名的,所以没有人为他的存在而担心。除了日本,他们希望这个帝制政府能够复辟,直到有一天他们能将之吞为己有为止。看来他们此刻就已有所准备,只差给和平会议一点暗示而已。你最好能读一本有关这种情势的书,就因为它可说将是你有生之年最惊人的一件阴谋。"③

6月4日,《晨报》发表《杜威博士定期讲演》:杜威将于6月8、10、12日在教育部学术讲演会讲演"美国民主主义之发展",即"美国民治的发展"。④

---

① 杜威夫妇:《中国书简》,王运如译,台北:地平线出版社,1970年,第33—34页。有两封信的日期均表明6月1日。有人认为此信日期应为6月4日,参见周策纵:《五四运动》,南京:江苏人民出版社,1996年,第230页。
② 参见杜威夫妇:《中国书简》,王运如译,台北:地平线出版社,1970年,第36页。
③ 杜威夫妇:《中国书简》,王运如译,台北:地平线出版社,1970年,第36—37页。
④《杜威博士定期讲演》,《晨报》1919年6月4日。

6月5日,胡适陪杜威去北大看望被关押学生。杜威夫妇在写于北京的家信中说:"现在是星期四早上,昨晚我们听说前天将近有一千学生被捕。昨天下午一位朋友得到了一张通行证,准许他进入监禁学生的那库大楼。法学大楼已经挤得满满的,现在他们已开始挤进科学大楼了,这现象最后导致了学生会议今天在传教大楼召开。"①

6月5日,杜威夫妇在写于北京的另一封家信中说:"这真是个不可思议的国家;她现在被称为共和国实在是一个大笑话;至目前为止她给人的印象只不过是一个假公济私的营利集团代替了古老的帝国罢了,而这个集团无论在治理或劫夺上都是由军阀掌握实权。……但有些地方他们却比我们更加民主;丢开妇女问题不算,社会上的确可说是完全平等,而即使立法机构一塌糊涂,但目前这时候舆论却有它显著的影响力。""如果政府有这份魄力,它可以解散这所大学,但学者的地位与声誉在中国却是崇高而不容侵犯的。"②

6月7日,星期六,午后,华北美国大学同学会在美国大使馆举行春季年会。晚7时,举行盛宴。美国公使芮恩和杜威等各演说5分钟。晚9时以后,有跳舞会,美国海军音乐队奏乐。③

6月7日,杜威夫妇在家信中说:"有关学生们的整个故事都是可笑的,而最耐寻味的是上星期五的事:学生们到处演讲,并且拿着国旗满载欢呼地游行,而警察们却站在一旁,温顺得像守护天使一

---

① 杜威夫妇:《中国书简》,王运如译,台北:地平线出版社,1970年,第38页。
② 杜威夫妇:《中国书简》,王运如译,台北:地平线出版社,1970年,第43—44页。
③ 参见《中美新闻社北京杂讯》,《申报》1919年6月3日。

样,没有任何一个学生被逮捕或受到干扰。我们还听说一位正在街心发表演讲的学生,被警察礼貌的请求挪动一下位置,以免阻碍交通。同时,星期六政府真的向那些仍留在学校中的学生道了歉。"①

6 月 8 日,上午 9 时至 11 时,在北京西单牌楼手帕胡同教育部会场,讲演题目是"美国民治的发展",胡适翻译。"到会听讲者约千人,会场座位极形拥挤。"《晨报》1919 年 6 月 9 日发表《杜威博士讲演之第一日》,介绍该演讲的主要观点。②

《申报》1919 年 6 月 12 日发表《杜威博士讲演美国民治》,介绍该演讲的主旨。

"杜博士谓美国人为最爱和平之国民,乃世人所共知者,其原因果何在乎?盖美国建国之初,系由若干部落之殖民组织而成,此若干部落之殖民,均系由曾受压迫思寻乐土而来,以故此种人民均喜自由而恶专制。既喜自由而恶专制,则人民与人民之间,自是同病相怜,于是皆有一种和融浃洽之概,此美人所以喜和平之原因也。而此种善良风气,流为遗传之根性,历数百年而弗渝。然美国人之思想,尚不仅愿美国人喜爱和平,更愿全世界各国国民亦均喜爱和平,故思造成世界新思想、新局面,此虽为理想之目的,而欲期此目的之实现,以美国大总统历次宣言观之,如各国加以力行,亦自不难耳。美国人之喜和平,既有所自知,故其习俗以一言不合而拔刀相向、从事争斗者,实不多觐。大率皆循法律,讲道德,觇国者必于□③国人之喜爱和平,询非虚语也。"

---

① 杜威夫妇:《中国书简》,王运如译,台北:地平线出版社,1970 年,第 45 页。
② 《杜威博士讲演之第一日》,《晨报》1919 年 6 月 9 日。
③ 原文档字迹模糊不清,难以辨识。下同。

"美国民主政治之精神，纯由教育所使然。美国教育事业并非由教育部管理之，不过于内务部中设立一司，由司长以下数人管理之也，但所管理者，无非关于教育上之统计册籍而已。至于教育上各种事业，均由各州自行办理，属于自治范围之内，譬如某城之学校，即由某城绅商士民捐资建设，归自治机关经理之。美国学校既得自由发展，故关于学术之发达，学生之进步，俱极可观，美国教育之实况如此，而教育事业实应当如是办理，才觉妥当，倘由政府方面拟定章程，作为定式，令学校依样葫芦作去，欲期教育之发达进步，诚戛戛乎难也。"

"美国民主政治精神之表现厥为联邦主义。美国宪法是民权宪法，非国权宪法；行政制度是地方分权制度，非中央集权制度。以国家之组织言之，美国国体为合众国，由若干联邦（即是州）组织而成，邦有政府，有宪法，此外更有联邦政府，联邦宪法。举凡外交、海陆军、关税、币制各种事业，均由联邦政府管理，其余如教育、实业、卫生各项事业，皆由各邦政府各自办理，故美国之地方行政，异常发展，而国家之进步，亦实以此为之基础。兹有数语，祈听讲诸君注意美国国情，大致属于地方之利益、地方之事业，由地方管理之，属于全体之利益、全体之事业，由中央管理之，此美国民主政治之精神也。更举一例以明之，此次国际联盟为美国威尔逊大总统所倡议，查国际联盟主义之要旨，即系以一国之利益，应由一国自决之；倘关系于各国之利益，即应由国际联盟机关决定之。国际联盟机关比如联邦政府，各国比如各邦，在威尔逊之主张，即欲以美国民主政治之精神为模型，而造成世界唯一大民主政治之最大团体也。但美国政治尚有缺憾者，曰交通问题，曰劳动问题是已。美国铁路多属私人所有,不属联邦政府之权力所辖,此亦由于美国建国之始,尚无铁路之发明,故宪法之中并未规定之,现在美国对于交通问题,铁路国有已着手进行矣。又劳动事业,凡国家之富力,皆为劳动者所赐,故对于劳动者之保护、取缔各事,宜属于中央管理,方免危险之发生,云云。"①

夜间,"美使馆招宴杜威博士,中外名人要人到者三百余。博士席间谈话,略谓余此次来京,适逢学界学潮扩大之际,不能充分讲演,起初不免寂寞,但现在深觉,中国学生不特能教训自己,并且能教训他人,实在可以不必我多讲演了。"②

6月8—11日,黄炎培在该数日的日记页上记录较长内容。"并非该数日记。""杜威氏之来华,实予吾人以实施新教育最亲切之兴味与最伟大之助力。……顾三五年来,口头笔底所窥见一鳞一爪之新教育,今得杜威博士来为探本穷源之指导,于是吾人之知识渐归于系统,而措之行事,亦觉有条理可寻而无所惑矣。"

"博士之来,于沪于杭于宁于京师,既皆有所讲演,算动一世之耳目。余乃欲探知听者对于博士主张之感想何若,遂以是为问题,所至辄就曾听博士讲演者索其答语,则欢喜赞叹者十人而九,亦间有怀疑者,汇其说有四:甲曰:博士提倡自动,甚善,其如我国教育程度尚不够何!乙曰:东西方国情不同,是否完全可以仿行,尚是一问题。丙曰:吾国社会程度幼稚,如骤行博士学说,将必然疑诧,而为教育进行之障碍。丁曰:博士之说可推行,其如一时难得此哗深

① 《杜威博士讲演美国民治》,《申报》1919年6月12日。
② 《杜威博士之近况》,《晨报》1919年6月10日。

明是种教育原理之教员何！"①

6月10日，上午，继续在北京的教育部会场演讲"美国民治的发展"，胡适作翻译。《晨报》1919年6月11日发表《杜威博士讲演之第二日》，介绍民治的个人主义方面。"到者更为踊跃，座为之满后，到者咸环立两旁。女学界到者亦较前次为多，咸肃然静听。"②"美国的趋向，要把民治主义和教育合在一起。民治就是教育，教育也就是民治。凡是教育都是为民治设的，必须有这种政治，才可让教育格外发展；也必须有这种教育，才可让政治格外改良。我很盼望中国将来也做到这个地步的。"③

6月10日，杜威夫妇在写于北京的家信里说："目前学生是赢了一着并已目的得逞了，星期天上午我正在教育部大会堂演讲，当时那里的官员尚不知发生了什么事。但政府派了一位所谓的和平特派员去向那些自我监禁的学生说政府承认错误，并愿向他们道歉。结果学生们以一种胜利者的神态冲了出去，昨天他们的街头演讲比以往更大也更热烈。……流言也是中国有效的战术之一。虽然你也许以为我们来此还不到六个星期，时间很短，但你不得不承认我们在此的的确确看到了中国活生生的一页史实。一个国家之所以被认为不景气及不求改进，其中必然是有原因的。""谈论到美国的民主发展时，只要我讲到类似的这种问题：'美国人民并不依靠政府来为他们做事，而是自己抢着为自己的事务而努力。'时，他们的反

---

① 《黄炎培日记》第2卷，北京：华文出版社，2008年，第63—64页。

② 《杜威博士讲演之第二日》，《晨报》1919年6月11日。

③ 《美国之民治的发展》，袁刚、孙家祥、任丙强编：《民治主义与现代社会——杜威在华讲演集》，北京：北京大学出版社，2004年，第12页。

应总是敏捷又热切的。中国人一般说来都有民主的意识，但他们那个中央集权的政府却对这点十分厌烦，也十分戒惧。"①

6月10日，《晨报》发表《杜威博士之近况》，预告杜威将演讲"近代教育的趋势"。"博士以教育学说冠绝近代美国，最新式的实验学校制度皆博士所发明。其夫人及女公子二人皆以教育名于世，其实地试验者，即博士之学说。故博士学说经多次实验后，更觉精当无俦。此次讲演该题必更有名言至理教我国人也。有志教育者曷可失此时机。"②

6月10日，张申府在致胡适的信中写："适之先生：久思聚谈，久而未果。又以英语说不好，杜威教授来，亦未便造次往会。"③

6月11日，《申报》报道："杜威在美国大学会演说，谓中国学生此番举动，足以振作国民精神，且可唤醒政府，使知负责。"④

6月12日，上午，在北京的教育部会场，继续演讲"美国民治的发展"，胡适作翻译。《晨报》1919年6月13日发表《杜威博士讲演之第三日》，介绍民治的社会方面。"到者更较第二次为踊跃，四周环立而听者布满，且均先期而至，尤为中国自来开会未有之精神。"⑤三次演讲的记录稿《美国之民治的发展》发表在《晨报》1919年6月17—20日。⑥"怎样能使国民互相顾恤，互相爱利，同谋公共的利益呢？""第一，物质上的联络。……第二，国家观念的发达。……第

---

① 杜威夫妇：《中国书简》，王运如译，台北：地平线出版社，1970年，第47—48页。
② 《杜威博士之近况》，《晨报》1919年6月10日。
③ 《张申府致胡适》，《胡适来往书信选》上册，北京：中华书局，1979年，第55页。
④ 《各通讯社电》，《申报》1919年6月11日。
⑤ 《杜威博士讲演之第三日》，《晨报》1919年6月13日。
⑥ 《美国之民治的发展》，《晨报》1919年6月17—20日。

三,私人自由组织的团体之发达。……第四,教育与社会统一的关系。"①

6月14日,星期六,去清华学校。②

6月15日,《东方杂志》1919年第16卷第6号发表周由廑的文章《约翰·杜威博士教育事业记》。文中刊登约翰·杜威博士小像一幅。③

6月16日,杜威夫妇在家信中说:"有些中国人说:'现在我们又面临一次大风暴前的休止符。'那三个'卖国贼'的辞呈已经获准,内阁正在重组,学生商人的罢课罢工都已取消,下面要发生什么事情完全是神秘莫测。有很多明证可看出极端的军阀们不顾他们的挫败,仍极欲掌握实权,而那位大总统据说不过是位温文又圆滑的政客,也正在一步步地将大权揽为己有。虽然他发表了一项不利于学生的训令,而又对那几个'卖国贼'大加称赞,看来学生们的胜利反倒加强了他的势力。他的目的显然地是要将军阀的弱点揭示于全国,而又狡猾地不让他们有打击他的任何借口。这里盛行用匿名传单来互相攻击,其中曾有一份是签着'三千零五十八名学生',但没具姓名,它上面是说学生罢课的惟一目的就在收复山东,但有少数人却想利用这种活动来达成私己的目的,其中有一人则希望由此而能成为大学校长。"④

---

① 《美国之民治的发展》,袁刚、孙家祥、任丙强编:《民治主义与现代社会——杜威在华讲演集》,北京:北京大学出版社,2004年,第13—15页。

② 参见杜威夫妇:《中国书简》,王运如译,台北:地平线出版社,1970年,第52页。

③ 周由廑:《约翰·杜威博士教育事业记》,《东方杂志》第16卷第6号,1919年6月15日。

④ 杜威夫妇:《中国书简》,王运如译,台北:地平线出版社,1970年,第49页。

6 月 17 日，应京师学务局邀请，在北京美术学校礼堂对中小学教职员讲演"现代教育的趋势"第一部分"教育天然的基础"。"说明注重个人本能之必要"。胡适作翻译。该主题演讲分三部分，分三次讲完。《申报》记录是由学术讲演会邀请。"其讲演录已由该会印成单行本发售，此外，各杂志登载者亦不少。"①该演讲记录稿发表在《福建教育月刊》1920 年第 1 期；《新教育》第 1 卷第 4 期。

6 月 19 日，在北京美术学校礼堂对中小学教职员讲演"现代教育的趋势"第二部分"对于知识的新态度"。"介绍现代教育家对于知识之新见解，及新见解在教育方法上所发生之影响。"②该演讲记录稿发表在《福建教育月刊》1920 年第 2 期；《新教育》第 1 卷第 4 期。

6 月 19 日，杜威在《哲学、心理学与科学方法杂志》(*Journal of Philosophy, Psychology and Scientific Methods*，后改名为 *Journal of Philosophy*)1919 年第 16 卷发表《"哲学改造问题"的八篇演讲大纲》(Syllabus of Eight Lectures on "Problems of Philosophic Reconstruction")。这是杜威在 1919 年 2、3 月份在东京帝国大学演讲时为听众准备的说明大纲。大纲内容后来扩充为《哲学的改造》一书，于 1920 年出版。③

6 月 20 日，杜威夫妇在写于北京的家信中说："当你注意一个人

① 《杜威讲坛消息》，《北京通信》，《申报》1920 年 2 月 26 日。
② 《杜威讲坛消息》，《北京通信》，《申报》1920 年 2 月 26 日。
③ 《杜威全集·中期著作》第 11 卷，上海：华东师范大学出版社，2012 年，第 283—289 页。

他既坚定又冷静的样子似可做好任何事情,但如你和他熟悉之后,你会发现他们一本正经的样子只不过是在装腔作势,而实际上几乎连一件事都没做时,那才是他们稀奇的本领。在清华大学(一般称之为义和团赔款大学),它们的校舍既新又漂亮,全是由美国建造,那里的厨房离餐厅就有四十尺的距离。我实在不愿意形容中国的厨房,但当你看到那种粘土炉子到处散放着,又没有阴沟,黑朦朦的小屋里只有一扇小窗开在边墙上,旁边一间小房里厨师躺睡在木板上,他身旁正有两个人在吃着他们自己简单的食物,这一切都像仍停留在中古世纪,而现代文明对它并未发生丝毫影响。"①

6月20日,杜威夫妇在写于北京的家信中说:"上星期六我们去十里外的清华大学;这所学校是由退回的庚子赔款基金所建立的;它是一所两年制的高等学府;现在已有六十或七十位毕业生,都正准备明年去美国完成学业。他们多数是到小学院和中西部的州立学院,有很多是到德克的,另一部分则到史蒂芬,但没有人去哥伦比亚,因为它是在东部的大都城之中。这所学校除了教导方面用中文外,所有的教学讲解都是用英语的,所以这些学生的英语看来都说得相当不错了。然而他们所遭到的待遇却是不公平的,在他们尚未适应美国的一切之前,他们必须忍受一切可能的欺侮。而更糟的是当他们回来之后,他们将有一段更难堪的时间来重新适[应]自己的环境。在他们不自觉地美国化了的同时,他们也将自己的本土理想化了,而他们有段时间想要找份工作维生都非常困难。他们曾被誉为国家未来的救星,可是回来后却发现国家无论在任何事上都不要

---

① 杜威夫妇:《中国书简》,王运如译,台北:地平线出版社,1970年,第50—51页。

他们插手——而他们也的确无法比较或体认中国的整个背景与其严重的难题之间有什么关连。同时每一个中国人的内心都深信中国文化的优越性——可能他们是对的——掌有三千年的历史确是一件引人的事。""我发现当我将这儿学生们的第一次游行看作是一群大学生的无理取闹这点，实在是有欠公平；其实整个事情都是经过仔细安排的，而实际发动的时间看来要比预定的为早，因为有一个警察团体很快就要举行示威游行了，他们怕晚了会被人误以为是和这个团体一派的，而他们却要保持绝对超然的学生立场。你想想如果在我们的国家一群孩子们带头游行示威，而制服齐整的警察们仿之在后，那会是一种什么样的情况？而那些可耻的商人与专家们则一心利用他们，这的确是一个不可思议的国家。"①

6 月 21 日，在北京美术学校礼堂对中小学教职员讲演"现代教育的趋势"第三部分"教育之社会化"。"说明用如何方法始能使教育变为社会的。"②该演讲记录稿发表在《福建教育月刊》1920 年第 3 期；《新教育》第 1 卷第 4 期。

该系列演讲（三次）记录稿以《现代教育的趋势》为题发表在《晨报》1919 年 6 月 18—25 日。该演讲指出现代教育的三个新趋势，注重个人本能，对于知识的新态度，教育的社会化。"有人妄想有了物质文明就全够了，把人生问题丢开，使物质的发达不能在社会生活上发生良好的影响。这也是大错的。"③

① 杜威夫妇：《中国书简》，王运如译，台北：地平线出版社，1970 年，第 52—53 页。
② 《杜威讲坛消息》，《北京通信》，《申报》1920 年 2 月 26 日。
③ 《现代教育之趋势》，袁刚、孙家祥、任丙强编：《民治主义与现代社会——杜威在华讲演集》，北京：北京大学出版社，2004 年，第 662—675 页。

6月22日，《晨报》配发了一张题为"最近之杜威博士"的照片。①

6月22日，胡适在致蔡元培的信中写："杜威博士（John Dewey）的事，最为使我难于情。我五月十二日到京，十三日收到 Columbia 大学校长 Butler 先生复先生的去电，说'杜威给假一年'。十五日又得一电，说'前电所给假是无薪俸的假，速复'。两电来后，一个月内，竟无人负责任可以回电；也无人负责任计画杜威的事。袁次长去职后，更无人替我分负责任了。我觉得实在对不起杜威夫妇，更对不起 Columbia 大学。后来那边又来一电，问何以一个月不复电。（我已用私人名义回电了。六月十七日发。）那时范静生先生到京，我同他商量，他极力主张用社会上私人的组织担任杜威的费用。后来他同尚志学会商定，担任六千元。林宗孟一系的人，也发起了一个'新学会'；筹款加入。我又和清华学校商量，由他们担任三千元。北京一方面共认杜威。（以下缺）"（6月22日）②

6月23日，《晨报》配发了一张题为"杜威博士在学术讲演会讲演之盛况（六月十二日）"的照片，照片旁注："高立于演坛之中央者为杜威博士，其左为胡适之君。"③

6月23日，杜威夫妇在写于北京的家信中说："昨天我们在一位中国官员家里吃了一顿精致的晚餐，宾客中除了我和主人十四岁的女儿外，全是男的。她曾在这里一所英语学校受教，说得一口流利的英语，看来是个聪明伶俐而又十分风趣的女孩，中国女孩子在她

---

① 《晨报》1919年6月22日。

② 胡适：《致蔡元培》，《胡适全集》第23卷，合肥：安徽教育出版社，2003年，第270页。

③ 《晨报》1919年6月23日。

81

这个年龄多半看来比我们的要老成些。""此地的烹调很有以地区而命名的倾向,大多数从其它地方来的人,在任何方面均能适应这个都市,而唯有烹调一事,却依然断言自己家乡的最好。"①

6月24日,杜威从北京发出文章《中国的学生反抗》(Student Revolt in China),该文章发表于《新共和》1919年第20卷,8月6日。天津《益世报》1919年10月17、18、20日部分译载杜威此文,标题为《杜威博士论中国学生爱国之运动》,词卿、孝丰译。节译杜威文章的最后三段,以《杜威博士论中国学生之爱国运动》为题发表在《申报》1919年10月18日。

"从兹以后,军阀派之威严,受莫大之打击。盖前此军人之跋扈,实东方政治上之特色也。消极的抵制日货,虽不能久长,然积极进行提倡国货,以求实业之展张者,又与前此异矣;此种进行,现虽力量薄弱,终必至于莫大发展。况其组织纯出于自主,不受政府之支配,而将来能影响政治,操纵一切者,又彰明昭著也,故学生团体此次之新运动,固未可视为寻常事,令人起敬,未可限量。中国历来尊贤而重士,良有以也,即以今日而论,学子之尊荣何减当年,不过此种习俗,在泰西各国视之,稍觉殊异耳。盖尝论之中国学生留心于国家之政治,此次实为嚆矢。为目前计,演说文字虽为造成公众民意之利器,将来此种利器,仍可依然存在,宏济艰难,其在外面之运动,如沿街叫卖,及借此以教训人民之爱国,现已渐次减少,所幸全国学生联合会业已组织就绪,将来一定目的亦已计划妥帖,且努力联络南北学生,一致进行,打倒双方武人,可为太息者,新宪法之

---

① 杜威夫妇:《中国书简》,王运如译,台北:地平线出版社,1970年,第54—55页。

运动尚未起耳。此次学生与商人之联合，未可独视为过去之纪念，现有数处组织各界联合会，倘得扩而充之，组织遍于国内，前途正未可量也。"

"大抵外人之观察，此次学生运动，其最宝贵之结果，在唤醒中国人民之视听于被动之地位。以前自己毫无奋气，及乞怜求活于外人之观念，经此受一番剧烈之打击，吾于此中可见，声明文物之中国能屹然有作于斯时及将来也，悲观险象似乎打破，往者一劳千载永逸，恐中国自辛亥革命以后未有坚忍良善之运动，以自救其危亡，如此次者也。"

"即使此次运动无补他日，然亦有考察之价值。盖其事足以昭彰中国之果以谁为主体而治之也，今之文明各国（除俄罗斯为例外），无有如中国官僚政府之纯以野蛮专横为治国之要素，亦无有其道德、其智识之进步如此之迅速，如此之和平，如前几星期之中国学生运动，也是诚可为中国之奇观。虽然往者因良心上之主张，故以结合之团体奋斗之精神，为抵制政府之横暴与反抗武人之凶恶，今事过境迁，而将最可宝贵之团体与精神涣然而消，甚为可惜。假使此种团体，此种精神，能长留宇宙，坚持到底，以为积极改造之目的，则一千九百十九年五月四日当为中国诞生文化之新纪元。其组织之团体，及奋斗之精神之果能与否？此固为一大疑问，然而，中国将来之命运亦系乎此疑问矣。"①

---

① 《杜威博士论中国学生之爱国运动》，《申报》1919 年 10 月 18 日。另一版译文，参见《杜威全集·中期著作》第 11 卷，上海：华东师范大学出版社，2012 年，第 156—160 页。

6月24日，陶行知、蒋梦麟联名在致胡适的信中写："今先将徒威①的办法回答你，他事另函详。徒威留一年，甚好。南京、上海方面准合筹四千元。来信所谈计划，我们极赞成，照办就是了。"②

　　6月25日，杜威夫妇在写于北京的家信中说："吐痰在中国是一种很普遍的现象，如果一个女学生在教室想要吐痰，她尽可大大方方地离开座位到痰盂边去吐。""星期天我们参加了一次中国婚礼，它是在海军俱乐部举行的——与我们的仪式没有什么分别，新娘与伴娘都穿着西方传统的礼服，还有戒指交换，晚餐请了整整九桌的客人，六桌男客，另三桌多是妇女和孩子们。中国妇女无论走到哪儿都带着她们的小孩和阿妈，这是一种习惯。席间除了几个留学回来的学生外，可说没有一个男人去和妇女交谈的。"③

　　6月27日，杜威夫妇在写于北京的家信中说："真奇怪，在我们旅游了日本一段相当的时间之后，如今意想不到的竟会如此排斥她，这也该算是一种命定的事，你应该将我这些意见转递给日本人。日本这个国家的确相当漂亮，他们对待游客的方式也优雅得体，并且他们有最技巧的方法使表面上的一切都显得十分美好可爱，至少也相当吸引人，总之他们是世上从未曾有而又最伟大的表面功夫专家。当我在那里时，我认为他们是民族主义的专才人物，但我并不以为国际关系与民主这两样东西也可以成为专家们的艺术。""新代理教育部长最近要请我们吃午饭，他走的是怀柔安抚的路子；前面

---

① "徒威"为杜威另一译名。
② 陶行知：《杜威来华接待事——致胡适》，《陶行知全集》第 8 卷，成都：四川教育出版社，2005 年，第 181 页。
③ 杜威夫妇：《中国书简》，王运如译，台北：地平线出版社，1970 年，第 56—57 页。

一个则自认为无能控制时局辞职隐退了,目前民主的要素尚未到能够影响当前实际政治的情况。""无可否认的此地已是其热难当,昨天中午我们坐黄包车出去时,其热的程度相信我这一生还从没经验过。它就像约塞米提,不过比那里更热,时间也更长。"①

6 月 27、28、29、30 日、7 月 1 日,上海《民国日报·觉悟》发表胡适的文章《杜威论思想》。该文又载《新中国》第 1 卷第 2 号,1919 年 11 月 30 日。"杜威论思想,分作五步说:一、疑难的境地;二、指定疑难之点究竟在什么地方;三、假定种种解决疑难的方法;四、把每种假定所涵的结果,一一想出来,看那一个假定能够解决这个困难;五、证实这种解决,使人信用;或证明这种解决的谬误,使人不信用。"②《新中国》该期杂志附杜威的半身照片和《杜威博士小传》,共一页。

6 月 28 日,蒋梦麟在致胡适的信中,引用了蔡元培致蒋梦麟的信的内容,蔡元培在信中说:"他(指胡适——引者注)手里订的五年、七年的契约与杜威的契约,并不是他替我(指蔡元培——引者注)个人私订的,是替北京大学校长订的;弟辞了职,有北大一日,就有履行这个契约的责任。况且中国对着外国教习,是特别优待;就是北大消灭了,政府也不能不有相当的对付,因为这个学校是国立的(辛亥成例很多),请兄(指蒋梦麟——引者注)便中告他(指胡适——引者注)'不要着急'才好。"③

---

① 杜威夫妇:《中国书简》,王运如译,台北:地平线出版社,1970 年,第 58—59 页。
② 胡适:《杜威论思想》,《胡适全集》第 7 卷,合肥:安徽教育出版社,2003 年,第 449—457 页。
③ 《蒋梦麟致胡适》,《胡适来往书信选》上册,北京:中华书局,1979 年,第 60 页。

6月,《教育潮》第1卷第2期发表《理科教授之目的》,杨贤江翻译。杨贤江说:"此篇为美国杜威博士在日本理科教育研究会之讲演词,由吉田熊次博士之记录译出者,愿吾国担任理科教授者研究之。"杜威在该演讲词中说:"然则理科教授之真目的,果何在耶? 曰在发达科学的精神,养成科学的兴味。"①

　　该演讲词的另一个中译本《理科教育之目的》,为姜琦所译。该中译文发表在《新教育》第1卷第5期,1919年8月。译者识:"此篇系杜威(Dewey)氏在日本东京帝国大学所讲演。其论理科教授,颇足矫正当今教育上之通弊。自译之义饷国人。""吾人使儿童涵养理科的研究心者,即理科教育之目的也。"②

1919年
7月

　　7月1日,胡适改定《实验主义》。收入1921年12月亚东图书馆出版的《胡适文存》一集卷2。③

---

① 杜威:《理科教授之目的》,杨贤江译,《杨贤江全集》第6卷,郑州:河南教育出版社,1995年,第24页。
② 杜威:《理科教育之目的》,姜琦译,《新教育》第1卷第5期,1919年8月。
③ 胡适:《实验主义》,《胡适全集》第1卷,合肥:安徽教育出版社,2003年,第277—323页。

7月2日,杜威夫妇在写于北京的家信中说:"这真是一个幅员广大而又处处美丽如画的国家,我最羡慕的是一个中年的中国人,微胖的身材,戴顶宽边草帽,骑着一只温驯的奶油色的小毛驴。当小毛驴缓缓地在公路上走着时,他则悠悠然地轻挥着扇子,一付自得自在与世无争的样子,这幅情景正可作为中国风情的代表画,当然并不见得所有的中国人都如此。""今天的报道说,中国的代表团已经拒绝签署巴黎和约;这真是个好到使人不敢相信的好消息,但事情的真相究竟如何也无人知晓。"①

7月2日,杜威夫妇在写于北京的家信中说:"这边的局势的确相当紧急,据报称代表团没有签字,不过因为字句含糊,不能确定。而学生组织又联合起来要求政府解散国会。但此时没有内阁在朝,大总统也无法重组一个,因有些内阁参加了罢工风潮,而另一半也跟着效法了。"②

7月3日,蔡元培在日记中写:"得梦麟所寄《新教育》杜威号。"③

7月4日,杜威夫妇在写于北京的家信中说:"今早我们到高等师范学校去,出来接待我们的是工科部的主持人,可说身兼领导与主人了。""我发现过去的十年来中外游客对中国的觉醒已吹嘘过不下十次了,但我认为这回我所说的该是中国真正的觉醒,因为目前还是头一回,商人与公会真正着手来尝试改善工业方法。""下午我们去欣赏了一个庆祝会,并非纯然为七月四日而举行的,但我仍觉得中国艺术相当有趣。其中没有一样是很复杂的,但他们技法的干净利落也确是我

① 杜威夫妇:《中国书简》,王运如译,台北:地平线出版社,1970年,第60页。
② 杜威夫妇:《中国书简》,王运如译,台北:地平线出版社,1970年,第61页。
③ 《蔡元培日记》上,北京:北京大学出版社,2010年,第259页。

前所未见的。晚上还有一个露天音乐会,但因下雨了,所以我们没有参加。""你无法想象未签署巴黎和约对中国有多重大的意义。整个政府曾经一直赞成签署。总统在签署前十天还说这是必要的。这可说是属于公众舆论的胜利,也可说归功于这些男女学生的推动,当中国能独力做到这类的事情时,美国实在应该感到羞愧。"①

7月4日,蔡元培在日记中写:"得伯轩六月二十九日函,寄来杜威讲演录。"②

7月5日,蔡元培在致胡适的信中写:"先生说,'因任杜威君演讲的译述,将离去大学。'弟觉得很可惜! 望先生一面同杜威作'教育运动'一面仍在大学实施教育;这是弟最所盼望的!"③

7月6日,《每周评论》第29号发表署名"天风"的文章《方还与杜威夫人》,实际作者为胡适。"北京女子高等师范学校校长方还,上月请杜威博士的夫人到该校演说。杜威夫人到校后,方还请该校英文女教员某女士转告杜威夫人道:'请杜威夫人今天演讲时务必注重学生服从的紧要。'杜威夫人听了,婉辞答他道:'请你告诉方先生,我不便把全篇演说的意思一齐更换了。'方还未免太笨了。他既然怕新教育的思潮,应该用他对待女学生的办法,把大门锁了,不许杜威夫人进来,岂不狠妙? 既让他进来了,又要请他讲'服从的紧要',不但丢脸,也未免太笨了。"④

---

① 杜威夫妇:《中国书简》,王运如译,台北:地平线出版社,1970年,第62—64页。译文有改动。

②《蔡元培日记》上,北京:北京大学出版社,2010年,第260页。

③《蔡元培致胡适》,《胡适来往书信选》上册,北京:中华书局,1979年,第63页。

④ 胡适:《方还与杜威夫人》,《胡适全集》第21卷,合肥:安徽教育出版社,2003年,第184页。

7月7日，杜威夫妇在写于北京的家信中说："昨天我们又坐车颠簸了六、七十里路，关于这条碎石路的来由倒很值得一提。当袁世凯计划称帝时，他的儿子打断了他的腿，有人告诉他这儿的温泉对他很有益，于是许多他的朝臣就赶着为他修了这条路直通温泉。"①

7月8日，杜威夫妇在写于北京的家信中说："我们为房子的事真是烦够了，所有洛克菲勒的会员都有他们自己的新房子，并且相当漂亮，和这儿出租的完全不同。北京所有这些民房都像我们木造的车房一样，直接建在土地上，仅在高出地面数英寸处铺了石头地板，当下大雨时天井里就涨满了水，至少要湿上几天甚或几星期，而墙边起码有两尺被水渗透。"②

7月8日，杜威夫妇在写于北京的家信中说："听说中国人都不愿到洛克菲勒的医院去，因为对那些他们不了解的外国方法感到害怕。医生中有很多是中国人，现在他们都把工作开放让妇女们来做。中国现在极需要女医生，但明显的，这事必须到下一代的中国人才会被了解与接受。"③

7月8日，杜威从北京发出文章《在中国进行的国际对决》(The International Duel in China)，该文章发表于《新共和》1919年第20卷，8月27日。杜威在文章中写："这是一场与操控着中国国内政治发展的观念和理想有关的对决。它要建立一个真正的民主政体，抑或它还是继续沿袭专制政权的传统——是否考虑以共和国或帝国的名义则还在其次。……美国和日本就是两个使这种理想之争得以展开

① 杜威夫妇：《中国书简》，王运如译，台北：地平线出版社，1970年，第65页。
② 杜威夫妇：《中国书简》，王运如译，台北：地平线出版社，1970年，第67页。
③ 杜威夫妇：《中国书简》，王运如译，台北：地平线出版社，1970年，第68页。

的载体。""日本在这样的形势下出演了一个掠夺者的角色,而美国则被指派了一个拯救者的角色。这一形势同样使日本成了中国本身的专制、军国主义政府的象征,而美国则成了事关中国进步与否的自由民主政治的象征。""美国要考虑的远东问题不是一项轻松的任务。第一项必要条件是一种明确而公开的政策,一种先由国内讨论并使世界得以了解的政策。然后,我们即需准备以行动来作为它的后盾。不以理智的行动、坚毅有力的行动支撑的理想主义,将很快使我们在远东变得人微言轻——并把我们的命运拱手交与军国主义支配。"①

中美新闻社翻译此文,以《杜威博士之中日问题论》为题发表在《申报》1919 年 9 月 26、28 日。②

另一版本中译文以《美日在华之冲突》为题发表在天津《益世报》1919 年 10 月 18 日。译自法文政闻报 1919 年 10 月 5 日,译者为逋仙。

7 月 11 日,杜威夫妇在写于北京的家信中说:"他们这里有你从未见过的最好的甜瓜,而他们在街上叫卖的西瓜品质好到连我们南方的黑人都要自叹不如,它的颜色就像黄色的冰淇淋,不过没有我们的多汁。……他们的艺术相当纯真活泼,如果美国的艺术家们认为新奇突出才能算美的话,他们应该来研究一下中国的建筑与图案。"③

7 月 12 日,吴虞在日记中写:"阅新到《每周评论》、《杜威讲演》。"④

7 月 15 日,吴虞在日记中写:"《新教育》及杜威讲演均以学校教育与社会生活及家庭不相联属为无用,以楷、桓、棱所受教育考之,

---

① 《杜威全集·中期著作》第 11 卷,上海:华东师范大学出版社,2012 年,第 161—166 页。

② 《杜威博士之中日问题论》,《申报》1919 年 9 月 26 日;《杜威博士之中日问题论(续)》,《申报》1919 年 9 月 28 日。

③ 杜威夫妇:《中国书简》,王运如译,台北:地平线出版社,1970 年,第 69 页。

④ 《吴虞日记》上册,成都:四川人民出版社,1984 年,第 472 页。

诚然,诚然。"①吴虞在 1919 年 8 月 12 日的日记中写:"午饭后,作《学校教育和社会生活分离的谬误》文一篇,与少荆交去。"②

7 月 15 日,8 月 15 日,《新中国》第 1 卷第 3 号(7 月 15 日),4 号(8 月 15 日)发表朱谦之的文章《实际主义评论》。"今吾所以批评实际真理论者,实根据于周易之理,何则实际学派,以真理为'随时变易,此吾所深信而不疑者也,然而吾所疑者,在变易之中,有不易之理,今知真理之变易,而不知其不易则可议者多矣'。"③

7 月 16 日,星期三,恽代英在日记中写:"阅《东方杂志》:《过激思想与其防止策》,《约翰杜威博士教育事业记》,《生命之问题》,《小说考证附录》……"④

7 月 17 日,杜威夫妇在写于北京的家信中说:"听说这里的学生在罢课期间曾经非常成功地使兵士们同意他们的论见。高等师范的学生说他们被释放出来实在令人失望,因为到当时为止他们差不多才说服了一半的兵士而已,而看守他们的兵士每四小时就得换班一次。""这里大部分时间都在下雨,而我的老师因雨未来,真十足表现了中国人的典型性格。"⑤

7 月 17 日,杜威夫妇在写于北京的家信中说:"自从中国拒签巴黎和约的热潮平静之后,日子似乎就变得有些索然无味了,而我们惟有盼望着一些类似革命啦或其它什么意外惊人的事情来打发这种大

---

① 《吴虞日记》上册,成都:四川人民出版社,1984 年,第 472 页。
② 《吴虞日记》上册,成都:四川人民出版社,1984 年,第 479 页。
③ 朱谦之:《实际主义评论》,《新中国》第 1 卷第 3 号,1919 年 7 月 15 日。《实际主义评论》(续前),《新中国》第 1 卷第 4 号,8 月 15 日。
④ 恽代英:《民国八年日记》,《恽代英全集》第 3 卷,北京:人民出版社,2014 年,第 264 页。
⑤ 杜威夫妇:《中国书简》,王运中译,台北:地平线出版社,1970 年,第 73 页。

热天。""我可听到你母亲正在楼下练习中文的发音,我可以告诉你中国常用的口语只有四百多个字,全是单音节。而每一个字又有四个不同的抑扬音,此地如此,愈往南下,则愈增多,在广东可能增加到十二种或更多。在书写方面,有二百一十四个语根,然后互相加以组合而成。我的姓在此被写成'杜',而我的名则是'威'。'杜'是由两组语根而成,其一是木,另一则是土。威字则比较复杂,一个是女子,一个是戈字,还有一个是什么我不太清楚。你可别问我为什么他们认为木和土合在一起就应该是杜字,因为我也说不出来。"①

7月19日,上午,由胡适介绍,在北京大学哲学研究室,杜威与贵州教育实业参观团见面、长谈。胡适任翻译。"问者答者均有一种特殊之兴味,至十二时始摄影而散。"②

杜威此次谈话的要点如下:"(一)过渡时代的教育。教育事业本无所谓过渡。过渡二字不过是一种假定的说话。说到过渡时代的教育,第一要普遍,既要求普遍便不能偏重形式,更不可存一久待机会的心理,最好标出几个简单目的,竭力做去,果能于活动中求经练,自然可达进步的希望。""(二)修养得力要点。有信仰心,有热心,比方教育家应该鼓舞信仰教育的热心,信仰教育为万能的事业,更须用宗教家对上帝的心理对待儿童,便能帮助社会训练出许多人才出来,这可算得满了教育家的本分,也就是教育家的修养,我的热心同信仰心多在这里面。""(三)训练社会。这个问题还含有社会训练的意味,应该合拢一块说两个意思。合拢的进行恰恰成了一个环形圆圈,依着圆圈而行,难免不有互相冲突的时候,然而,要是把他

① 杜威夫妇:《中国书简》,王运如译,台北:地平线出版社,1970年,第74—75页。
② 《杜威博士与贵州教育实业参观团谈话纪略》,《申报》1919年7月27日。

弄成螺旋圈儿由上至下或由下至上，必可免除冲突的坏处，所以，讲训练社会根本上的解决非先训练一般新人才以作未来的基础不可。""(四)民治与武力。现在武力主义之所以盛，民治主义之所以不能发展，就是因为战争的原故，将一般有权有势的人都提在那最高层上，有以阻扰民治主义的进步；一方面又因战事了结后，大家都疲了，反不能大倡他的民治主义，所以得了这个结果。但无论如何，对于民治主义只须努力奋进，因为在和平时候讲建设比较战争时候讲建设难得多，非有真觉悟，推翻有权者之势力不能达到希望。至于一国的实力，还有经济实业等问题参杂其间，不是一个武力可以包括了的，所以，我们应该大大的觉悟，看我所长者在什么，就把全副精力去发展他到［倒］是经营国家的根本。""(五)哲学与宗教。道德既坏了，应该维持他。寓宗教性于道德中，就是维持的法子。但所说的宗教并不是下愚的宗教，要有热心，有信仰心，在人生真正快乐上做工夫，跳出个人范围以及于社会，这便算是宗教。有了宗教的热心、信仰心，那道德也就自然而然的有了，所以，宗教于道德于社会关系是很密切的。哲学只是科学知识上一种工具，讲到转移习俗，好像不及宗教的力量，然而，关于人生较重较难的德智问题，又非哲学不能解决，不能分析，这就是两者不同的大略。"[1]

7月19日，杜威夫妇在写于北京的家信中说："那天我会见了满洲皇帝的英籍教师，他除了已教了三个月的英语外，还教数学和科学课程，此外皇帝还有三位中国家庭教师。这真是中国人的一种特性，他们非但没有杀害皇族中的任何一人，还让他们保留了首都内

---

[1] 《杜威博士与贵州教育实业参观团谈话纪略》，《申报》1919年7月27日。

的皇宫,每年且有四百万圆的进款。现在皇宫里就住着一个年仅十三岁的小皇帝,他的臣属们仍以跪拜之礼服侍着他。然而实际上他的处境与行动有如一个犯人,每月只准与父亲及弟弟见面一次,否则他根本就没有一道玩耍的同龄对象。""昨天下午的那场雨,真大得使我们永生难忘,我们所在的这条街道水已淹了一尺到一尺半高,乍看就像一条滚滚的河流了。"①

7月21日,毛泽东在《健学会之成立及进行》中写:"看他们四次讲演的问题,如'【如】国人误谬的生死观''怎样做人''教育和白话文''采用杜威教育主义',都可谓能得其要。"②

7月21日,《湘江评论》第2号发表署名楚的文章《杜威先生讨嫌》。③

7月22日,陶行知在浙江第一师范学校毕业生讲习会上演讲《新教育》。记录者为李宗武、洪鎏。发表在1919年9月的《教育潮》第1卷第4期。"照杜威先生说,教育是继续经验的改造。我们个人受了周围的影响,常常有变化,或是变好,或是变坏。教育的作用,是使人天天改造,天天进步,天天往好的路上走;就是要用新的学理,新的方法,来改造学生的经验。""杜威先生也说,教学生的法子,先要使他发生疑问;查出他疑难的地方,使他想种种法子,去解决这个问题;从这些方法之中,选出顶有成效的法子,去试试看对不对;如其不对,就换个法子,如其对了,再去研究一下。照这方法来解释同类的问题和一切的问题。""即如杜威先生,也是研究小学教育的。"④

---

① 杜威夫妇:《中国书简》,王运如译,台北:地平线出版社,1970年,第76—77页。

② 《毛泽东早期文稿》,长沙:湖南出版社,1990年,第369页。

③ 楚:《杜威先生讨嫌》,《湘江评论》第2号,1919年7月21日。

④ 陶行知:《新教育》,《陶行知全集》第1卷,成都:四川教育出版社,2005年,第266、268、270页。

7月24日,杜威夫妇在写于北京的家信中说:"一般的印象都认为,目前这种不稳定的局面不能再拖延下去,另谋他途势在必行。学生们政治性的骚动表面看来已经停息了,但那股精神实际上却依旧存在的。""有位日本朋友——X先生,告诉我们有关在中国山东经商的事,他说日本已经允诺归还山东,但目前日本还不能那么做,除非中国有一个稳定的政府来执行政策。而当前这个政府如此脆弱,归还山东只不过使它又沦入另一强权手中而已。所以中国不应该和日本对抗,而应锐意经营,重整疆土。这番话乍听之下似乎很中肯,所以这位精明宽厚的X先生的被骗并不足为奇。因为像他这种人绝不知道日本政府并未将事情的真相告诉他们,其实日本正在中国培植一个弱小的傀儡政府,以便削弱宰割中国,用种种托辞来延缓山东的归还——就像其声东击西的在别处干扰一样。除了像X先生这种人以外,任何人都可预见。"①

7月24日,沈定一在致胡适的信中写:"你那篇《女子解放从那里做起》已经收到拜读过了。……杜威夫人听说还在北京,你如得到机会,请你征求征求他的意见,多少写给我们一点。"②

7月27日,杜威夫妇在写于北京的家信中说:"前晚我们由友人陪同进一家中国餐馆晚饭,这时有一个小男孩走近我们的座位并且很热切地以中文和我交谈,我发现他就是那个对我注视良久的孩子。我们的朋友告诉我他是在问我是否认识他的三舅,他正在哥伦比亚大学念书,若我遇到他时请代为致候……"③

① 杜威夫妇:《中国书简》,王运如译,台北:地平线出版社,1970年,第80—81页。
② 《沈定一致胡适》,《胡适来往书信选》上册,北京:中华书局,1979年,第65页。
③ 杜威夫妇:《中国书简》,王运如译,台北:地平线出版社,1970年,第82页。

7月28日，杜威从北京发出文章《中国的军国主义》(Militarism in China)，该文章发表于《新共和》1919年第20卷，9月10日。杜威在文章中写："据最低估算，目前中国政府维持着一支130万人的军队。中国并不实行征兵制，这是一支被雇用的、常备的职业化军队。""表明中国军阀统治制度延续性的特定标记有多种。在各个省份，'督军'，也就是军人统治者的权力，仍高于文职省长，并凌驾于国民的利益。他们不顾教育和改善交通的迫切需要，利用钱财和权势为人数众多的军队招兵买马。"①该文章的中译文以《中国之军阀主义》为题，发表在天津《益世报》1919年10月24日，译者为慕范。

7月29日，杜威夫妇由北京到天津。张伯苓在南开教员休息室宴请杜威夫妇，教育厅厅长王章祐作陪。②

7月29日，在天津工业专门学校演讲"教授科学之方法"，张伯苓翻译。大意为："教授科学没有目的是不成的。西洋近世文明的发达，是因为应用科学的进步，应用科学的进步是因为自然科学的进步，也就是思想界的进步。科学的价值，不是它能造各种工艺品与交通机关，是在它的方法。人类的思想是动的，是好奇的，科学的方法是利用人类好奇的思想，去考察一切自然现象和社会现象。教育家就是教授学生科学方法，现在教育界中有一个迷信，教授科学的书，都是科学家所考察出来的结果。不特学生没受科学的真利益，反把他的天性给毁伤了。那些书不是学生应当读的，不过学生

---

① 《杜威全集·中期著作》第11卷，上海：华东师范大学出版社，2012年，第167—171页。
② 梁吉生撰著：《张伯苓年谱长编》上卷，北京：人民教育出版社，2008年，第249页。

先自己考察现象,然后再读,那书就是可以读的。不然,那书只有字的价值了。所以,教育家应该从切近人生的地方教起,不可从极高深的地方教起。以上两个意思,一是引起好奇心考察现象,二是从切近人生的地方教起。理由是极简单,在教育尚未结晶的中国,是极容易实行的。西洋人费了许多力量研究出这个道理,中国人承受现成的实在是有幸得很。"①

7月,杜威的女儿罗茜(Lucy Dewey,或译露雪、罗西、露西等)来到中国,加入杜威的中国之行。②

1919年
8月

8月1日,杜威致信布什(Wendell T. Bush)。谈到他写的一篇《中国的学生反抗》文章,说这篇文章"没能绘出这件事的特点,也没有点出它对于那些男女学生,甚至对于中国人的意义"。③ 谈到《哲学的改造》一书。该书是杜

---

① 梁吉生撰著:《张伯苓年谱长编》上卷,北京:人民教育出版社,2008年,第249—250页。
② 参见单中惠:《杜威教育思想与近代中国教育》(代前言),单中惠、王凤玉编:《杜威在华教育讲演》,北京:教育科学出版社,2007年,第6页。
③ 《杜威全集·中期著作》第11卷,上海:华东师范大学出版社,2012年,第349页。

威在日本所作演讲的汇总，在这些演讲中，杜威"试图通过总体性地对比古典哲学来评论现代精神"。"我认为它有一个优点，那就是它在相当程度上摆脱了哲学的派系偏见。"①

8月2—3日，黄炎培在该两日的日记页上记《杜威的教育哲学》。1919年8月2日的日记中写："读《新教育》三册完。"估计是阅读胡适的《杜威的教育哲学》、《杜威之道德教育》等文章的笔记。②

8月4日，杜威夫妇在写于北京的家信中说："上星期我去天津参加一个为期两天的教育会议，它是省府召开的全省高级学校校长商讨有关秋季开学的问题。大部分校长都非常保守，并且十分反对学生罢课及参加任何有关政治的活动。他们对于秋季的开学真是既紧张又害怕，因为他们认为学生们在参加了整个暑假的政治活动之后，不会那么容易再接受学校训练——而所有的高级学校都是寄宿的——可能在他们干涉了政府的政策之后接着又想来干涉学校了。少数比较度量宽大的则认为学生们的经验富有教育意义，当他们回校时，每人都会有一种较成熟的社会见地，因之教学方法以及学校的训练方式也就应该跟着有所变动，以适应这种新的情势。""这位校长出身于师范学院，是中国最富影响力的教育家之一。其余如说到日本人的活力充沛与中国人的懒散，他说前者就像水银柱，他们身边的任何变化都会影响他们，而后者就如粗棉，高热不会使它融化，而寒冷也绝不致使它冻结僵硬。他这一席谈话，使我改变了以往的看法而使我认为中国人不再只是墨守成规，他们的内在

① 《杜威全集·中期著作》第12卷，上海：华东师范大学出版社，2012年，第216页。
② 参见《黄炎培日记》第2卷，北京：华文出版社，2008年。第70—71页。

实涵蕴着深厚的智慧与思虑。最后,当他们的概念改变之后,他们的一切将会有全面的改变,远胜于日本而更为彻底。""在回来的路上我对中国的另一面又有了相当的认识,有人介绍了前任财政部长与我路上作伴。他是从美国回来的一位高等数学的哲学博士,是个非常精明的人。但他的话题却着重灵魂与占卜的科学调查上,然后以科学的方式判定灵魂的存在与意志的控制,附带地他还讲了一大堆中国的鬼故事。"①

8月10日,下午2时,应新学会的请求,在北京化石桥尚志学校演说"学问的新问题",范静生致辞介绍,胡适作翻译。② 该日为新学会第一次组织公开讲演会。"昨日(八月十日)为该会开讲演会之第一次,警署尚未严加干涉,仅派警官警士各一到场旁听,是日主讲者为美国杜威博士,胡适之任诵译,到会者共一百八十余人。下午四时开讲,讲演历二时四十分,虽挥汗如雨,而听众肃静无一离坐者。博士所讲另详,六时闭会,公摄一影而散。"③"中国本来很注重社会方面,像人生问题,伦理问题等,所以希望中国既与西方同处一个新境遇中,应当努力创造有所贡献于世界的文明。吾自到东方以来,觉得东方对于新科学虽差,经验却富。几千年的经验背着走不动固然不好,然而经验也有许多好处,含有许多人本观念,也可用新的方法来整理一下,应用到社会科学方面去。"《晨报》1919年8月10日发表《新学会本日开会》,对杜威的演讲做出预告。该演讲的记录

---

① 杜威夫妇:《中国书简》,王运如译,台北:地平线出版社,1970年,第83—85页。
② 参见《杜威博士在新学会之演说》,《申报》1919年8月13日;《杜威博士在新学会演说(续)》,《申报》1919年8月14日。
③ 静观:《记北京之新学会》。《申报》1919年8月14日。

稿发表在《晨报》1919年8月11、12日。①

8月18日,《申报》发表"北京大学之近讯":"蒋(指蒋梦麟——引者注)本系专研教育哲学,蔡校长延为教授,即系主任教育一系。又实验主义之哲学大家杜威博士亦经蔡校长聘定位北大文科哲学门教授,为期预定一年。盖博[士]主讲美国某大学,现正值休假之年,故得来游东方,我国得请其专任大学教授一年,传习其实验主义,以改良学者之思想。闻博士之夫人及女公子亦均为女教育家,女公子年二十五,随博士游华,观察所及颇致慨于我国之教育未兴,辄思有所设施,留为将来之纪念。蔡校长原拟于秋间在北大内附设实验学校一所,延聘杜威夫人及女公子,主持内设蒙养小学两部,实行其所谓实验主义,纯作家庭生活,不设教本,以矫正从前死教育之弊害。现在蔡校长虽未到京,而蒋氏业已计议及此,将来可有成立之望,如此则北京教育界当开一新纪元矣。杜威博士初本不愿受北大之聘,意在趁一年余暇漫游亚东诸故国而归,嗣以蔡校长暨胡适之、蒋梦麟、陶知行、余日章诸人之诚恳请求,乃允现除担任北大讲席外,并受新学会之约,自九月起讲演四个月,每月八次,其讲题为政治哲学、教育哲学、道德哲学等,将来杜威学说当可传遍国中矣。"②

8月21日,杜威夫人演讲记录稿《初等教育》开始在《晨报》上连载,发表在《晨报》1919年8月21—24日,8月26、28、30日,1919年9月2—5。该演讲由北京女子小学教员演讲会邀请,杜威夫人在

---

① 《新学会本日开会》,《晨报》1919年8月10日。《学问的新问题》,《晨报》1919年8月11、12日。袁刚、孙家祥、任丙强编:《民治主义与现代社会——杜威在华讲演集》,北京:北京大学出版社,2004年,第152—153页。

② 静观:《北京大学之近讯》,《申报》1919年8月18日。

北京女子高等师范附属小学所作的演讲,志希笔记。另发表在《教育公报》第六年第十、十一期。[①]

8月22日,《申报》发表《杜威博士之实业教育论》。该文为杜威文章的节译。杜威文章的标题为《学会获利:职业教育在公共教育综合方案中的位置》,1917年2月20日在公共教育协会年会上演讲该内容,首次发表在《学校与社会》(*School and Society*)第5卷1917年。[②] 该文也发表在《晨报》1919年8月25日。

"现时公共教育项下,关于实业教育之一问题:究将取何种实业教育?其推行此种教育时,何方面之利益首当顾及乎?欲明教育之结果,须视各学校宗旨之第殊为差,或则职业教育旨在增进个人之经济,或则旨在造就较优之劳动者,或则旨在辅助国家竞争于世界商战之场。吾知世之教育家抱上述数项之见解者恒,但为劳动者一己增幸福,为身受高等实业教育之良结果。然所谓幸福者,亦大有不同之点在,或则苟以自满不求其地望之增崇,或则出其所学为奋斗生涯以增高其声望,二者如是不同,在本人皆自引为幸福,吾人将孰去而孰从乎?吾又知高等实业教育造就之人才,大抵重在增进入欤,斯固甚善。惟劳动者之所以有高等技术,善用机器,不致废弃物料,岂但为其雇主增进利益,因以分得余润,抑其实业智识与工作能力之俱增?岂仅以一身得有进益,为大主脑而已乎?"

"吾曾言此项疑问,其答词与世所谓教育计划,全异其趣,按之

---

① 袁刚、孙家祥、任丙强编:《民治主义与现代社会——杜威在华讲演集》,北京:北京大学出版社,2004年,第712—724页。

② 参见《杜威全集·中期著作》第10卷,上海:华东师范大学出版社,2012年,第114—119页。

今所通行之实业教育观念,宜变通者,约有数端,请缕陈之。"

"第一,请言教育行政,凡提倡工人教育,俾得扩张其经济力者,当力谋教育行政制度之独立,另筹基本金,另行设学,专从事于实业教育。苟或不尔,则修养教育与图利教育不同之处,势将长此如鸿沟之划,枘凿不相入。缩小范围,只限于造就实业技术家,使将来劳动界安心堕落,但知服从,如德国之工人队然。"

"第二,实业教育,若但以造就技术工人为宗旨,而不求作育人才,以开发新事业,是与商业教育之但授某项职业练习者何异,是不啻谓女子若习制衣与执炊诸技,男子若能学作银匠与修电线匠等,实业教育之目的为已达到也。"

"第三,若如此狭义之商业教育,则其课程中将蔑弃历史学公民制诸科,公为不适实用,不知此项科目,正所以使将来劳动界咸悉,在平民政治之下,身为市民有应得之权利要求,并知现在之经济竞争,特因人类力争自由,大战连年,因演成此现象。苟使稍明公民制与社会学,则劳动界当益深明大义,知一己有应维持秩序之责,并知爱国能舍私为公,以为莫大之人权。其席履丰厚优游岁月之流,则亦知合度之享受,得亲学问之兴味,与技术之赏玩,然于造就技术工人,则一无所用。"

"第四,现行教育制之精神与方法,但取例定课程施教,如自动之机械,然其主旨全在操练作工技术,受人指挥,又时限短促,务求速效,致不暇深究学理,并其所以关乎社会者,皆置诸不问。今若行吾所主张之广义教育,则足浚发人智,有远大之志趣,当不复自满于日常之服务,如为书记与店伙等。"

"第五,所谓职业教育,即为生徒谋得职业之方法之导师。举其成绩,当以其为学童谋得位置之多寡为差不当,但视其学额,造就子弟,听其自觅相当之职业。"

"实业教育尚有一主旨,即在造就各个人为有用之才,为一社会(或曰分众)服务;一方面则教养成材,视其性之所近,自谋职业。二者分道背驰,各不相蒙。一则自由或专为富家子弟施教,一则为商业,或专为造就贫薄子弟,使得各执一业以自活,但二者宜合并,不宜分析,使各生徒皆知尊重有实用之事业,有服务之才,而轻视彼社会之寄生虫,如所谓浪人,或称曰社交界而[领]袖者。原美国历世相传之初等教育,本多注重职业教育。吾今所主张者,并非新异,惟彼等心目中,所谓职业太限于书记一席,但具奉行职务之才,处于服役地位。一言以蔽之,则吾所主张之实业教育制,毋宁造就一班汽车司机人,与各项手工,愈于平常之职务,如自动机器然者,毋宁利用勤动之手工艺,用为发展其心力之具,或由是得,有所发明创造,其施教时,精选材料与商业专门学识,此非仅为造就技术工人,以供各业雇用起见,乃授以实业智识,使知现时制造与运输。凡关于商务之情形与方法,俾能自决择而经营之,自为主人,不复为依人作嫁之计,因此,当精通科学技术,视经商之术为尤。要须知将来之佣工,一身兼为生产与消费者,社会之趋势,将增多空闲时间。凡不及此格之教育,在平民政治之下,实为欺罔政策。总之,实业教育之方法与观念,略如上述。盖宝贵自由胜于安逸,造就创业之才胜于为被动者,且使其所学融会贯通,无不精粹,不仅能咕哗呀唔背诵课本,或居他人使命之下,循例奉行职务已也。"①

---

① 《杜威博士之实业教育论》,《申报》1919 年 8 月 22 日。

8月24日,《每周评论》第36号发表胡适的文章《三论问题与主义》。该文写于1919年7月。胡适在文中说:"前次杜威先生在教育部讲演,也曾说民治主义在法国便偏重平等;在英国便偏重自由,不认平等;在美国并重自由与平等,但美国所谓自由,又不是英国的消极自由,所谓平等,也不是法国的天然平等。但是我们要知道这并不是民治主义的自然适应环境,这都是因为英国、法国、美国的先哲,当初都能针对当日本国的时势需要,提出具体的主张,故三国的民治各有特别的性质。这一个例,应该给我们一个很明显的教训:我们应该先从研究中国社会上、政治上、种种具体问题下手;……"①

8月,《教育潮》第1卷第3期发表《汤申(Townsend)氏之美国教育哲学论》,杨贤江翻译。"杜威为一沉想家(reflective),略有真理玄妙之理解。其在美国,恐为最精妙、繁烦之逻辑家(logician)。……杜威则仅以智力感人,无情趣之可言。……而杜威则富试验的科学家(experimental scientist)之性者也。"②

8月,《教育与职业》第14期发表黄炎培的文章《我之最近感想》。"五月四日归舟抵上海。有迓于舟次者,见告曰,有外国人杜威正在江苏省教育会演说。余思之:来者岂美国大哲学家杜威博士耶?既见博士夫妇,则大喜。博士所倡之要义,则平民教育是也。……博士其世界之福星哉。今博士既讲学于沪、于杭、于宁、于北京,且将周游各省,留华至一年之久。敬告国人,吾社向所提倡之

① 胡适:《三论问题与主义》,《胡适全集》第21卷,合肥:安徽教育出版社,2003年,第205—206页。
② 《汤申(Townsend)氏之美国教育哲学论》,杨贤江译,《杨贤江全集》第6卷,郑州:河南教育出版社,1995年,第41页。

主义,今后其可无庸疑骇。而若中、小学校加设农、工、商等职业科,或疑为混乱学制者,如博士言,二者直当认为一物,而非可别职业教育于普通教育之外矣。"①

1919 年
9 月

9 月 1 日,毛泽东起草的《问题研究会章程》列出需要研究的问题 71 类,其中包括杜威教育学说如何实施问题。②

9 月 6、7 日,《晨报》发表杜威女儿罗茜的演讲记录稿《历史学的研究》,志希笔记。③ "真正懂得历史的人,不是仅仅记得几个人名地名年代的。这样的历史,乃是死历史。我们所谓的活历史,不是仅仅留心少数人的行动为几个帝王英雄豪杰做年谱的,乃是要留心全体人民的生活的。"④

9 月 7 日,朱经农在致胡适的信中写:"北京大学现在闹的怎样? 蔡先生回来了么?

---

① 黄炎培:《我之最近感想(节选)》,《黄炎培教育论著选》,北京:人民教育出版社,1993 年,第 146 页。
② 参见《毛泽东早期文稿》,长沙:湖南出版社,1990年,第 396 页。
③ 《历史学的研究》,《晨报》1919 年 9 月 6、7 日。
④ 《历史学的研究》,袁刚、孙家祥、任丙强编:《民治主义与现代社会——杜威在华讲演集》,北京:北京大学出版社,2004 年,第 738 页。

诸公新编的《杜威号》能够给我看么？我在美国屡承惠赐书报，还没有什么东西可作报答。"①

9月12日，杜威从北京发出文章《美国在中国的机会》(The American Opportunity in China)，发表于《新共和》1919年第21卷，12月3日。②

中美新闻社翻译杜威此文。译文以《杜威博士之美国对华外交观》为题发表在《申报》1920年4月4、6日。

"普通美国人民对于美国从前在中国之方针，似颇沾沾自喜，以为正博得华人之敬爱，即偶然读报者，亦知拳乱赔款之归还，与门户开放之政策，皆为美国对华外交之有益于中国者。至于太平洋沿岸对待华侨之法，以及移民禁例等，吾美人虽亦有时思及，则立撤开之，以为此系已往之事，不必追忆矣。"

"但吾以为吾人所抱华人对我情形之感想，是否合于事实，应一研究之，并应研究华人中有势力之一部分，其对我态度究竟如何，吾人将来对华之政策，必须以此种考虑之结果为根据。须知吾人以前对华之行动，实使许多华人(尤以未尝居留美国者为甚)觉得美国之外交，多空言而鲜实际，在紧急之时，缺乏机警迅速之决断，尤少坚忍之力，即于吾人自己利益相关之处，其举动亦复如此。华人纵感我之好意，而不能不疑吾人之缺少实力以赞助中国也。"

"华人此种感情之背景，厥为两年来美日两国之争衡精神上之威权，在此争衡中，美国实居于被动地位，以致其在远东之政策，恒

① 《朱经农致胡适》，《胡适来往书信选》上册，北京：中华书局，1979年，第67—68页。
② 《杜威全集·中期著作》第11卷，上海：华东师范大学出版社，2012年，第191—196页。

鲜成功。自美国加入战局时宣布高尚宗旨后，华人非常敬重，对于联合国主义十分热心，甚至军阀派在一九一七年初期数月内，亦有一时持仇日态度，即如对德宣战，并未与日本商量，后且愿派兵赴欧助战，惟因缺乏船舶而止。"

"继而中国又极需款，供内政及参战之用，美国当时对于联合国，按期接济金钱，而独不分润于中国，日本乃大借而特借，自此日本遂把持中国官僚，于是参战之热，渐渐冷却矣。"

"一九一七年八月后，联合国军威大挫，日本以为德国必胜，先与俄国缔亲善之约，其一部分之目的，显然在抵制美国在远东发展势力，又拟于战后与德国联盟。假使日俄德意同盟，则中国必大受影响，中国于此，势不能不与彼结好，于是遂造成一种亲日之势力，而对美国，则一变而为冷淡。盖彼亲日派之心理，固因日本海陆军皆强，又与中国接近，不得不与委蛇也。"

"当美国之开始退还拳乱赔款时，华人固念及美国最初对华，系主张满州［洲］铁道归国际公有，而卒败于俄日之手。此虽外交上之常事，而在华人总觉美国于失败之后，并未另谋他法，坚持其计划。"

"其后京汉铁路计划，亦复失败。美国红十字会担任开浚中国水道，其计划至伟，而卒又无成。美国在华事业之成功者，殆只有教育。然教育在国际事情上，不能博深切之印象，因此种种，华人遂觉美国不可恃，而日本则专在实际方面用力，与吾美适相反。假使日本之行动，能不损害华人之国家观念，则中国早倾倒于日本矣。日本涩泽荣一男曾提议，日美在中国提携进行，美国用财，日本用脑，盖亦有见于美国之未能善用其脑力，以促进其对华政策耳。"

"美人对于吾以上所说，则将答之曰：吾美向在远东并无充分之利益，足使吾人以全力赴之。吾美除门罗主义外，从未有继续不变之外交政策，且吾人获利之途尽多，何必孜孜从事于动辄得咎之企图。不宁惟是，他国之实业界与政府行动，恒有密切之结合，以对付经济退化之国及中国，而美国则无之，因此种种，美国对华政策之不能积极猛进，固非无故而然也。夫美人此等自解之词，固不胜枚举，然而吾前已言，此种解释，均与华人之决定对外政策无关。盖华人重已往之结果，与确实之事状，以作预料将来之标准，非可以空言的理由折服之也。"①

"自美国加入战局后，已切实表示，美国确能对于外交事务迅速行动，且能行之有效，其行动之范围，亦至广阔。所不幸者，威尔逊总统之宣言，与和会中之具体结果，太不合符，在华人目中，尤觉其突兀，于是中国对于美国之怀疑，重又复活。惟华人对美之友谊，在历史上之根蒂，殊为深固，故美国苟能实施一种建设的政策，以表示其诚意，则华人之心理，即能随之转移。吾不能言，美国对华有某种特定的政治行动，为万不可少者，第可谓有某一种之行动，实于吾美有大害。吾美对于山东问题，既已义形于色，大发议论，而到底无决定之方针，一任其事之自行迁变，则彼谓吾之政策多空谈而乏实际者，岂不益自觉其信而有征乎。中国之必须外助，乃断然之事。苟欲中国不于实际上成为别一国之藩属，则吾美必定一切实之方针，锲而不舍，循之以行。和约之结果，虽使国际政治问题暂时急切，而财政与实业问题，终为根本上重要之事，是即美国之大机会也。中

---

① 《杜威博士之美国对华外交观》，《申报》1920 年 4 月 4 日。

108

国必须改革之事甚多，如统一币制，统一铁路，改良海港，开浚内地河道，乃其荦荦大者。目下各国中，能以资本工程师及管理人才假予中国者，独有美国耳。"

"于此有一重要关键不可不知者，即美国苟能担任局面阔大之事业，则可以免去许多酝酿冲突及猜忌之竞争。盖局面阔大之事业，日本尚不预备担荷，反之，如美国取消极的政策，使人可以解释为阻碍日本之合法的发展者，则大为危险。美国若以全力专注于建设的大事业，在日本亦仍有许多机会，而使中国成为日本被保护者之机兆，则因此可望永远免除矣。今日之最可危者，在美国颇注意于远东，但议论尽多，而行动则殊鲜，使人揣其目的，实在阻碍他国之野心，尤以对日本为甚，此则危险之道也。"

"今后数年间，为世界大局急转直下之时代，人人知之，无烦赘言。其在中国，与任何他处相同，重造事业，迫于眉睫，同时一切事情，已在变化解决之中。中美距离虽远，而美国苟能专心担任局面广大之事业，则远隔一层，反可以变不利为利。从前外人管理中国事务，其所以多冲突者，大半由于在管理上未能取得中国人协助之故。今美人在华办事，应避免此项惯习，勿多位置美国人，而以曾在美国留学之中国学生为办事机关中之要素，如此种有训练之人，尚不敷用，则应附设教育机关，随时养成需用之人才。从前商业利益方面与政府当局不相联络，为一种大失著。今后则反以不必联络为宜，中国人与美人相似，在实业经营上，向能自助，其天性厌恶政治上之活动，今苟能撇开政府，并其牢不可破之迁延固执及腐败等恶弊，一并排去，则于办事上即为一种进步矣。惟欲达此目的，必须与华人联络，取得其协助，并须派吾美之领袖人物，为华人所承认为有资格者到中国,与华人领袖和衷协商。若仅派二三等人物,又孤行己意,置华人于不顾,则必失败。至于所定计划,一方固须保全外人投资者之利益,一方则必使华人仍其为事业之主人。中国在经济上实业上一经发展,足以自立,则其政治问题,中国人自能自己解决。他国对华之政策,其主动力为侵略中国之经济,而美国之所为,适得其反,此真美国之大机会也。试问吾美人果此有思想与能力否乎?"①

9月16日,《晨报》和《北京大学日刊》均发布《杜威博士讲演之时间地点广告》,预告"社会哲学与政治哲学"、"教育哲学"两个系列演讲的时间和地点。"以上两种讲演皆由胡适之教授担任翻译,皆为公开的,不须听讲证。"②

9月20日,上午,在北京大学法科大礼堂参加本校欢迎蔡元培校长回校大会暨开学典礼大会。蔡元培介绍说杜威将在该校讲授哲学。杜威随后演说,题为"大学任务之性质"。此次演说的要点:"今日当使旧文化与新文化结婚,使之互相了解,互相扶助,成一种美满的家庭,产生美满的儿子,大学者即为此婚姻之媒介,余亦甚愿于此媒介之中尽一分力,云云。""是日学生教职员到者三千余人,为从来未有之盛况。"胡适作翻译。③

9月20日,钱玄同在日记中写:"八时起,回家。九时上大学法科参加欢迎蔡先生的会,学生欢迎蔡先生,职教员欢迎蔡先生,行开

① 《杜威博士之美国对华外交观》(续),《申报》1920年4月6日。
② 《杜威博士讲演之时间地点广告》,《晨报》1919年9月16日。《北京大学日刊》1919年9月16日第438号。
③ 《北京大学欢迎蔡校长之盛会》,《申报》1919年9月23日。另参见《杜威博士之趣谈》,天津《益世报》1919年9月27日。

学式,杜威博士演说。"①

9月20日至次年3月6日,每星期六下午4时,在北京大学法科大礼堂讲演"社会哲学与政治哲学",胡适作翻译。1919年9月20日为"社会哲学与政治哲学"第一次演讲。共16次。该次演讲记录稿以《杜威博士之讲演·社会哲学与政治哲学(一)》为题发表在《晨报》1919年9月21日。②"社会哲学的发生,一定是在社会有病的时候;政治哲学的发生,一定是在政治有病的时候。""人类的责任,是在某种时间、某种环境,去寻出某种解决方法来,就是随时随地去找出具体的方法来应付具体的问题。这便是第三者的哲学。"③

"社会哲学与政治哲学"这个演讲题目是胡适向杜威建议的。胡适当时认为,杜威的实用主义哲学"独有政治哲学一方面,至今还不曾有系统的大著作出世。英国的华拉士(Wallace)、美国的拉斯基(Laski)、李孛曼(Lippmann)诸人的政治学说,都是受了实验主义的影响的。但是我们至今还不曾有一部正式的'实验主义的政治哲学'"。所以,胡适希望杜威趁此机会构思一下实用主义的社会哲学和政治哲学。这样,这次在北京大学的讲演"是杜威先生第一次正式发表他的社会哲学与政治哲学"。胡适表示:"杜威先生现在正要把他的原稿修改成一部书,书成时我要译成汉文。将来那部书的英文、中文可以同时出世。"④

---

① 《钱玄同日记》上,北京:北京大学出版社,2014年,第349页。

② 《杜威博士之讲演·社会哲学与政治哲学(一)》,《晨报》1919年9月21日。

③ 《社会哲学与政治哲学》(一),袁刚、孙家祥、任丙强编:《民治主义与现代社会——杜威在华讲演集》,北京:北京大学出版社,2004年,第27、29页。

④ 胡适:《〈社会哲学与政治哲学〉(节选)引言》,张宝明、王中江主编:《回眸〈新青年〉·哲学思潮卷》,郑州:河南文艺出版社,1998年,第260页。

关于演讲者、口译者和记录员之间的工作关系,胡适做了这样的描述:"杜威当时总是用他自己的打字机事先把每一篇讲演的提纲打出来,把副张交给他的口译者,让他在演讲和翻译以前研究这些提纲并且想出合适的中国词句。杜威在北京每次讲演以后都把提纲交给那些经过挑选的记录人员,以便他们能够在付印以前核对他们的报道内容。"①

9月20日,杜威致信马克瑞(John Macrae)。杜威写:"不太愿意写一本专门论述中国问题的书。"但马克瑞或许可以考虑把相关的发表文章,汇编成一本书。②

9月21日至次年2月22日,每星期日上午9时,在北京西单手帕胡同北洋军阀政府教育部会场,演讲"教育哲学",第一次胡适作翻译。共16次。9月21日的演讲记录稿以《昨日之杜威博士讲演·教育哲学》为题发表在《晨报》1919年9月22、23日。以《杜威博士演讲教育哲学纪》为题发表在《申报》1919年9月27日。③"以上三种流弊可以帮助我们知道教育哲学应该提出来要讨论的问题:(一)怎样可以使特别阶级的教育,变成大多数,变成普及;(二)怎样可以使偏重文字方面的教育与人生日用的教育得一个持平的比例;(三)怎样可以使守旧的教育一方面能保存古代传下来的最好一部分,一方面能养成适应现在环境的人才。这就是教育哲学应该提出

① 袁刚、孙家祥、任丙强编:《民治主义与现代社会——杜威在华讲演集》,北京:北京大学出版社,2004年,第748页。
② 《杜威全集·中期著作》第11卷,上海:华东师范大学出版社,2012年,第349页。
③ 《昨日之杜威博士讲演·教育哲学》,《晨报》1919年9月22、23日。《杜威博士演讲教育哲学纪》,《申报》1919年9月27日。

来讨论的问题。"①

9月21日,《申报》发布《杜威在华演讲集》出版预告。"君欲知现代学术之新思潮乎? 君欲知德谟克拉西的教育乎? 君欲真知,不可不读。杜威博士为今世三大哲学家之一,此次来华演讲,足以开中国学术教育界之新纪元。本书按照博士行踪,由沪而杭而宁而京,编成有系统的演讲集,末附杜威夫人演讲集。装订一厚册,实价三角五分,预约只收二角五分,外埠函购每册加寄费三分,邮票代洋九五折算。预约期至十月五号截止,十月十号出书。预约处:亚东图书馆、时事新报馆、群书益社或西门省立第二师范学校新学社出版部。"②

9月22日,《教育界》(上海)发表《杜威博士之演讲日期》,公布"社会哲学与政治哲学"、"教育哲学"这两个系列演讲的时间和地点。③

9月27日,下午4点,在北京大学法科大礼堂演讲"社会哲学与政治哲学"第二次,胡适作翻译。该次演讲记录稿以《杜威博士讲演哲学记》为题发表在《申报》1919年9月30日。以《昨日杜威博士之讲演·社会哲学与政治哲学(二)》、《杜威博士之讲演·社会哲学与政治哲学(二)(续昨)》为题发表在《晨报》1919年9月28、29日。④"旧式的社会哲学只是两极端,一是对于社会下总攻击,一是对于社

---

① 《教育哲学(北京)》(一),袁刚、孙家祥、任丙强编:《民治主义与现代社会——杜威在华讲演集》,北京:北京大学出版社,2004年,第414页。

② 《杜威在华演讲集》,《申报》1919年9月21日;1919年9月25日。

③ 参见《杜威博士之演讲日期》,《教育界》(上海)1919年9月22日。

④ 《杜威博士讲演哲学记》,《申报》1919年9月30日。《昨日杜威博士之讲演·社会哲学与政治哲学(二)》,《晨报》1919年9月28日;《杜威博士之讲演·社会哲学与政治哲学(二)(续昨)》,《晨报》1919年9月29日。

会下总辩护。现在我们所讲的第三派哲学不是总攻击，也不是总辩护，是要进步，可不是那天演的进步，是东一块西一块零零碎碎的进步，是零买的不是批发的进步。"①

9月28日，星期日，上午9时，在北京西单手帕胡同教育部会场，演讲"教育哲学"第二次，胡适作翻译。该次演讲记录稿分别以《杜威博士之讲演·教育哲学（第二次）》、《杜威博士之讲演·教育哲学（续）（第二次）》为题发表在《晨报》1919年9月30日、10月1日。以《杜威博士续讲教育哲学》为题发表在《申报》1919年10月1—3日。②"我们可以得到今天所要讲的教育的三个要点：（一）儿童的方面；（二）将来儿童要进去的人的社会方面；（三）介乎二者之间的学校和教材。第三点最重要，因为它的目的是要使儿童进到成人社会里面去。教育哲学就是指挥它联络儿童与社会两方面使它成一个过渡的桥或摆渡船。"③

9月28日，《申报》发表《北京通信·最近传达新思想之机关》，谈到杜威在北京演讲的信息："近自美国杜威博士入我国以来，全国学子风起云涌，纷纷请其传播其所谓'实验主义'之哲学。前在上海、杭州、南京已讲演多次，到京后，学术讲演会亦请其演讲数次，近复由教育部、北京大学、尚志学会、新学会四大机关共出资一万元，

---

① 《社会哲学与政治哲学》（二），袁刚、孙家祥、任丙强编：《民治主义与现代社会——杜威在华讲演集》，北京：北京大学出版社，2004年，第33页。

② 《杜威博士之讲演·教育哲学（第二次）》，《晨报》1919年9月30日；《杜威博士之讲演·教育哲学（续）（第二次）》，《晨报》1919年10月1日。《杜威博士续讲教育哲学》，《申报》1919年10月1日；《杜威博士续讲教育哲学》（续），《申报》1919年10月2日；《杜威博士续讲教育哲学》（二）（续），《申报》1919年10月3日。

③ 《教育哲学（北京）》（二），袁刚、孙家祥、任丙强编：《民治主义与现代社会——杜威在华讲演集》，北京：北京大学出版社，2004年，第415页。

请其讲演一年。现在已定两种讲题，一为社会哲学及政治哲学，每星期六在北京大学法科公开讲演；一为教育哲学，每星期在教育部议场公开讲演。以上二题预定十六次讲完，皆由北京大学哲学教授胡适之博士担任翻译。现两处已各讲过一次，到会听讲之人异常拥挤，无一不满足其求智之欲望以去。据闻杜威博士俟在北京讲完十六次后，将应山西学界之请，再赴太原讲演一月，此为我国讲演界之最著者也。"①

9月29日，《教育界》（上海）发表《杜威博士在宁讲平民教育补录》（南京高等师范日刊）。②

9月，章士钊在上海寰球中国学生会演讲"新时代之青年"，其中说："昨阅报见杜威博士在北京教育部演说，谓教育所以不可少，因人有生必有死，人死而学问经验与之俱死，后一代之人又须从新学问，从新经验，岂非文化永无进步之日。故教育云者，即将此种学问经验传递下去之谓也云云，其言殊有至理。"③

9月，杜威给《哲学的改造》一书写《前言》。"今年二三月间，我应邀在日本东京帝国大学演讲，试图对当前哲学中的观念和方法的改造作出解释。"④该书在1920年由 Henry Holt and Company 正式出版。

---

① 静观：《北京通信·最近传达新思想之机关》，《申报》1919年9月28日。
② 《教育界》（上海），1919年9月29日。参见《平民主义之教育》，袁刚、孙家祥、任丙强编：《民治主义与现代社会——杜威在华演讲集》，北京：北京大学出版社，2004年，第366—372页。
③ 章士钊：《新时代之青年》，《章士钊全集》第4卷，上海：文汇出版社，2000年，第109页。
④ 《杜威全集·中期著作》第12卷，上海：华东师范大学出版社，2012年，第63页。

9 月,《新教育》第 2 卷第 1 期发表蒋梦麟的文章《新文化的怒潮》。"杜威先生说:'社会学说是为什么生出来的呢？因为是社会有病。'因为社会有病,所以几个学者便要研究它是什么病,这就生出一种学说来了。所以环境变迁的时候,就会生出新学术来。用了这新学术,去改变环境,这环境更加改变了;环境更加改变,要求学术的人更多;于是愈演愈大,愈激愈烈,就酿成新文化的大潮。"①

1919 年
10 月

10 月 3 日,《申报》刊发消息,安徽省立第一甲种工业学校教员李相有志前往北京听杜威的教育哲学演讲,申请保留职务和旅费资助,以便成行。闻吕省长意颇赞成,已经批准申请,下拨资助经费二百元。②

10 月 3 日,晚 8 时,北京大学哲学研究会在本校新大楼第 36 课室开会欢迎杜威,并请他讲演。

10 月 3 日,克莱斯致信杜威,促请杜威为他的书《宇宙》写导言。"您的导言对这本

---

① 蒋梦麟:《新文化的怒潮》,《蒋梦麟教育论著选》,北京:人民教育出版社,1995 年,第 129 页。
② 参见《地方通信·安徽》,《申报》1919 年 10 月 3 日。

书的成功是十分必要的。"①

10月4日,下午4点,在北京大学法科大礼堂演讲"社会哲学与政治哲学"第三次,胡适作翻译。该次演讲记录稿以《杜威博士之讲演·社会哲学与政治哲学(三)》《杜威博士之讲演·社会哲学与政治哲学(三)(续)》为题发表在《晨报》1919年10月5、6日。② "我们既生在现世,不要学古人那么糊里糊涂的行去,第一要研究社会上冲突的是些什么东西,第二要观察哪一种组合太趋前了。研究了这两层,然后知道这种畸轻畸重的地方,然后就能去讲修正补救。"③

10月4日,杜威在《日晷》1919年第67卷发表《日本的自由主义》(Liberalism in Japan)第一部分《思想准备》(The Intellectual Preparation)。杜威在文章中写:"当我到达日本后,感到十分惊讶。因为我发现,日本官员在战争中一直从思想、道德和政治方面继续推行一种活跃的德国式的宣传。我获知在军队中,征召入伍的士兵被整齐地集合起来,他们被教导说德国制度要比协约国一些国家的制度优越,德国的军国主义尤其具有优越性,事实上它是不可战胜的。我了解到,正是在宣布停战的那一天,某个颇具分量的知识分子公开演讲的题目竟是'为什么德国人是不可战胜的'。""日本试图在它目前的统治者领导下,从事一项不可能的实验。它承认,它要依赖西方以求得物质、技术和科学的发展,并对引进与此

① 《杜威全集·中期著作》第13卷,上海:华东师范大学出版社,2012年,第440页。
② 《杜威博士之讲演·社会哲学与政治哲学(三)》,《晨报》1919年10月5日;《杜威博士之讲演·社会哲学与政治哲学(三)(续)》,《晨报》1919年10月6日。
③ 《社会哲学与政治哲学》(三),袁刚、孙家祥、任丙强编:《民治主义与现代社会——杜威在华讲演集》,北京:北京大学出版社,2004年,第37页。

类发展相关的西方的观念和方法表示欢迎。但与此同时，它却想使自身独特的道德和政治遗产保存完好；它声称，它的这些方面与西方所能给予的任何东西相比，更具优越的地位。它是另一个神选的民族，它的起源和命运都是独一无二的。它在大规模引进整个世界科学和工业技术的同时，不知怎么又以惊人的、顽固不化的态度保留着一种封建的甚至是野蛮的武士道风气和政治。没有什么民族可以承受这种两重性的生活；日本的生活中，处处显露出这种分裂的特点。日本人纵使运用他们所有的抵抗之力，也不可能无限期地阻止真正的西方观念和目标的进入。这类西方的观念和目标已渐渐产生，并正在逐走传统的观念，尽管这里存在着世界上闻所未闻的那种令人难以置信的反动的初级教育体系。这种蔓生的观念的第一批成果，就是伴随德国战败而来的自由主义思想的释放。"①

　　10 月 5 日，星期日，上午 9 时，在北京的教育部会场，演讲"教育哲学"第三次，胡适作翻译。该次演讲记录稿分别以《杜威博士之讲演·教育哲学（三）》、《杜威博士之讲演·教育哲学（三）（续）》为题发表在《晨报》1919 年 10 月 6、8 日。②"教育的最大毛病，是把学科看作教育的中心。不管儿童的本能经验如何，社会的需要如何，只要成人认为一种好的知识经验便炼成一块，硬把它装入儿童心里面去。现在晓得这种办法是不对了。其改革的方

① 《杜威全集·中期著作》第 11 卷，上海：华东师范大学出版社，2012 年，第 132—145 页。
② 《杜威博士之讲演·教育哲学（三）》，《晨报》1919 年 10 月 6 日；《杜威博士之讲演·教育哲学（三）（续）》，《晨报》1919 年 10 月 8 日。

法,只是把教育的中心搬一个家:从学科上面搬到儿童上面。依照儿童长进的程序使他能逐渐发展他的本能,直到他能自己教育自己为止。"①

10 月 6 日,《教育界》(上海)发表《杜威博士在宁讲平民教育补录》(南京高等师范日刊)续。②

10 月 6 日,杜威从北京发出文章《给中国下药,我们也有份》(Our Share in Drugging China),该文章发表于《新共和》1919 年第 21 卷,12 月 24 日。杜威在文章中写:"当中国正以极大的努力去扑灭它染上的毒瘾祸害时,我们却成了给中国下药的卑劣行径的主要参与者。""我们自己就承受着毒品之害。在我国,这种害处的增长正是当今最令人感到窘迫的事件之一。要是我们不采取使中国也能铲除此害的措施,就不能保证我们自己能够消灭此害。""要是我们不把自己的屋子先打扫干净,何以能够发挥我们在国际行动中应当发挥的作用,去有效地规劝其他国家,特别是大不列颠和日本。"③

10 月 6 日,杜威夫妇偕女儿赴山西太原考察教育成绩并参加第 5 届"全国教育联合会"。胡适和万兆芝陪同前往。至太原后,杜威共讲演 6 次。④

---

① 《教育哲学(北京)》(三),袁刚、孙家祥、任丙强编:《民治主义与现代社会——杜威在华讲演集》,北京:北京大学出版社,2004 年,第 419 页。

② 《教育界》(上海),1919 年 10 月 6 日。参见《平民主义之教育》,袁刚、孙家祥、任丙强编:《民治主义与现代社会——杜威在华讲演集》,北京:北京大学出版社,2004 年,第 366—372 页。

③ 《杜威全集·中期著作》第 11 卷,上海:华东师范大学出版社,2012 年,第 197—201 页。

④ 参见《杜威博士已回校》,《北京大学日刊》1919 年 10 月 16 日第三版;《教育家纷纷抵晋》,《申报》1919 年 10 月 14 日;《京华短简》,《申报》1919 年 10 月 18 日。

10 月 8 日，拜会阎锡山。

10 月 8 日，杜威在《新共和》1919 年第 20 卷上发表《理想主义的不可信》(The Discrediting Idealism)。他在文章中写，他在中国讲学，被问到的一个最突出的问题是，中国难道没有必要采取措施去发展武力吗？军事训练难道不应该成为中国教育体制的一部分吗？"中国只有通过工业和经济发展，才能成为一个强国。任何与这种发展无关的军力扩充，只能延长目前的混乱局面，并且至多也就是制造出一种有关国家实力的幻觉。""只有依靠组织化，坚定地利用现代生活的伟大力量——工业、商业、金融、科学的探究和讨论，以及人类交往关系的现实化，我们的理想主义才能成为合宜的东西。"①

10 月 8 日，胡适在致高一涵、张慰慈、章洛声的信中写："到太原后，本地官署招呼极周到。因杜威夫人女士同来，故设备颇不易。我们看他们设备得如此周到，心里很不安。今天去见阎督军，他是一个很脱略的人，杜威先生颇满意。杜威去时，颈上带着软领！——可谓哲学家本色。"②

10 月 9 日，下午 3 时，在太原督军署军警大讲堂，为山西省军政警各界及省议员讲演"世界大战与教育的教训"，胡适任翻译。

此次演讲的大意："此次大战，观于德国外而失败内而纷扰，可知德国可以代表世界上三样政治之终必失败：（一）独裁政治主义之

---

① 《杜威全集·中期著作》第 11 卷，上海：华东师范大学出版社，2012 年，第 151—155 页。

② 胡适：《致高一涵、张慰慈、章洛声》，《胡适全集》第 23 卷，合肥：安徽教育出版社，2003 年，第 275 页。

失败;(二)危险的军国主义之失败;(三)危险的帝国主义之失败。美国向抱孟罗(应为门罗——引者)主义,不干外事,此次所以加入战团者,以维持民治主义,使能在世界上安宁存立为目的,本此目的,又生二个附件:(一)扶助小国弱国,不使强大者侵略;(二)创设国际大同盟,使联络和平,解除武力。现在大战和议,正办善后,前项目的不能一时完全达到,但新世界、新方向、新思想业已从战后开一新纪元,譬诸行路分道而走,当初分时相离狠近,以后越走越远,不患目的不达,万勿悲观。但新世界之改组善后,全在教育上用工夫,教育者使人自己供给其自己之需要,不是他人能强迫给与他需要的:(一)须自立;(二)要能自己管束自己的行为;(三)自己能判断是非。至于教育方法,应有两个要点:(一)发达各个人的人格;(二)知识与行为合一,云云。"①

10月10日,上午,在山西,参观阅兵式。下午4时,在山西大学校礼堂为省城教职员及省立师范学生讲演"品格之养成为教育之无上目的"。"分别为:(一)何为品格? (二)何以品格为现在最先之需要? (三)于多种科学教授之外,何能更为品格养成之余暇因是而得之方法? (一)为各科学中皆融以道德之教育;(二)为养成学生之判断力;(三)为养成学生执行之智能。"②

10月10日,经亨颐在日记中写:"晴。八时,至山西教育会,知今日督军阅兵,托省教育会副会长口头邀余等去参观。即雇车往。军队已列。杜威博士亦在来宾席,握手相见,由范君通译,略谈杭州

---

① 《国庆日之山西》,《申报》1919年10月17日。
② 《品格之养成为教育无上之目的》,袁刚、孙家祥、任丙强编:《民治主义与现代社会——杜威在华讲演集》,北京:北京大学出版社,2004年,第385—388页。

近事。"①

10 月 11 日,上午 9 时,在山西太原,在体育会大讲堂为国民师范学生讲演"教育上之自动"。"大旨第一部分为社会生活,第二部分为学校、学科、课程,第三部分为儿童。略谓旧日教育以抑压儿童之动作言语为得计,摧残性灵,为害甚大。新教育则启发之,利用之,以促成其自动之机能。""末由赵旅长致答谢词,并谓师范诸生须知,吾人本心之发生,不重外求获。聆杜博士之言论,亟应永远记忆,作一纪念,代表全体敬谢博士之厚贶,并勉各生以辨别学童之个性,必先明一己之个性,使之如明镜然,乃可以其昭昭,使人昭昭,勿以黑暗之镜,鉴别学生,是所切嘱,云云。"②

下午,在大学校礼堂,杜威夫人为省城各女学校教员及女学生讲演"民主主义"。"先由虞教育厅长报告夫人在美国求学、毕业、办学,以及偕同来我国之略历,全体拍掌欢迎,即请夫人登坛讲演,由万兆芝君译词。略谓在中国之时间甚促,未克与诸同胞作长时之晤谈,仅以简单之言,共同研究标题为'民主主义',其要素则为'生命'、'自由'、'幸福'三者所构成,而教育实为其根本,此则须以精神劳力艰苦卓绝寻求而得之,非可幸获。一方为发达自己,一方又不侵害他人,始为正当云云。讲生命问题,引古代相传一帝多后之故事为证。讲自由问题,引美国立国史为证。讲幸福问题,则历述美国女子受高等教育之经过困难,并述其女友某女士入学之艰苦,毕业讲演蒙社会刮目之荣誉。谓世界重大之所获,必有重大之牺牲,始克有

---

① 经亨颐:《经亨颐集》,杭州:浙江大学出版社,2011 年,第 553 页。
②《国庆日之山西》,《申报》1919 年 10 月 17 日。

济。末谓中国既为共和政体,四万万人民之半数为女同胞,必须有教育,始成为有教育之国家,而不适时不合用之教授,适足以阻害其发达。中国女学生非不及欧美之聪颖,乃锢塞之积习,有以障碍之耳。措辞诚恳,听者为之动容,最后由崔议长致答谢,词毕散会。"①

10月12日,上午9时,在山西,杜威在山西步兵第十团自省堂,为师范传习所学生讲演"学校与乡里"。"略谓凡学校所在之地,必与其乡里有密切之关系。盖充学校教员者,除授课于儿童外,亟应留心访察其乡之绅衿耆宿父老成人中之有用人才,预为延揽结纳,提倡鼓舞,举一切有益公共之事业,极力促成之,即以学校为集中发端之地点,教其不知,助其不能,破除其困难,解决其疑虑,以求大有裨益于地方,如关于公众之卫生、公众之娱乐、公众之生计、公众之政治等类,发挥尽致,听众异常感动。"②

下午3时,在教育总会,为全国教育联合会会员讲演"教育上试验的态度"。胡适翻译。"略谓中国与美国同为幅员广大之国,于促进教育有同一困难之点,即徒讲一致,必不能适合各地之需要是也,于此图积极之改良,必须根本从事试验教育。自大学以次,若师范,若女学,均须注重永□以试验态度做去,则日新又新,方可适应世变,有相当之进步,云云。又历述教育管理、一切学术方法所得之渊源,不外三种:(一)古代相传而来者;(二)由先进各国抄袭而来者;(三)以自己心思脑力经验,用科学的精神、试验的态度研究而得之者。前两项属于摹仿,皆有流弊,惟独第三项,绝无流弊。更希望参

① 《国庆日之山西》,《申报》1919年10月17日。
② 《杜威博士在山西之讲演·二、学校与乡里》,《胡适全集》第42卷,合肥:安徽教育出版社,2003年,第592—599页。

考西洋学说时,宜取其最近最新者,云云。讲毕全体鼓掌,由冯教育会长代表全体致词答谢,毕复由万兆芝君演说,此后派遣留外学生,应当注重之点,讲毕遂散会。"①演讲记录稿发表在《武进月报》第2卷第10期,1919年,我一速记。

10月12日,经亨颐在日记中写:"杜威先生今日讲题为《教育上试验的态度》,其精义在革除我国述而不作之弊。四时毕,余至岐凤栈,访符九铭,便经新建未竣之自省堂。"②

10月13日,上午9时,在山西,在山西大学大礼堂,为大学及各专门学校学生讲演"高等教育之职务"。"所讲发挥尽致,听众异常感动云。"③"略谓高等专门大学各学生既受最高之教育,当然负有一种职务,以其较高初诸学生为成熟,分数较多也。第一,为保守本国固有之文明精华,并借教育机关,以传播于久远。第二,为介绍东方西方之文化而媒合之,且使中外古今之文明融会贯通。第三,为科学之精神。凡百事业,皆宜以科学之试验方法考察之下,以自己之评判而定其当否,云云。"④

10月13日,《教育界》(上海)发表《杜威博士在宁讲平民教育补录》(南京高等师范日刊)续。⑤

---

① 《续纪山西之两大会》,《申报》1919年10月19日。更详细的演讲记录稿可参见《教育杂志》第11卷第12号,特别记事。《全国教育联合会第五次开会志要(太原)》,《中国近代教育史资料汇编·教育行政机构及教育团体》,上海:上海教育出版社,2007年,第227—229页。

② 经亨颐:《经亨颐集》,杭州:浙江大学出版社,2011年,第555页。

③ 参见《杜威博士在山西演讲》,《教育界》(上海)1919年10月20日。

④ 《续纪山西之两大会》,《申报》1919年10月19日。

⑤ 《教育界》(上海),1919年10月13日。参见《平民主义之教育》,袁刚、孙家祥、任丙强编:《民治主义与现代社会——杜威在华讲演集》,北京:北京大学出版社,2004年,第366—372页。

10 月 14 日,离开太原。

10 月 15 日,晨,从太原抵京。

10 月 15 日,《晨报》发表《杜威博士伦理演讲记略(第一次)》。讲道德性质和目的。①

10 月 16 日,《晨报》发表《杜威博士回京》,介绍杜威在山西演讲的日期和题目。②

10 月 18 日,下午 4 点,在北京大学法科大礼堂演讲"社会哲学与政治哲学"第四次,胡适作翻译。该次演讲记录稿分别以《杜威博士之讲演·社会哲学与政治哲学(四)》、《杜威博士之讲演·社会哲学与政治哲学(四)(续)》为题发表在《晨报》1919 年 10 月 19、20 日。③"我们的学说,是要教革新家用一种研究的态度:第一步是问他的方法,现在有某种需要没有做到,某种有用分子有用能力没有发展,某种改革某种新制度应去推行。这是种研究的态度。第二步要问那种方法真不真,好不好,革新家便也进了一步,知道他攻击人是不差的,但是他所提出的这个那个,是否可以代替原有的这个那个,这也是一种研究态度。总之是把人的智慧用科学方法去批评研究。"④

10 月 18 日,杜威在《日晷》1919 年第 67 卷发表《日本的自由主义》第二部分《经济因素》(The Economic Factor)。杜威在文章中写:

---

① 《杜威博士伦理演讲记略(第一次)》,《晨报》1919 年 10 月 15 日。
② 《杜威博士回京》,《晨报》1919 年 10 月 16 日。
③ 《杜威博士之讲演·社会哲学与政治哲学(四)》、《晨报》1919 年 10 月 19 日;《杜威博士之讲演·社会哲学与政治哲学(四)(续)》,《晨报》1919 年 10 月 20 日。
④ 《社会哲学与政治哲学》(四),袁刚、孙家祥、任丙强编:《民治主义与现代社会——杜威在华讲演集》,北京:北京大学出版社,2004 年,第 40 页。

"日本自由主义的前景是幸运的,因为思想上已发生的变化伴随着那种积极进取的经济上的变化,并得到了后者的增援。""或许在日本的现实政治方面,我得到的最大启发是有人这么告诉我:大企业的利益还不至于影响到议会选举,它们并不特别在乎哪个人被选上,因为它们直接与当政的统治者做生意。有关日本大企业和政治的结盟值得写一本书——写一段话是不够的。""至今,日本的工业革命还没有真正成型。它没有创造出资产阶级,反倒暗中毁坏了日本原先保有的东西。马克思所说的无产阶级和百万富翁的分化,正在加速进行中。"①

　　10月19日,星期日,上午9时,在北京的教育部会场,演讲"教育哲学"第四次,胡适作翻译。该次演讲记录稿以《杜威博士之讲演·教育哲学(四)》为题发表在《晨报》1919年10月21日。②"用演戏的方法帮助学科,其最显明的利益就是使儿童有趣味。……最重要的是使他有知识方面的作用。第一能使他设身处地,知道他自己就是戏中的人物:戏中的悲欢离合仿佛是他自己的悲欢离合。……第二个知识方面的作用是可以引起儿童有选择的能力和安排能力。……第三个作用,可以使儿童的知识影像格外明了、正确。……最后第四个作用就是能养成社会的共同生活的习惯。""这种不但有兴味有动作并且有结果的工作在教育上的利益,据我看来,第一,因为有实在的出产品,就是开始教儿童做事要有目的。……第二,教儿童对于材料要有选择的方法和手段,处处须与

① 《杜威全集·中期著作》第11卷,上海:华东师范大学出版社,2012年,第132—145页。
② 《杜威博士之讲演·教育哲学(四)》,《晨报》1919年10月21日。

他的目的互相照应。这可以养成一种判断的能力。"①

晚上，北洋军阀政府教育部、北京大学、尚志学会、新学会等在中央公园来今雨轩为杜威六十岁生日举办寿筵，以表庆贺。晚餐会于 7 时开始，11 时结束。②

"由主席王宠惠君起述祝词，次由蔡元培君代表北京大学致祝，略谓今年杜威博士诞日适与孔诞同日，最足纪念。孔子可以代表中国旧文明，杜威博士代表西洋新文明。孔子学说与杜威博士学说有极相反之处，亦有极相近之处。孔子诞日，在中国已经二千余年，杜威诞日，在中国则此为第一次，吾人当兹盛会，不禁兴无限之欢感，云云。（由胡适之君英译）"③

"次由林长民君代表尚志学会致祝，略谓中国人祝寿之举太滥，儿成恶习，民国成立之后尤甚，故吾人颇反对之。但有两种场合，则觉大有意味。其一为小孩之生日，盖祝其成人，长大将有所贡献于社会。其一为有功于社会者之生日，示崇德报功之意。今夕吾侪为杜威博士祝嘏，实兼二者而有之。盖博士在西方，其思想学说虽为成功者；而在东方，则恍如初生之小孩也，云云。（由叶景莘君英译）"④

"复次为梁善济君代表新学会致祝，略谓吾侪恍如众生界中之

① 《教育哲学（北京）》（四），袁刚、孙家祥、任丙强编：《民治主义与现代社会——杜威在华讲演集》，北京：北京大学出版社，2004 年，第 424—425 页。
② 参见《本校与他三团体为杜威博士祝寿记》，《北京大学日刊》1919 年 10 月 22 日第二、三版；《京华短简》，《申报》1919 年 10 月 22 日。《杜威博士之诞辰》，《教育界》1919 年 10 月 27 日。
③ 《京华短简》，《申报》1919 年 10 月 22 日。
④ 《京华短简》，《申报》1919 年 10 月 22 日。

众生,杜威博士恍如西方之活佛,以自度度人为功德。杜威博士之来华,亦如以其思想学说度脱我等众生,使之同生极乐净土,故吾辈今日祝杜威博士之生辰,亦如祝无量寿佛之无量寿也,云云。(由万兆芝君英译)最后由杜威博士致极长之答词,表示感谢之意,全场鼓掌,宾主尽欢至十时半方散席。"①

蔡元培在致辞中,称杜威的哲学为"西洋新文明的代表"。"孔子说尊王,博士说平民主义;孔子说女子难养,博士说男女平权;孔子说述而不作,博士说创造。这都是根本不同的。""我觉得孔子的理想与杜威博士的学说,很有相同的点。这就是东西文明要媒合的证据了。但媒合的方法,必先要领得西洋科学的精神,然后用它来整理中国的旧学说,才能发生一种新义。"②

胡适在1949年杜威九十岁生日的庆典上讲话,回忆起杜威六十岁生日的庆典。"那天说到亚里士多德,说他与孔夫子相比还只是一个襁褓中的孩子。杜威博士,你是否记得那是一个多么开心的时刻。你所有的中国朋友共同庆祝你的生日和他们最景仰的古代贤人的生日。我们这位贤人喜欢把自己描述为一个'学而不厌,诲人不倦'的教师。"③

10月20日,杜威六十岁生日。

10月20、21日,《晨报》发表《杜威教授伦理演说记略(第二次)》、《杜威教授伦理演说记略(第二次)(续)》。讲道德上变与不变

① 《京华短简》,《申报》1919年10月22日。
② 参见《本校与他三团体为杜威博士祝寿记》,《北京大学日刊》1919年10月22日第二、三版;《京华短简》,《申报》1919年10月22日。
③ 胡适:《来自东方的敬意》,《杜威传》,单中惠编译,合肥:安徽教育出版社,2009年,第425页。

的原素。①

10月21日，晚上，赵世炎在文章《论青年自杀》中写："我决不自杀！但是我却不敢自料没有'被杀式的自杀'，那一天我很佩服杜威夫人的话，他说：'我不自杀，若是自杀，必须先用手枪打死两个该死的人起。'青年同志啊！我们从今天起，不可不预备'物色'一两个该死的人！"②该文章发表于《少年》第5期，1919年12月1日。

10月23日，北京大学教务处发布公告，杜威将于11月初旬演讲"思想之派别"，规定哲学系二、三年级学生必须听讲，此演讲作为必修课。本校其他学生和校内外学者有意听讲者，于1919年11月5日前到哲学研究所报名，经哲学教授会许可后给予听讲证。③

10月24日，北京大学庶务处发布公告："顷奉校长面嘱，每星期六下午杜威博士演讲至六时始止，为学生听讲进食方便起见，每星期六晚餐改为六时半会食。此白。"④

10月25日，星期六，下午4点，在北京大学法科大礼堂演讲"社会哲学与政治哲学"第五次，胡适作翻译。该次演讲记录稿分别以《杜威博士之讲演·社会哲学与政治哲学（五）》、《杜威博士之讲演·社会哲学与政治哲学（五）（续二十六日）》为题发表在《晨报》1919年10月26、30日。⑤"现在且举出人性的三种需要做标准：

---

① 《杜威教授伦理演说记略（第二次）》，《晨报》1919年10月20日；《杜威教授伦理演说记略（第二次）（续）》，《晨报》1919年10月21日。

② 赵世炎：《论青年自杀》，《赵世炎文集》，北京：人民出版社，2013年，第40页。

③ 参见《教务处布告》，《北京大学日刊》1919年10月23日第一版；1919年10月24日第一版；1919年10月25日第一版；1919年10月27日第二版。

④ 《庶务处告白》，《北京大学日刊》1919年10月24日第一版；1919年10月25日第一版。

⑤ 《杜威博士之讲演·社会哲学与政治哲学（五）》，《晨报》1919年10月26日；《杜威博士之讲演·社会哲学与政治哲学（五）（续二十六日）》，《晨报》1919年10月30日。

（一）习惯风俗；（二）社会编制；（三）共同生活。个人把已往的习惯保留下来，做行事的惯例，便叫习惯；把习惯变成社会通俗的惯例，便叫风俗；把风俗变成制度，便是礼制。把社会安排到分工易事通力合作的地步，便成有系统的组织，便叫社会编制。这两种都还是第二等的重要事件；第一等重要的事件，是共同生活。人类必定要共同生活，就可互相帮助，互相长进，这是人性顶重要的需要。"①

　　10 月 26 日，星期日，上午 9 时，在北京的教育部会场，演讲"教育哲学"第五次，胡适作翻译。该次演讲记录稿分别以《杜威博士之讲演·教育哲学（五）》、《杜威博士之讲演·教育哲学（五）（续昨）》为题发表在《晨报》1919 年 10 月 27、28 日。② "教育的目的——民治国家尤其如此——是要养成配做社会的良好分子的公民。详言之，就是使社会各分子能承受社会的过去或现在的各种经验，不但被动的吸收，还须每人同时做一个发射的中心，使他所承受的及发射的都贡献到别的公民的心里去，也来加入社会的活动。"③

　　10 月 26 日，星期日，恽代英在日记中写："若愚说，杜威现在亦成了中国的偶像，因为差不多我国人对于他的话没有批评，只有承受。这话实在很有道理。"④若愚指王光祈（1897—1936），四川温江人。1918 年参与创建少年中国学会。

---

① 《社会哲学与政治哲学》（五），袁刚、孙家祥、任丙强编：《民治主义与现代社会——杜威在华讲演集》，北京：北京大学出版社，2004 年，第 42 页。
② 《杜威博士之讲演·教育哲学（五）》，《晨报》1919 年 10 月 27 日；《杜威博士之讲演·教育哲学（五）（续昨）》，《晨报》1919 年 10 月 28 日。
③ 《教育哲学（北京）》（五），袁刚、孙家祥、任丙强编：《民治主义与现代社会——杜威在华讲演集》，北京：北京大学出版社，2004 年，第 427 页。
④ 恽代英：《民国八年日记》，《恽代英全集》第 3 卷，北京：人民出版社，2014 年，第 324 页。

10月27日,杨昌济在日记中写:"杜威博士谓历史上革新家的种种革新运动,都要经过三个时期:一、默认时期和顺受时期,二、抗议时期,三、成立时期。""又谓社会的生活是教育的目的,儿童的本能就是教育的基础,学校是从教育的基础渡到教育的目的的桥梁。"①

10月28日,马克瑞致信杜威。马克瑞写:"很高兴把你发表在《新共和》或其他杂志上的文章拣选出来,出一本文集。"②

10月28、29日,《晨报》发表《杜威教授伦理演讲纪略(第三次)》、《杜威教授伦理演讲纪略(第三次)(续)》。讲道德与人类本性(即本能)。③

10月30日,《新潮》第2卷第1号发表署名志希的《杜威博士的"学校与社会"》、《杜威博士的"德育原理"》。④

10月,《新教育》第2卷第2期发表杜威的演讲记录稿《学生自治》,胡适口译,邵正详、刘汝蒲笔记,经胡适修改。"自治的性质,不但是扩充自己的权利,并且是加重自己的责任。自治最重要的条件,就是把自己的思想责任加重。"⑤

10月,《新教育》第2卷第2期发表蒋梦麟的文章《学潮后青年心理的态度及利导方法》。"近来杜威先生的学说,又进了一步。他说'教育就是生活。今天受一天教育,就要有一天好生活'。我们要

① 杨昌济:《杨昌济集》,王兴国编注,长沙:湖南教育出版社,2008年,第676页。
② 《杜威全集·中期著作》第11卷,上海:华东师范大学出版社,2012年,第349页。
③ 《杜威教授伦理演讲纪略(第三次)》,《晨报》1919年10月28日;《杜威教授伦理演讲纪略(第三次)(续)》,《晨报》1919年10月29日。
④ 志希:《杜威博士的"学校与社会"》、《杜威博士的"德育原理"》,《新潮》第2卷第1号,1919年10月30日。
⑤ 杜威:《学生自治》,《新教育》第2卷第2期,1919年10月。

知道,好生活是自动的。他人代动的不是好生活。学生自治,是自动的一个方法。学生自治团体,是学生求丰富生活的一个团体。学生在校时,有丰富的生活,方能达'教育是生活'的目的。"①

10月,江苏省立第二师范学校新学社编辑出版《杜威在华演讲集》。

1919年秋天,钱穆决意出任后宅镇泰伯市立第一初级小学校长,其中一个原因:"因为报载美国杜威博士来华,作教育哲学的演讲,先生读其讲词,极感兴趣,但觉得与中国传统教育思想不同,并有大相违异之处。故欲改入初级小学,得与幼童接触,作一番实验,俾可明白古今中外对教育思想异同得失所在。"②

1919年11月

11月1日,下午4点,在北京大学法科大礼堂演讲"社会哲学与政治哲学"第六次,胡适作翻译。该次演讲记录稿分别以《杜威博士之讲演·社会哲学与政治哲学(六)》、

---

① 蒋梦麟:《蒋梦麟教育论著选》,北京:人民教育出版社,1995年,第141—142页。
② 韩复智编著:《钱穆先生学术年谱》,北京:中央编译出版社,2012年,第152页。

《杜威博士之讲演·社会哲学与政治哲学(六)(续)》为题发表在《晨报》1919 年 11 月 2、3 日。① "我们今天要提出来讲的就是各社会互相交换往来的关系,是共同生活的要素。""这种社会一定使各分子有自由发展、自由交换、互相帮助、互相利益、互通感情、互换思想知识的机会,社会的基础是由各分子各以能力自由加入贡献的。"②

11 月 1 日,杜威在《日晷》1919 年第 67 卷发表《日本的自由主义》第三部分《主要敌人》(The Chief Foe)。杜威在文章中写:"日本确信,只有运用高度集权的力量,才能使陆军、海军得到发展,才能确立一种强有力的外交政策,使日本不再像亚洲的其他国家那样忍受任由西方列强摆布的命运。""当我开始写这篇文章时,一个日本的大学生代表团正在北京向中国人表示,他们完全不支持日本对中国的政策,并说他们的敌人是共同的——日本军国主义的独裁统治。……民主潮流在整个世界的倒退,会使日本的运动放慢。但除非世界公开大规模地背弃民主,否则,日本会坚定地朝着民主的方向前进。我对日本人民的复原力、适应性和实践智慧抱有的信任,以及对已化为民众的举止习惯的社会民主抱有的信任,使我相信,变化的来临无须经过流血和灾难性的动乱。"③

11 月 1 日,杜威在《亚细亚》(Asia)1919 年第 19 期发表文章《中国心灵的转化》(Transforming the Mind of China)。杜威在文章中

---

① 《杜威博士之讲演·社会哲学与政治哲学(六)》,《晨报》1919 年 11 月 2 日;《杜威博士之讲演·社会哲学与政治哲学(六)(续)》,《晨报》1919 年 11 月 3 日。
② 《社会哲学与政治哲学》(六),袁刚、孙家祥、任丙强编:《民治主义与现代社会——杜威在华讲演集》,北京:北京大学出版社,2004 年,第 45、48 页。
③ 《杜威全集·中期著作》第 11 卷,上海:华东师范大学出版社,2012 年,第 132—145 页。

写:"中国不能求助于日本式的西方化版本,而要走进给予西方道德和思想以灵感的泉源。这样的求索并不是为了获得自己往后用来仿造的模式,而是为了获得借此可用来更新自己制度的观念和思想的本钱。""中国人很少关心外国人会对他们看到的东西作何想法,他甚至会把他的家丑兴高采烈地拿来供来访者观赏。这种态度中包含的自满和自负,极大地妨碍了中国的进步。它造成了对古老传统持有的保守主义偏见,以及中国文明在所有方面对于外国蛮夷文明生而有之的优越性的信仰。""中国在借用西方的城市管理、公共卫生、税收、教育、制造之手段方面的迟缓松垮,是与它通过与西方文明的接触对自身制度造成一种彻底转化的那种努力相互兼容的。在这种再造过程中,它会做到'恰适'而不仅仅是'拿来'。它会设法去洞悉之所以造成西方进步的那些原理、观念和理智,并通过对新生的活泼泼的民族心灵的运用而达到对自己的拯救。这是一项艰巨的任务。""中国通过成为现代世界的真正成员而重获新生的期许取决于它养成民主生活和思想的习惯。""真正的问题在于如何让民主精神在缺少阶级的情况下历史地显现出来。那种在社会和国民中普遍存在的平等意识,那种通过道德而不是物质的力量——就是说,通过教诲、劝导和公共舆论而不是通过明确的法律手段——对个人和团体取得的控制,应能为自身找到一种组织化的表达方式。"[1]吴定良摘译该文章的内容,以《杜威论中国人心理的改造》为题发表在《时事新报·学灯》1920 年 4 月 27 日。[2]

---

[1] 《杜威全集·中期著作》第 11 卷,上海:华东师范大学出版社,2012 年,第 172—179 页。

[2] 吴定良:《杜威论中国人心理的改造》,《时事新报·学灯》1920 年 4 月 27 日。《少年社会》第 2 卷第 2 期,1920 年。

11 月 1 日,杨昌济在日记中摘记杜威《伦理演说纪略》(《时事新报》1919 年 10 月 24 日)中的要语:"道德上变易的要素:(甲)鉴别力,(乙)生长。道德上不变的原素:(甲)生长或发展的责任,(乙)公益的尊崇,(丙)道德的重视。"①

11 月 1 日,《晨报》"纪念号"发表蒋梦麟的文章《这是菌的生长呢还是笋的生长》。"作者有一天对杜威先生说,现在青年要求一个新人生观。杜威先生说,他在奉天的时候,忽有人问他什么是人生的真义。他觉得很惊异,他就答道人生的真义,是有一个丰富的生活。因为时候匆促,他没有详细解说。""杜威先生说,科学是中国最需要的。"②

11 月 1 日,赵世炎在《少年》第 3 期发表文章《说少年》(续)。"可怕杜威博士真利害!他说'教育即是生活'。我以为中国的学校是些衙门,四班八房,典史差役,无所不备,造册子,出训令,一层一级,森威谨严。我们在学校作了囚犯,出了学校,也就不免一个土匪!"③

11 月 2 日,星期日,上午 9 时,在北京的教育部会场,演讲"教育哲学"第六次,胡适作翻译。该次演讲记录稿以《杜威博士之讲演·教育哲学(六)》为题发表在《晨报》1919 年 11 月 6 日。④"以上所讲第一点都是从非正式方面入手的方法,如打破小团体、介绍男女同校、注意公立学校的制度和打破一切阶级。第二点是从正式的管理训练方面入手,就是学校的管理训练也要使儿童加入,使他对于规

---

① 杨昌济:《杨昌济集》,王兴国编注,长沙:湖南教育出版社,2008 年,第 680 页。
② 蒋梦麟:《这是菌的生长呢还是笋的生长》,《蒋梦麟教育论著选》,北京:人民教育出版社,1995 年,第 145、146 页。
③ 赵世炎:《说少年(续)》,《赵世炎文集》,北京:人民出版社,2013 年,第 26—27 页。
④ 《杜威博士之讲演·教育哲学(六)》,《晨报》1919 年 11 月 6 日。

则,不仅死守,还要懂得这种规则有什么意义,使他自己维持秩序,不使规则被少数人把持。这很可以养成真正守法的国民。""现在要讲第三点从知识方面输入社会的知识和经验。""今天所讲的学理便是学校不但读书就算了,还要造成社会有用的公民,有共同生活的习惯和能力,有注重公德公益的训练,知道立法司法行政的效用。那么学校的生活才是一个活的社会生活;学校内养成的儿童才是一个懂得社会需要,能加入社会做事的人物。他们组织的社会国家,才是一个兴盛的社会国家。"①

11月2日,夜,陈独秀写文章《实行民治的基础》。该文章发表于《新青年》1919年12月1日第七卷第一号。该文章说:"我们所主张的民治,是照着杜威博士所举的四种原素,把政治和社会经济两方面的民治主义,当做达到我们目的——社会生活向上——的两大工具。""杜威博士关于社会经济(即生计)的民治主义的解释,可算是各派社会主义的公同主张,我想存心公正的人都不会反对。至于他关于政治的民治主义的解释,觉得还有点不彻底。""我可以断定中国的民治,仍旧是北京《民治日报》的民治,不是杜威博士所讲《美国之民治的发展》的民治。"②

11月3日,《晨报》发表《杜威教授伦理演讲纪略(第四次)》。讲情绪在道德上之地位。③

---

① 《教育哲学(北京)》(六),袁刚、孙家祥、任丙强编:《民治主义与现代社会——杜威在华讲演集》,北京:北京大学出版社,2004年,第433—434页。
② 陈独秀:《实行民治的基础》,《陈独秀著作选》第2卷,上海:上海人民出版社,1993年,第29、31页。
③ 《杜威教授伦理演讲纪略(第四次)》,《晨报》1919年11月3日。

11 月 3 日,杜威抵奉,即抵达沈阳。①

11 月 4 日,下午 5 时,演讲"国民教育大旨"。地点在沈阳西门内外国语专门学校大礼堂。②

11 月 5 日,演讲"如何教授儿童"。地点在沈阳西门内外国语专门学校大礼堂。③

11 月 7 日,演讲"自然教育"。地点在沈阳西门内外国语专门学校大礼堂。11 月 4、5、7 日在沈阳的演讲,"听者每次均有七八百人"。④

11 月 11 日,晚 7 时,北京大学音乐研究会开同乐会,邀请杜威和各音乐家演说,并演奏中西音乐。⑤ 杜威因病没有到场演讲。胡适有《在同乐会上的演说》一文,写道:"今日本有杜威先生的演说,因为病了没有来。——刚才会长已经报告——我今日到会,一则代达杜威先生的歉意;一则贡献我个人的意见。"⑥

11 月 14 日,下午,参加北京高等师范学校成立纪念日活动,被邀请在大会讲演。胡适在日记中写:下午,"邀杜威。""高师杜威演说。"晚上,"大学杜威讲演"。⑦

11 月 14 日至 1920 年 1 月 30 日,每星期五晚 8 时—10 时,在北京大学法科大礼堂演讲"思想之派别"(Types of Thinking),胡适作翻译。本拟在文科 36 课室讲演,因要求听讲者过多故改在法科大礼

① 参见《杜威博士在奉演讲》,《教育界》(上海)1919 年 11 月 17 日。
② 参见《杜威博士在奉演讲》,《教育界》(上海)1919 年 11 月 17 日。
③ 参见《杜威博士在奉演讲》,《教育界》(上海)1919 年 11 月 17 日。
④ 参见《杜威博士在奉演讲》,《教育界》(上海)1919 年 11 月 17 日。
⑤ 参见《音乐研究会启事》,《北京大学日刊》1919 年 11 月 11 日第二版。
⑥ 胡适:《在同乐会上的演说》,《胡适全集》第 20 卷,合肥:安徽教育出版社,2003 年,第 64 页。
⑦ 《胡适全集》第 29 卷,合肥:安徽教育出版社,2003 年,第 10 页。

堂讲演,不用听讲券。共8次。中有1次展期。① 《晨报》1919年11月14日发表《今晚之杜威博士讲演》,预告该系列演讲。11月14日的演讲记录稿分别以《思想之派别(一次)》、《思想之派别(一次)(续)》为题发表在《晨报》1919年11月16、17日。② 本次演讲介绍第一派系统派的思想方法,即注重整理的、分析的、类别的方法。亚里士多德是这派的代表。

11月15日,星期六,下午4点,杜威在北京大学法科大礼堂演讲"社会哲学与政治哲学"第七次,胡适作翻译。③ 该次演讲记录稿分别以《社会哲学与政治哲学(七次)》、《社会哲学与政治哲学(七次)(续昨)》为题发表在《晨报》1919年11月18、19日。④ "第一,商业的互相依靠、互相关联,可以算好,也可以算坏。……所以现在应该讨论的,是怎样管理支配才可以使彼此有益而没有害。第二,自由与平等不是并立的。……所以现在应该讨论的是怎样可以调和自由与干涉,使一方面发展自由,而一方面境遇仍能平等。"⑤

11月16日,星期日,上午9点,杜威在北京的教育部会场演讲"教育哲学"第七次。⑥ 胡适作翻译。该次演讲记录稿分别以《教育

---

① 参见《教务处布告》,《北京大学日刊》1919年11月12日第一版;1919年11月13日第一版;1919年11月14日第一版。

② 《思想之派别(一次)》,《晨报》1919年11月16日;《思想之派别(一次)(续)》,《晨报》1919年11月17日。

③ 参见《胡适全集》第29卷,合肥:安徽教育出版社,2003年,第11页。

④ 《社会哲学与政治哲学(七次)》,《晨报》1919年11月18日;《社会哲学与政治哲学(七次)(续昨)》,《晨报》1919年11月19日。

⑤ 《社会哲学与政治哲学》(七),袁刚、孙家祥、任丙强编:《民治主义与现代社会——杜威在华讲演集》,北京:北京大学出版社,2004年,第53页。

⑥ 参见《胡适全集》第29卷,合肥:安徽教育出版社,2003年,第12页。

哲学（七次）》、《教育哲学（七次）（续昨）》为题发表在《晨报》1919 年
11 月 20、21 日。① "预备将来应该是教育的结果，不是教育的目的。"
"第一，不要把遗传下来的习惯、古训、旧法来做标准；不论本国外
国、凡是遗留的东西，总未必能适用。第二，应打破读书人和学者的
观念，从前的学问，是为人做装饰品、不为社会的生活，不过少数人
拿了做摆架子张门面的东西罢了。这种观念应该打破。"②

11 月 18 日，星期二，恽代英在日记中写："英文：四班、五班、七
班。作《试验主义的教育》。"③

11 月 21 日，星期五，下午，胡适与江冬秀、胡祖望看望杜威。

晚上 8 时，杜威在北京大学法科大礼堂演讲"思想之派别"第二
次。④ 胡适作翻译。介绍亚里士多德的思想方法。该次演讲记录稿
分别以《思想之派别（二次）》、《思想之派别（二次）（续）》为题发表在
《晨报》1919 年 11 月 23、24 日。⑤

11 月 21 日，《晨报》发表蒋梦麟的文章《北大学生林德扬的自
杀》。"我回北京后，见杜威先生，对他说这个过渡时代，恐怕有几个
青年，因问题解决不了，闹自杀惨剧。第二天林德扬君自杀的新闻
传到了。"⑥

---

① 《教育哲学（七次）》,《晨报》1919 年 11 月 20 日；《教育哲学（七次）（续昨）》,《晨报》
  1919 年 11 月 21 日。
② 《教育哲学（北京）》（七）,袁刚、孙家祥、任丙强编：《民治主义与现代社会——杜威
  在华讲演集》,北京：北京大学出版社,2004 年,第 436—437 页。
③ 恽代英：《民国八年日记》,《恽代英全集》第 3 卷,北京：人民出版社,2014 年,第 338 页。
④ 参见《胡适全集》第 29 卷,合肥：安徽教育出版社,2003 年,第 17 页。
⑤ 《思想之派别（二次）》,《晨报》1919 年 11 月 23 日；《思想之派别（二次）（续）》,《晨
  报》1919 年 11 月 24 日。
⑥ 蒋梦麟：《北大学生林德扬的自杀》,《蒋梦麟教育论著选》,北京：人民教育出版
  社,1995 年,第 155 页。

11 月 22 日,星期六,下午 4 点,杜威在北京大学法科大礼堂演讲"社会哲学与政治哲学"第八次,胡适作翻译。① 该次演讲记录稿分别以《社会哲学与政治哲学(八次)》、《社会哲学与政治哲学(续昨)》为题发表在《晨报》1919 年 11 月 25、26 日。② "这种变迁的结果发生一种新政治哲学——个人主义。其中心观念就是以个人的自由意志去结合,去做自己要做的事,用不着政府或法律的干涉。""我们可以设想,倘把这十七、十八世纪英法的学说应用到中国现在的家庭制度里来,一切帮助和一切干涉都停止,让子弟们自己去打出一个新世界,完全自由结合,自由生活,很可以看出许多的好处!"③

晚上,华北美国大学同学会在代理美使丁家立私邸召开冬季年会,美代使丁家立、杜威等受邀演说。④

11 月 22 日,《晨报》发表《伦理讲演纪略(第五次)》。讲社会的情绪。⑤

11 月 22 日,《平民教育》第 7 号发表《杜威博士的自治演说》。⑥

11 月 23 日,星期日,上午 9 时,杜威在北京的教育部会场演讲"教育哲学"第八次。⑦ 胡适作翻译。该次演讲记录稿分别以《教育哲学(八次)》、《教育哲学(八次)(续昨)》为题发表在《晨报》1919 年

---

① 参见《胡适全集》第 29 卷,合肥:安徽教育出版社,2003 年,第 18 页。
② 《社会哲学与政治哲学(八次)》,《晨报》1919 年 11 月 25 日;《社会哲学与政治哲学(续昨)》,《晨报》1919 年 11 月 26 日。
③ 《社会哲学与政治哲学》(八),袁刚、孙家祥、任丙强编:《民治主义与现代社会——杜威在华讲演集》,北京:北京大学出版社,2004 年,第 55—57 页。
④ 参见《中美新闻社京讯》,《申报》1919 年 11 月 14 日;《京华短简》,《申报》1919 年 11 月 28 日。
⑤ 《伦理讲演纪略(第五次)》,《晨报》1919 年 11 月 22 日。
⑥ 参见《胡适全集》第 43 卷,合肥:安徽教育出版社,2003 年,第 274 页。
⑦ 参见《胡适全集》第 29 卷,合肥:安徽教育出版社,2003 年,第 19 页。

11 月 28、29 日。① "第一,科学进步发展的影响不在科学自身分量的增加,以新的代替旧的,以正确近于事实的代替不正确不近于事实的。……第二,科学发展进步的影响,除改换方法外,还给我们两种重要的观念,使我们的人生观都改变了。(一)自然法(Law of nature)的观念。……(二)能力(Energy)的观念。""我虽不甚懂得中国的文化史,但知道中国古代的学问多偏向于人生哲学一方面,对于生物天然地体等自然科学,不甚注意,所以科学程度较浅,还够不上与政治、宗教、社会、人生发生联贯的关系。所以新思想输入不大遭人的反对。""第三,科学发展进步的影响,发明'力'的观念,知道把天然的能力征服下去,为人生效力。"②

11 月 25 日,杜威致信克莱斯,确认他在北京收到《宇宙》手稿。杜威在信中写:"我在这儿一直很忙,到目前为止,除了随便翻两页还没能做其他事情。我很乐意写一个简短的导言,并希望能很快将它完成。"③

11 月 27 日,天津《益世报》发表《杜威博士来津预志》。"近因南开学校聘请演说,闻定于本星期六日来津。现该校已预备欢迎。并闻青年会亦拟请该博士演讲云。"④

11 月 28 日,星期五,晚上 8 时,杜威演讲"思想之派别"第三次。⑤ 胡适作翻译。介绍理性派的思想方法,介绍笛卡尔的哲学观

① 《教育哲学(八次)》,《晨报》1919 年 11 月 28 日;《教育哲学(八次)(续昨)》,《晨报》1919 年 11 月 29 日。
② 《教育哲学(北京)》(八),袁刚、孙家祥、任丙强编:《民治主义与现代社会——杜威在华讲演集》,北京:北京大学出版社,2004 年,第 440、442 页。
③ 《杜威全集·中期著作》第 13 卷,上海:华东师范大学出版社,2012 年,第 440 页。
④ 《杜威博士来津预志》,天津《益世报》1919 年 11 月 27 日。
⑤ 参见《胡适全集》第 29 卷,合肥:安徽教育出版社,2003 年,第 24 页。

念。该次演讲记录稿分别以《思想之派别(三次)》、《思想之派别(三次)(续)》为题发表在《晨报》1919 年 12 月 1、2 日。①

11 月 29 日,星期六,下午,原定演讲"社会哲学与政治哲学",因学生游行,停讲一次。②

11 月 30 日,星期日,上午 9 时,杜威在北京的教育部会场演讲"教育哲学"第九次。③ 胡适作翻译。该次演讲记录稿分别以《教育哲学(九次)》、《教育哲学(九次)(续昨)》为题发表在《晨报》1919 年12 月 3、4 日。④ "科学进步在道德方面发生两大影响:第一,发生新的希望、新的勇敢。……这种新的希望和新的勇敢从什么地方来呢?就在对于人的智慧,有一种新的信仰。我们现在受了科学的影响,知道人的智慧,可以打破从前的一切愚昧、错误和紊乱。故对于人生起了一种新的态度。""第二,发生新的'诚实'。……科学进步以后使我们有新的诚实,有研究事实的方法和信仰,知道人的智慧,有找出真理,解决天然界事实种种困难的能力,对于事实只是老实说出,这么样就是这么样,然后去找出真理,去想解决纠正的方法,不是弥缝过去就算了。对于一切社会问题家庭问题都是如此。"⑤

11 月 30 日,《晨报》发表《伦理演讲纪略(第六次)》。讲自私心

---

① 《思想之派别(三次)》,《晨报》1919 年 12 月 1 日;《思想之派别(三次)(续)》,《晨报》1919 年 12 月 2 日。

② 参见《胡适全集》第 29 卷,合肥:安徽教育出版社,2003 年,第 25 页。

③ 参见《胡适全集》第 29 卷,合肥:安徽教育出版社,2003 年,第 26 页。

④ 《教育哲学(九次)》,《晨报》1919 年 12 月 3 日;《教育哲学(九次)(续昨)》,《晨报》1919 年 12 月 4 日。

⑤ 《教育哲学(北京)》(九),袁刚、孙家祥、任丙强编:《民治主义与现代社会——杜威在华讲演集》,北京:北京大学出版社,2004 年,第 445、447—448 页。

的性质。①

11月30日,《时事新报·学灯》发表沪江大学屠哲隐的《杜威之平生及著作》。②

11月,《新教育》第2卷第3期发表蒋梦麟的文章《什么是教育的出产品》。"又如杜威先生说,希腊文化很发达,科学的思想也很发达,何以希腊没有物质科学呢? 何以物质科学到十九世纪才发展起来呢? 因为希腊人瞧不起做工的人。瞧不起做工,就不会做试验;不会做试验,就没有物质科学了。"③

**1919 年
12 月**

12月1日,杜威在《亚细亚》1919年第19期发表文章《中国的国民情感》(Chinese National Sentiment)。"试图按西方的观念解读中国人的制度,早在我们刚开始接触时便导致了理解和行动上的失败。""即便与欧洲自然神论最为盛行的年代相比,中国的上帝或者天显得更为疏远,它以一般的仁慈的照

---

① 《伦理演讲纪略(第六次)》,《晨报》1919 年 11 月 30 日。
② 沪江大学屠哲隐:《杜威之平生及著作》,《时事新报·学灯》1919 年 11 月 30 日。
③ 蒋梦麟:《什么是教育的出产品》,《蒋梦麟教育论著选》,北京:人民教育出版社,1995 年,第 154 页。

看为满足。它的地位带有缺席者的性质。代表天的朝廷也甘愿模仿'天'的那种对生活的琐碎事务不闻不问的性质。""爱国主义表示对国家的热爱。就眷恋他们的土地、他们的故土这层意思上看,中国人也许是所有已知民族中最爱国的人了。""中国人富有的是生活的共同体,是一种文明统一体的感觉,是那种自古以来一直延续着的习俗和理想的感觉。他们从未离弃用他们生存的全部材料织成的整幅图样。成为一个中国人,并不是成为某个种族之人,也不是对某个民族国家表示效忠,而是以某种方式与无数的他者分享感情和思想;基于长期建立起来的调适和交往模式,这类分享伴随着无尽的记忆和期望。"①

12 月 1 日,张申府在《晨报》第三页《晨报周年纪念增刊》发表文章《"新学校"》,署名张崧年。该文章说:"'在教育学说方面,在教育实际方面,杜威对于创造的教育,已都与以大活动力。'这种创造的教育在世界的改善上,是会很有影响的。因为这种教育注重各个人独擅的能力和这些能力发展的机会。因为这种教育发展创造的冲动,兴奋创造的努力,培养创造的习惯。因为这种教育于学校的生活会引入一种新精神,因此于一般社会里也引入这种新精神(杜威的哲学程度,他的'工具主义'、'对付政策'的是非或际限,当别论)。"②

12 月 2 日,星期二,下午,胡适在日记中写:"看杜威演[讲]稿。"此为计划,在实行栏目胡适写"办公"。③

---

① 《杜威全集·中期著作》第 11 卷,上海:华东师范大学出版社,2012 年,第 180—190 页。

② 张申府:《"新学校"》,《张申府文集》第 1 卷,石家庄:河北人民出版社,2005 年,第 1—2 页。

③ 《胡适全集》第 29 卷,合肥:安徽教育出版社,2003 年,第 28 页。

12 月 3 日,在燕京大学演讲。①

12 月 3 日,星期三,晚上,杜威请胡适吃饭。②

12 月 5 日,星期五,下午,胡适在日记中写:"看杜威讲演[稿]。"晚上,预算栏中写"讲演",实行栏中写"Descartes(下)"。杜威演讲"思想之派别"第四次,讲到笛卡尔的方法论。③ 该次演讲记录稿分别以《思想之派别(第四次)》、《思想之派别(第四次)(续)》为题发表在《晨报》1919 年 12 月 9、10 日。④

12 月 5 日,《晨报》发表《伦理演讲纪略(第七次)》。讲自爱与爱人。⑤

12 月 6 日,星期六,下午 4 点,胡适在日记中写:"杜威讲演 SP.P.(9)"。杜威在北京大学法科大礼堂演讲"社会哲学与政治哲学"第九次,胡适作翻译。⑥ 该次演讲记录稿分别以《社会哲学与政治哲学(第九次)》、《社会哲学与政治哲学(第九次)(续昨)》为题发表在《晨报》1919 年 12 月 11、12 日。⑦ "今天要讲的就是这一部分,反对个人主义的社会主义的哲学。这是一种抗议的哲学,大概表示攻击现行制度,如现行的经济生活、工厂、资本家以及种种财产私有的制度。""今天所讲社会主义可以因此提出两个重要的问题,在中国此

---

① "Lecture by Dr. John Dewey",《燕京大学季刊》第 1 卷第 1 期,1919 年。
② 《胡适全集》第 29 卷,合肥:安徽教育出版社,2003 年,第 29 页。
③ 参见《胡适全集》第 29 卷,合肥:安徽教育出版社,2003 年,第 31 页。
④ 《思想之派别(第四次)》,《晨报》1919 年 12 月 9 日;《思想之派别(第四次)(续)》,《晨报》1919 年 12 月 10 日。
⑤ 《伦理演讲纪略(第七次)》,《晨报》1919 年 12 月 5 日。
⑥ 参见《胡适全集》第 29 卷,合肥:安徽教育出版社,2003 年,第 32 页。
⑦ 《社会哲学与政治哲学(第九次)》,《晨报》1919 年 12 月 11 日;《社会哲学与政治哲学(第九次)(续昨)》,《晨报》1919 年 12 月 12 日。

刻由简单进步到繁复的时代，应该注意。第一，怎样保存重要的利源。铁路、矿产、森林、航路等等都是与公共利害有密切关系的，怎样使它不落在私人之手、去专务私人的发财而损害公共的利益。第二，怎样利用现有的各业公所制度，保存它的好处。一方发展各业的共同生活，一方又以各业为基础，做个政治组织的单位。也许将来的政治不由个人投票选举，而由各业的公所投票选举。"①

晚上，胡适在日记中写："看杜威所作'文'，'The Pol. Devel.'"②

12月6日，《晨报》发表《杜威博士讲演改时》："近日天气寒冷，晨风甚烈，每星期日上午，杜威博士之'教育哲学'讲演，已改迟半小时，自九时半起。星期六之'社会哲学与政治哲学'讲演时间仍旧，请为注意。"③

12月7日，星期日，上午9时半，胡适在日记中写："教育讲演(10)。"杜威在北京的教育部会场演讲"教育哲学"第十次。④ 胡适作翻译。该次演讲记录稿分别以《教育哲学（十次）》、《教育哲学（十次）（续）》为题发表在《晨报》1919年12月13、14日。⑤"科学的方法便是试验的方法。这方法的大意，简单说，便是用人的动作（Action）将一方的心的作用和别一方的天然界的事实连起来。……我闻中

---

① 《社会哲学与政治哲学》（九），袁刚、孙家祥、任丙强编：《民治主义与现代社会——杜威在华讲演集》，北京：北京大学出版社，2004年，第59、62页。
② 参见《胡适全集》第29卷，合肥：安徽教育出版社，2003年，第32页。
③ 《杜威博士讲演改时》，《晨报》1919年12月6日。
④ 参见《胡适全集》第29卷，合肥：安徽教育出版社，2003年，第33页。
⑤ 《教育哲学（十次）》，《晨报》1919年12月13日；《教育哲学（十次）（续）》，《晨报》1919年12月14日。

国古代有'知之非艰,行之维艰'的话。试验的方法却与之相反。这是只有行然后可以知,没有动作,便没有真的知识。有了动作,然后可以发现新的发明,有条理的事实,以及从前未发挥的知识。故曰,没有行,决不能有真的知。"①

12月12日,晚上8时,杜威在北京大学法科大礼堂演讲"思想之派别"第五次。胡适作翻译。介绍培根和洛克的哲学观念。该次演讲记录稿分别以《思想之派别(第五次)》、《思想之派别(第五次)(续)》为题发表在《晨报》1919年12月16、17日。②

12月13日,星期六,下午4点,杜威在北京大学法科大礼堂演讲"社会哲学与政治哲学"第十次,胡适作翻译。该次演讲记录稿分别以《社会哲学与政治哲学(第十次)》、《社会哲学与政治哲学(第十次)(续昨)》为题发表在《晨报》1919年12月19、20日。③ "大约有两个标准:第一,看用力的时候,其含义是否为公共的利益,还是带有恶意。……第二,看用力的时候是否能引起最高限度的知识思想。""国家所以可以操纵最高权力,因为它代表的是最广的公共利益,小组织所以不可以操作最高权力,不配做评判人,因为它不能代表公共利益。因此,凡国家能代表最普遍的公共利益的是好的;若名曰民治,而只是代表少数人的利益,或皇室,或党派,或有钱的人,是不好的。总之政治的根本问题,是怎样组成一个国家,能代表最普遍

① 《教育哲学(北京)》(十),袁刚、孙家祥、任丙强编:《民治主义与现代社会——杜威在华讲演集》,北京:北京大学出版社,2004年,第450页。
② 《思想之派别(第五次)》,《晨报》1919年12月16日;《思想之派别(第五次)(续)》,《晨报》1919年12月17日。
③ 《社会哲学与政治哲学(第十次)》,《晨报》1919年12月19日;《社会哲学与政治哲学(第十次)(续昨)》,《晨报》1919年12月20日。

的最大多数人的公共利益。"①

　　12月14日,星期日,上午9时半,杜威在北京的教育部会场演讲"教育哲学"第十一次。② 胡适作翻译。该次演讲记录稿分别以《教育哲学(第十一次)》、《教育哲学(第十一次)(续)》为题发表在《晨报》1919年12月21、23日。③ "所以学校教育的目的,不是希望学生都成科学家,是希望科学知识的传播得广、传播得远、应用得广、应用得远。发生一二个发明家还是小事,传播应用得广远,影响最大。这就是科学教育的最后结果,仍然回到人事社会上来。……欧美倘于一百年前有先见之明,不阻挡科学的传播,而用正当的方法使大多数人知道科学的所以然,也许现在不只像现在的欧美,而有更好更幸福的欧美。"④

　　12月17日,上午,在北河沿法科大礼堂,北京大学举行22周年校庆纪念会,杜威演讲"大学与民治国家舆论之关系"。"大意谓民治国家以舆论为最高,政府、议会、官僚仅为第二执行机关。惟全国舆论必须具有专门科学之知识,则舆论始称健全,于国于家方有裨益。大学应负发挥改良舆论之责任,愿与大家勉行之,云云。"⑤胡适作翻译。教员均到,但未及罢课问题。⑥ 该演讲大意以《北大纪念日杜威博士

①《社会哲学与政治哲学》(十),袁刚、孙家祥、任丙强编:《民治主义与现代社会——杜威在华讲演集》,北京:北京大学出版社,2004年,第66、68页。

②　参见《胡适全集》第29卷,合肥:安徽教育出版社,2003年,第36页。

③《教育哲学(第十一次)》,《晨报》1919年12月21日;《教育哲学(第十一次)(续)》,《晨报》1919年12月23日。

④《教育哲学(北京)》(十一),袁刚、孙家祥、任丙强编:《民治主义与现代社会——杜威在华讲演集》,北京:北京大学出版社,2004年,第457、458页。

⑤《北大之廿二周年纪念会》,《申报》1919年12月20日。

⑥　参见《专电栏》,《申报》1919年12月18日。

讲演的纪要》为题发表在《晨报》1919 年 12 月 20 日。高尚德记。①

12 月 18 日,《晨报》发表《伦理讲演纪略(第八次)》。继续讲自爱与爱人。②

12 月 22 日,星期一,下午,胡适在杜威家。③

12 月 23 日,星期二,中午,胡适在杜威家吃饭。晚上,胡适在日记中写:"看杜威演[讲]稿。"④

12 月 24 日,在胡适陪同下,携夫人、女儿从北京动身,乘快车,往山东济南。这是山东省教育会合请蔡元培、胡适、杜威赴山东讲演新思潮。⑤

"杜威博士、蔡子民、胡适之诸君为世界著名演说大家。鲁人士以京校罢课诸君留京都稍为清闲,于日前连电北京约请来济。昨早接北京来电,知诸君已由京登车,当晚东来。于是各学校教职员、各报记者三数十人皆于八时齐赴车站,恭候迎接。届时快车开到,杜威博士偕同胡适之君,并其夫人女公子(蔡子民君因事未能同来,二十八日准到)从容下车,与出迎人士殷勤接洽,复同至济南饭店晚餐,九时以后始赴南关客寓休息。讲演会场定在城内教育会。"⑥

规定演讲会纪律:"(一)讲演前半钟,听讲者一律入座。(二)各校学生须随职教整队入场。(三)开讲后即行闭门,不得出入。(四)各机关人员入场后,须按分配地点就坐,不得凌乱。(五)入场后须

---

① 《北大纪念日杜威博士讲演的纪要》,《晨报》1919 年 12 月 20 日。

② 《伦理讲演纪略(第八次)》,《晨报》1919 年 12 月 18 日。

③ 参见《胡适全集》第 29 卷,合肥:安徽教育出版社,2003 年,第 44 页。

④ 参见《胡适全集》第 29 卷,合肥:安徽教育出版社,2003 年,第 45 页。

⑤ 参见《北京电》,《申报》1919 年 12 月 26 日。

⑥ 《杜威博士到鲁详纪》,《申报》1919 年 12 月 29 日。

脱帽,不得喧哗、吐唾、吸烟。"①

有人反对杜威赴山东演讲。《申报》报道:"鲁省驻京议员延请杜威博士赴东讲演,日内即将起程。闻鲁督张树元昨有漾电到京,请政府阻止,原文略谓:顷据教育厅长呈,称闻驻京议员特请杜威博士等即日来鲁讲演,本省人士极为反对,如果实行,窃恐别生事端,恳为阻止等语,理□合转电陈明,请赐俯准施行,云云,亦可异矣。"②《晨报》1919 年 12 月 25 日发表《杜威博士赴鲁》,报道杜威的山东之行。

12 月 24 日,吴虞在日记中写:"用饭后,至书报流通处,取《解放与改造》第五一册,《教育潮》第四一册,《杜威讲演集》一册,遂归。午饭后,阅《威克烈》稿。"③

12 月 25 日,在山东省议会讲演,题目为"教育原理"。杜威夫人讲演"妇女教育"。

12 月 25、27 日,《晨报》发表《伦理演讲纪略(第九次)》、《伦理演讲纪略(第九次)(续)》。讲德行与罪过。④

12 月 28、30 日,《晨报》发表《伦理演讲纪略(第十次)(续上次)》、《伦理演讲纪略(第十次)(续上次)》。继续讲德行与罪过。⑤

12 月 29 日,在济南作末次演讲,题目是"新人生观"。由胡适翻译。当晚,济南中小学教职员开谈话会招待杜威。山东教育厅长袁

---

① 《杜威博士到鲁详纪》,《申报》1919 年 12 月 29 日。

② 《京华短简》,《申报》1919 年 12 月 27 日。

③ 《吴虞日记》上册,成都:四川人民出版社,1984 年,第 509 页。

④ 《伦理演讲纪略(第九次)》,《晨报》1919 年 12 月 25 日;《伦理演讲纪略(第九次)(续)》,《晨报》1919 年 12 月 27 日。

⑤ 《伦理演讲纪略(第十次)(续上次)》,《晨报》1919 年 12 月 28 日;《伦理演讲纪略(第十次)(续上次)》,《晨报》1919 年 12 月 30 日。

道冲在发言中颇不满意"新人生观"的讲演,其中认为,旧的不可尽废,办教育的应该教学生效法,学生的行为才不致于出轨。否则一味鼓吹让他们新,那还了得吗? 袁道冲这番话遭到胡适的驳斥,胡适认为,"国故"内要分"国粹"、"国渣"。①

杜威在《山东:从内部看》一文中指出:"对于一个了解外国对中国的侵略史,尤其是其利用铁路和金融作为侵略手段的人来说,承诺归还主权的同时却保有经济控制权的讽刺如此一目了然,已经不再是一个讽刺了。在如此状态下,主权对于中国,就像一套银盘上奉送的康德的纯粹理性批判一样,是纯粹形式化的东西。

"访问山东并在其省会济南作了短期居留,使我得出了这样的结论;据我所知,在中国的每一个外国人都会得出同样真实的结论。它提供了一幅经济的、政治的权利以及许多隐蔽的方式不可分割地纠缠在一起的生动画面。它让一个人重新认识到,只有一个在战争期间对任何秘密条约都不了解的总统,才会足够天真地相信,答应归还完整主权而仅保留经济权利是一个令人满意的解决办法。它鲜明地表达了这样的观点:在最坏的情况下,日本最多只是接替了德国的权利;而且,既然我们曾经默许了后者的强占,就没有必要对日本的做法大惊小怪。"②

杜威在《再访山东》一文中指出:"我们在中国的最近三周,是在山东省度过的。自从我们上次走访以来,已经过去一年半的时间了。那次是在寒冬腊月,这次则是在夏日炎炎之时,社会气氛的变

---

① 彦之,《济南两周见闻记》,《晨报》1920 年 1 月 23、24 日。
② 杜威:《山东:从内部看》,《杜威全集·中期著作》第 12 卷,上海:华东师范大学出版社,2012 年,第 23—24 页。首次发表在《新共和》第 22 卷,1920 年 3 月 3 日。

化与气候的变化一样巨大。在先前那段时间里,济南正处于军事管制状态,而黩武之人确实正在用武力针对处于高潮的学生运动。其时,安福系人正在国家首都和省内掌有大权。甚至教育性质的讲座也受到了影响。地方官员通电北京当局阻止我们的到访,因为这肯定会给他们带来麻烦。这个消息并未传到我们的耳朵里,我们在得知这次走访有多么危险之前就已经身在济南了。到处洋溢着的兴奋,立刻揭示出发生了某些事情;正在对抗黩武而亲日的官员们的报业人士和议员,给了我们一个非比寻常的热烈欢迎——所以,那些官员也只好跟着那么做了。每隔 20 英尺一个士兵,沿街一字排开;省议院大厅的院子里布满了士兵,机关枪架设在屋宇之上——所有这些,都是因为害怕当时正在罢学抗议关闭他们总部的学生们会采取武力示威。警察头子在台上占据着通常由一个教育官员所占据的位子。"[1]文章中提到"最近三周"大约指 1921 年 7 月 12 日至 8 月 2 日,这期间,杜威夫妇在济南和青岛访问,随后从青岛赴日本,回美国。"在先前那段时间里"指的是本次对济南的访问(1919 年 12 月)。

12 月,《新教育》1919 年第 2 卷第 4 期发表郭任远的文章《实际主义》。"实际主义,既将个人之位置持高,故重个人之创造力。昌言力行。世界皆可由人力改造。人力所至,环境皆受其变化。是故教人勇,教人动,教人努力冒险,教人对于自然界及未来各种事业,取进取侵伐之态度。人力既可变化自然,则世界社会皆可以人力使之进化,使之日趋于至善,故又倡改进论:教人当致力于

---

① 杜威:《再访山东》,《杜威全集·中期著作》第 13 卷,上海:华东师范大学出版社,2012 年,第 121 页。首次发表在《新共和》第 28 卷,1921 年 9 月 28 日。

未来,勿为过去及现在所束缚;当日求发展,勿为一时之思想所范围。然改造社会之事业,非一人所能独任,且凡百事业,以人为之,其效力远不及众人合力为之,故实际主义又持昌社会互助之精神。"①

1919 年,《大学年鉴》(加利福尼亚)第 21 期发表杜威的文章《哲学和民主》。该文章源自杜威 1918 年 11 月 29 日在加利福尼亚大学哲学协会所作的讲演。"每个人通过与他人交往的途径,使他的生活更加具有特色。……如果民主是认真、重大的选择和好尚,它便要及时地以生产出自己的智慧之子来证明自己,还要通过这个孩子——更好的生活方式来证明自己。"②

1919 年,邓家彦在致胡适的信中写:"杜威博士讲演广告,弟本欲代登义务之广告,但恨弟尚未独立办报,无随便许人之权,不得已乃登入新闻栏,是亦因竹宣兄言《益世报》从来无义务广告也。尊函乃深责于彦,至引研究系云云,以为弟有党见。弟与研究系异党,岂得谓无党见? 若因杜威一广告,遂牵及研究系,彦虽无似,尚不至武断如此。"③此信写于 25 日,未知月份。

① 郭任远:《实际主义》,《新教育》第 2 卷第 4 期,1919 年 12 月。
② 《杜威全集·中期著作》第 11 卷,上海:华东师范大学出版社,2012 年,第 36—46 页。
③ 《邓家彦致胡适》,《胡适来往书信选》上册,北京:中华书局,1979 年,第 79 页。

1920年

1920 年
1 月

1月1日,陈独秀在《新青年》第七卷第三号发表文章《自杀论》。"这思想变动的时代,自然是很可乐观的时代,也是很危险的时代,很可恐怖的时代,杜威博士和蒋梦麟先生所虑的,想必也就是这个意思。"①

1月2日,天津基督教青年会邀请杜威在天津演讲"真伪个人主义"或"真的与假的个人主义",胡适作翻译。张伯苓出席。②"博士略谓予所以演讲此题者,因中日两国多有谬解个人主义,以为晚近物质发达,道德堕落,伦

---

① 陈独秀:《自杀论》,《陈独秀著作选》第2卷,上海:上海人民出版社,1993年,第68页。
② 梁吉生撰著:《张伯苓年谱长编》上卷,北京:人民教育出版社,2008年,第263页。

155

理破坏,归咎于欧风东渐个人主义所致。即在美国,亦有人批评个人主义之失当,以为自私自利,不顾公益,即系个人主义。不知此等个人主义不足使物质发达,假用他人购得之物,危险殊甚,乃似是而非之主义也。试进言,其真者:(一)在智识上用自己观察研究,不以他人之耳闻目见心思,代自己之耳闻目见心思,而人云亦云。有独立智识,故能发明种种科学物理,利赖人群。盖必先有思想革命,而后有物质革命也。此种主义,非但不自私自利,且反对自私自利者,以能牺牲一切而成不世之事功,以美利利天下。(二)在有独立责任心。凭自己之信仰思想,负完全责任。无论受若许艰苦,莫阻其志,此种个人主义乃泰西文明原因。近今三百年来,此种主义乃日渐发明,物质与道德双方,并进而不相悖。人种非有一合群性根,最易随声附和,盲从耳食,故此独立精神,洵有价值之真正个人主义也。诸君其勖之云云。"①

胡适在《非个人主义的新生活》中谈到杜威的此次演讲。"个人主义有两种:一、假的个人主义——就是为我主义(egoism)。他的性质是自私自利:只顾自己的利益,不管群众的利益。二、真的个人主义——就是个性主义(individuality)。他的特性有两种:一是独立思想,不肯把别人的耳朵当耳朵,不肯把别人的眼睛当眼睛,不肯把别人的脑力当自己的脑力;二是个人对于自己思想信仰的结果要负完全责任,不怕权威,不怕监禁杀身,只认得真理,不认得个人的利害。杜威先生极力反对前一种假的个人主义,主张后一种真的个人主义。这是我们都赞成的。"②

① 《杜威博士来津演说》,天津《益世报》1920 年 1 月 5 日。
② 胡适:《非个人主义的新生活》,《胡适全集》第 1 卷,合肥:安徽教育出版社,2003 年,第 707—708 页。

1月4日，《申报》发布消息：北京高等师范学校增设了一班教育研究科，以造就专门教育人才为宗旨，"意在养成国家最高级教育专门学者，以备指挥文化之进行，值此思想解放文化运动之时，自属异常重要。其招考新生所定之资格极严，将来毕业时之程度当在大学本科以上。"请杜威主讲，所授功课是用 *How We Think*（《思维术》）为课本。①

1月5日，杜威从北京寄出《山东：从内部看》（Shantung, as Seen from Within），该文章发表于《新共和》1920年第22卷，1920年3月3日。杜威在文章中写："任何一个国家都不曾像日本对中国那样，错误地估计他国人民的民族心理。中国的被疏远感是十分普遍、深重而强烈的。""一些英国传教会的代表在中国参观旅游。他们走进山东的一个内陆城镇，受到所有居民特别热情的接待。一段时间后，随行的一些朋友回到那个村庄，却受到了惊人的冷遇。经询问发现，居民最初的热情是因为听说那些人是英国政府派来确保赶走日本人的，结果令他们失望了，他们感到非常愤慨。不需要花多大力气，就可以看到这一事件的意义。一方面，说明中国从全国来说是如此无能，那几乎是难以置信的无知；另一方面，说明即使在中国偏远地区的普通老百姓中，一种新的精神也已经被唤起。""战争期间，日本商人在日本政府的纵容下，不顾中国政府的抗议，从山东收集了大量的铜钱运回日本。当一个国家甚至连自己的货币体系都无法控制时，主权还有什么意义呢？"②该文章大意的中译文以

---

① 《北京通信》，《申报》1920年1月4日。

② 《杜威全集·中期著作》第12卷，上海：华东师范大学出版社，2012年，第23—32页。该文章的中译文另参见《杜威博士之山东论》，天津《益世报》1920年4月18日；《杜威博士再论山东》，天津《益世报》1920年4月20日。

《杜威博士之山东论》为题,发表在天津《益世报》1920 年 4 月 18 日,以《杜威博士再论山东》为题,发表在天津《益世报》1920 年 4 月 20 日。

1 月 5 日,爱弗琳·杜威(Evelyn Dewey)在纽约,给《中国和日本书简》(*Letters from China and Japan*, New York: E. P. Dutton & Company, 1920)一书作序。她是该书的编者,在序言中说:"这次旅行是他们盼望已久的事,因为他们热切地期望着看东半球那边的事物。""此时中国正在为争取统一而独立的民主政治而努力,那份狂热的奋斗促使他改变了原定于一九一九年夏天回国的计划。杜威教授向哥大请准了一年假,目前他与杜威夫人仍留在中国。他们两人都不断地发表演讲,参加会议,尽力将西方的民主政治介绍给这个古老的东方帝国,由此他们也享受到许多愉快的经验,正如信中所说,他们将之视为毕生最大的收获。这些都是他们写给在美国家中孩子的信,当初从未想到它们有一天会付于刊行。"①

1 月 10 日,中午,胡适访杜威。②

1 月 13 日,《晨报》发布消息:"杜威博士现已回京,自本星期起,三种讲演仍旧继续开讲。"③三种讲演指"思想之派别"、"社会哲学与政治哲学"、"教育哲学"。

1 月 13 日,杜威致信科斯(John Jacob Coss)。"这是一次绝对超值的体验,与其说学习到了什么新鲜事物,不如说获得了崭新的看待事物的视角与侧面。西方的任何事物在这里都会变得完全不同,

---

① 杜威夫妇:《中国书简》序言,王运如译,台北:地平线出版社,1970 年。
② 参见《胡适全集》第 29 卷,合肥:安徽教育出版社,2003 年,第 50 页。
③ 《杜威博士现已回京》,《晨报》1920 年 1 月 13 日。

如同年轻人的重生,世界未来的希望指日可待。"①"清华学院应当成为一所四年制的院校,然后精心挑选,派送更为成熟优秀的学生到美国完成研究生教育。"②

1 月 14 日,星期三,下午,胡适看望杜威。③

1 月 16 日,星期五,晚上 8 时,杜威演讲"思想之派别"第六次。④胡适作翻译。介绍洛克的方法论。该次演讲记录稿分别以《思想之派别(六次)》《思想之派别(六次续十八日)》为题发表在《晨报》1920 年 1 月 18、22 日。⑤

1 月 17 日,星期六,下午 4 点,杜威在北京大学法科大礼堂演讲"社会哲学与政治哲学"第十一次。⑥ 胡适作翻译。该次演讲记录稿分别以《社会哲学与政治哲学(第十一次)》《社会哲学与政治哲学(第十一次)(续)》为题发表在《晨报》1920 年 1 月 21、23 日。⑦"这次欧战,常有人说,可算是两种不相容的政治学说的战争,一种是自由主义,一种是独裁政治。我们承认独裁政治打败了,以后再有主张它的,不会有最后胜利的了;但是德国系的政治哲学也有一部分真理是永远胜了,不会磨灭的:就是说国家不仅在保护财产、履行契

① 乔治·戴克威曾:《杜威的中国之行》,《杜威传》,单中惠编译,合肥:安徽教育出版社,2009 年,第 362—363 页。
② 乔治·戴克威曾:《杜威的中国之行》,《杜威传》,单中惠编译,合肥:安徽教育出版社,2009 年,第 356 页。
③ 参见《胡适全集》第 29 卷,合肥:安徽教育出版社,2003 年,第 54 页。
④ 参见《胡适全集》第 29 卷,合肥:安徽教育出版社,2003 年,第 56 页。
⑤ 《思想之派别(六次)》,《晨报》1920 年 1 月 18 日;《思想之派别(六次续十八日)》,《晨报》1920 年 1 月 22 日。
⑥ 参见《胡适全集》第 29 卷,合肥:安徽教育出版社,2003 年,第 57 页。
⑦ 《社会哲学与政治哲学(第十一次)》,《晨报》1920 年 1 月 21 日;《社会哲学与政治哲学(第十一次)(续)》,《晨报》1920 年 1 月 23 日。

约,还要做精神上的文化教育的事业,使国人有精神上的发展。"①

　　1月18日,星期日,上午9时半,杜威在北京的教育部会场演讲"教育哲学"第十二次。胡适作翻译。该次演讲记录稿分别以《教育哲学(第十二次)》《教育哲学(第十二次)(续)》为题发表在《晨报》1920年1月27、28日。②"我们自然承认读书、写字、算学的重要,在养成能力、技能、习惯,所以知道用功夫在这三种上,是值得的,不枉费的。须知这三种是工具,不是叫他能读能写能算就完了,还要他知道所以要养成习惯的用处。也不是叫他在一条路上走,也不是叫他当作玩意儿,是要叫他有能力选择好的文学历史等种种东西,知道为什么,哪些好的该读,哪些不好的不该读。这便是把儿童的生活经验与学科联贯起来。"③

　　下午,胡适与姚恨吾同访杜威。④

　　1月20日,星期二,下午,在中国大学演讲"西方思想中之权利观念",胡适作翻译。王统照、谢斌笔记。⑤"权利是个人主义的基础。"该演讲记录稿发表在《晨报》1920年1月24、25日。⑥

　　1月20日,《晨报》发表《伦理演讲纪略(第十一次)》。比较东西

---

①《社会哲学与政治哲学》(十一),袁刚、孙家祥、任丙强编:《民治主义与现代社会——杜威在华讲演集》,北京:北京大学出版社,2004年,第72页。

②《教育哲学(第十二次)》,《晨报》1920年1月27日;《教育哲学(第十二次)(续)》,《晨报》1920年1月28日。

③《教育哲学(北京)》(十二),袁刚、孙家祥、任丙强编:《民治主义与现代社会——杜威在华讲演集》,北京:北京大学出版社,2004年,第460页。

④参见《胡适全集》第29卷,合肥:安徽教育出版社,2003年,第58页。

⑤参见《胡适全集》第29卷,合肥:安徽教育出版社,2003年,第60页。

⑥《西方思想中之权利观念》,袁刚、孙家祥、任丙强编:《民治主义与现代社会——杜威在华讲演集》,北京:北京大学出版社,2004年,第96—100页。

方伦理思想。①

1月23日,星期五,晚上,胡适在日记中写:"杜威讲演⑦。"杜威演讲"思想之派别"第七次。② 胡适作翻译。介绍实验派对于经验的理解。该次演讲记录稿分别以《思想之派别(第七次)》、《思想之派别(第七次)(续)》为题发表在《晨报》1920年1月29、30日。③

1月24日,星期六,下午4点,杜威在北京大学法科大礼堂演讲"社会哲学与政治哲学"第十二次。④ 胡适作翻译。该次演讲记录稿分别以《社会哲学与政治哲学(第十二次)》、《社会哲学与政治哲学(第十二次)(续)》为题发表在《晨报》1920年1月31日、2月1日。⑤"第一,国民是政府威权的来源:政府的威权不是由天上来的,也不是由什么超自然的势力来的,是很平常的人民给它的,所以人民有干涉政府的权力。这是民主政治哲学的基本观念。第二,国家是为社会的,不是社会为国家的。……第三,不是人民对于国家负责任,乃是国家对于人民负责任:就是政府所行所为须在人民面前交代得出;不然人民就可以干涉或撤换。"⑥

1月24日,冯友兰在哥伦比亚大学,读杜威《思维术》。⑦

---

① 《伦理演讲纪略(第十一次)》,《晨报》1920年1月20日。
② 参见《胡适全集》第29卷,合肥:安徽教育出版社,2003年,第63页。
③ 《思想之派别(第七次)》,《晨报》1920年1月29日;《思想之派别(第七次)(续)》,《晨报》1920年1月30日。
④ 参见《胡适全集》第29卷,合肥:安徽教育出版社,2003年,第64页。
⑤ 《社会哲学与政治哲学(第十二次)》,《晨报》1920年1月31日;《社会哲学与政治哲学(第十二次)(续)》,《晨报》1920年2月1日。
⑥ 《社会哲学与政治哲学》(十二),袁刚、孙家祥、任丙强编:《民治主义与现代社会——杜威在华讲演集》,北京:北京大学出版社,2004年,第76页。
⑦ 参见蔡仲德编撰:《冯友兰先生年谱长编》上,北京:中华书局,2014年,第47页。

1 月 25 日，星期日，上午 9 时半，杜威在北京的教育部会场演讲"教育哲学"第十三次。① 胡适作翻译。该次演讲记录稿分别以《教育哲学（第十三次）》、《教育哲学（第十三次）（续）》为题发表在《晨报》1920 年 2 月 5、6 日。② "无论历史地理、其教授的方法都应免掉以前琐碎的弊病。地理的山脉河流里数、历史的朝代英雄名将都应免除。最好使他们与文化史联合起来。与其肤浅的泛讲，不如提出要点，发挥尽致，使各方面的知识都能用到，养成学生有判断的能力。如此地理历史两科才与人生发生关系。"③

1 月 25 日，冯友兰在哥伦比亚大学，继续读杜威《思维术》。④

1 月 29 日，冯友兰在哥伦比亚大学，继续读杜威《思维术》。⑤

1 月 30 日，星期五，晚上 8 时，杜威演讲"思想之派别"第八次。该系列演讲结束。⑥ 胡适作翻译。介绍实验派的方法论。该次演讲记录稿分别以《思想之派别（第八次）》、《思想之派别（第八次）（续）》为题发表在《晨报》1920 年 2 月 3、4 日。⑦

1 月 31 日，星期六，下午，原定杜威演讲"社会哲学与政治哲学"，该日停讲。⑧

---

① 参见《胡适全集》第 29 卷，合肥：安徽教育出版社，2003 年，第 65 页。
② 《教育哲学（第十三次）》，《晨报》1920 年 2 月 5 日；《教育哲学（第十三次）（续）》，《晨报》1920 年 2 月 6 日。
③ 《教育哲学（北京）》（十三），袁刚、孙家祥、任丙强编：《民治主义与现代社会——杜威在华讲演集》，北京：北京大学出版社，2004 年，第 468 页。
④ 参见蔡仲德编撰：《冯友兰先生年谱长编》上，北京：中华书局，2014 年，第 48 页。
⑤ 参见蔡仲德编撰：《冯友兰先生年谱长编》上，北京：中华书局，2014 年，第 48 页。
⑥ 参见《胡适全集》第 29 卷，合肥：安徽教育出版社，2003 年，第 70 页。
⑦ 《思想之派别（第八次）》，《晨报》1920 年 2 月 3 日；《思想之派别（第八次）（续）》，《晨报》1920 年 2 月 4 日。
⑧ 参见《胡适全集》第 29 卷，合肥：安徽教育出版社，2003 年，第 71 页。

1月31日,冯友兰在哥伦比亚大学,继续读杜威《思维术》。①

1月31日,《校风》第137期发表张伯苓的谈话稿《要打算进步必须改组》。"学生自治——现在有很多讲学生自治的文。《新教育》蒋梦麟、杜威、陶知行三先生的说法大概差不许多,都是说要思想,要负责任。但是学生自治,是很难一件事,若个人有各人的意思那就散了。这就是德谟克拉西的毛病,所以解决现在的难题,惟有学生自觉。"②

1月,梁漱溟的《唯识述义》由财政部印刷局印行。其中有一篇"《东西文化及其哲学》导言"。在该导言的附记中说:"这篇文字气味恶劣的很,简直要不得,当时自己不觉。去年暑假后开学那天,恰逢杜威博士有'我们大学应当为新化、故化作媒'的演说,听了欢喜,当日便匆匆抄与蔡先生入《大学月刊》。"③

1月,《少年世界》第1卷第1期发表杨贤江的文章《美国学术界现在的趋势》。"可惜他这个学说(指詹姆士,引文译为哲姆斯的实验主义——引者注)没有大成而身已死,现在负大成的责任就是杜威教授。但杜威教授的实验主义不是抄袭哲姆斯的,这个要请读者不要误会。""在哥伦比亚大学里,也没有伦理学的讲义,而杜威教授所讲演的,却和芝加哥大学塔福支相同,也是讲《社会及政治哲学》。""第二派是实用主义的见地,以为教育问题应该为社会的处置。他们虽不是轻视个人主观的发展,但终主张从环境客观的方面

---

① 参见蔡仲德编撰:《冯友兰先生年谱长编》上,北京:中华书局,2014年,第48页。

② 张伯苓:《要打算进步必须改组》,《张伯苓教育论著选》,北京:人民教育出版社,1997年,第84—85页。

③ 梁漱溟:《唯识述义》,《梁漱溟全集》第1卷,济南:山东人民出版社,1989年,第266页。

来接近教育的问题。杜威……，这辈人就是属于这派的。"①

1月，《教育潮》第1卷第6期发表经亨颐的文章《教育的新禧和时间问题》。"教育的效果不须时间，教育者的觉悟不须时间，到底是什么缘故？就是杜威博士到处所演讲的'试验主义'。但是现在一般教育者对于'试验主义'觉得总有些怀疑，以为被试验的时间，一定是枉费的。"②

1920年
2月

2月1日，星期日，上午9时半，杜威在北京的教育部会场演讲"教育哲学"第十四次。③ 胡适作翻译。该次演讲记录稿以《教育哲学（第十四次）（续）》为题分别发表在《晨报》1920年2月8、10日。④ "现在从民治的国家社会来看，应该如何下手：第一点，是人

① 杨贤江：《美国学术界现在的趋势》，《杨贤江全集》第1卷，郑州：河南教育出版社，1995年，第167—169页。
② 经亨颐：《经亨颐集》，杭州：浙江大学出版社，2011年，第135页。
③ 参见《胡适全集》第29卷，合肥：安徽教育出版社，2003年，第72页。
④ 《教育哲学（第十四次）（续）》，《晨报》1920年2月8、10日。

人都要做工,做一部分的有用事业,为社会贡献;倘不做工而只是分利的,便是惰人。第二点,做工的报酬不但金钱,尤须使他们长进。我们应该替他们设法,使他们的脑筋不会饿死。不可使他只能做这样,不能做那样;而要使他知识思想有趣味,有进步。从此可以知道职业教育应该如何下手,才能顾到这两要点。"①

2月4日,冯友兰在哥伦比亚大学,继续读杜威《思维术》。②

2月5日,星期四,上午,胡适在日记中写:"杜威信,附 MYM500。"③

2月6日,星期五,晚上,胡适在日记中写:"与冬秀至杜威先生家吃饭。"④此为计划,在实行栏目中写"看印度哲学",可能胡适因病未去杜威家吃饭。

2月7日,星期六,下午,原定杜威演讲"社会哲学与政治哲学",今日停讲。⑤

2月14日,星期六,胡适在日记中写:"看杜威稿。杜威演讲(13)。"杜威演讲"社会哲学与政治哲学",第十三次。⑥ 胡适作翻译。该次演讲记录稿分别以《社会哲学与政治哲学(第十三次)》、《社会哲学与政治哲学(第十三次)(续)》为题发表在《晨报》1920 年 2 月

---

① 《教育哲学(北京)》(十四),袁刚、孙家祥、任丙强编:《民治主义与现代社会——杜威在华讲演集》,北京:北京大学出版社,2004 年,第 471 页。

② 参见蔡仲德编撰:《冯友兰先生年谱长编》上,北京:中华书局,2014 年,第 48 页。

③ 《胡适全集》第 29 卷,合肥:安徽教育出版社,2003 年,第 76 页。

④ 《胡适全集》第 29 卷,合肥:安徽教育出版社,2003 年,第 77 页。

⑤ 参见《胡适全集》第 29 卷,合肥:安徽教育出版社,2003 年,第 78 页。

⑥ 《胡适全集》第 29 卷,合肥:安徽教育出版社,2003 年,第 85 页。

16、18 日。① "第一，中国似可以把两步并作一步，同时并做。因为中国很有古代从孟子以来的保民政策的学说可以做根基。中国向来没有个人主义的政治学说，所以很可以把从前父母式的皇帝的保民政策变为民主的保民政策。第二，中国今日很可以利用普及教育使人人的机会平等。……第三，中国此时可以利用专门知识研究专门问题。"②

2 月 14 日，冯友兰在哥伦比亚大学，看《心理学》，在其日记中写："见所讲 learning 发达之程序与杜威 How We Think 中所说思想如出一手，真叹杜威之哲学为科学的哲学，必要盛行，可无疑义。"③

2 月 15 日，星期日，上午 9 时半，杜威在北京的教育部会场演讲"教育哲学"第十五次。④ 胡适作翻译。该次演讲记录稿分别以《教育哲学（第十五次）》、《教育哲学（第十五次）（续）》为题发表在《晨报》1920 年 2 月 26、27 日。⑤ "养成内面的思想和愿望等知识心理上的习惯，照我看来有三种最为重要。（一）虚心或曰公开的心（Open-mindness）。（二）知识的诚实（Intellectual Honesty）。（三）责任心（Responsibility）。""这是当今教育一个最大问题：教育还是注重养成心理的习惯如虚心、知识的诚实、责任心的呢？还是只要读书多，在成绩展览会中可以出风头就够了的呢？倘注重前一说，那末教了

---

① 《社会哲学与政治哲学（第十三次）》，《晨报》1920 年 2 月 16 日；《社会哲学与政治哲学（第十三次）（续）》，《晨报》1920 年 2 月 18 日。
② 《社会哲学与政治哲学》（十三），袁刚、孙家祥、任丙强编：《民治主义与现代社会——杜威在华讲演集》，北京：北京大学出版社，2004 年，第 81—82 页。
③ 蔡仲德编撰：《冯友兰先生年谱长编》上，北京：中华书局，2014 年，第 50 页。
④ 参见《胡适全集》第 29 卷，合肥：安徽教育出版社，2003 年，第 86 页。
⑤ 《教育哲学（第十五次）》，《晨报》1920 年 2 月 26 日；《教育哲学（第十五次）（续）》，《晨报》1920 年 2 月 27 日。

这些科学并不是当做最后目的,而是一种方法,用以养成虚心,诚实和有责任心的人格。这是一个最大问题。"①

2月15日,罗家伦从美国普林斯顿大学致信蔡元培。他在信中写:"美国资本家方面——我们当找芮恩施。向美国资本家捐钱,是要有名的人介绍的;芮氏总算中国之友,他辞去中国顾问(三万金一年)而回国争参议员。此次失败,在家无聊,对于中国是不死心的;我们如找他,他一定肯出死力。(我想我们或者请他做教授,如杜威例,更可以把他捉住,他也是一个很有声望的学者,此事待先生来美后,我们相机行事)"②

2月18日,星期三,晚上8时到10时,胡适在日记中写:"讲演S. P. P.(14)。"杜威演讲"社会哲学与政治哲学",第十四次。③ 胡适作翻译。本次演讲原定在2月21日,星期六下午4时,改期至该日晚上8时。《晨报》1920年2月16日发布杜威演讲改期公告《欲听杜威博士讲演者注意》。④ 该次演讲记录稿分别以《社会哲学与政治哲学(第十四次)》、《社会哲学与政治哲学(第十四次)(续)》为题发表在《晨报》1920年2月28、29日。⑤ "至于国际联盟怎样可以做到,一下也很难希望;但有许多进行的层次很可以乐观的:第一,是仲裁

---

① 《教育哲学(北京)》(十五),袁刚、孙家祥、任丙强编:《民治主义与现代社会——杜威在华讲演集》,北京:北京大学出版社,2004年,第474、477页。

② 罗久芳编著:《五四飞鸿:罗家伦珍藏师友书简集》,天津:百花文艺出版社,2010年,第35页。

③ 参见《胡适全集》第29卷,合肥:安徽教育出版社,2003年,第89页。该次演讲记录稿内容请参见袁刚、孙家祥、任丙强:《民治主义与现代社会——杜威在华讲演集》,北京:北京大学出版社,2004年,第82—86页。

④ 《欲听杜威博士讲演者注意》,《晨报》1920年2月16日。

⑤ 《社会哲学与政治哲学(第十四次)》,《晨报》1920年2月28日;《社会哲学与政治哲学(第十四次)(续)》,《晨报》1920年2月29日。

的发展。……第二,是减少军备。……第三,是外交公开,从前的外交都在暗底下行动,不使人家知道的。……第四,是国民公共干涉外交。这一层最重要。"①

2月22日,星期日,上午9时半,杜威在北京的教育部会场演讲"教育哲学"第十六次。该系列演讲结束。② 胡适作翻译。该次演讲记录稿分别以《教育哲学(第十六次)》、《教育哲学(第十六次)(续)》、《教育哲学(第十六次)(续)》为题发表在《晨报》1920年3月1—3日。③

该次演讲指出:"我到中国是五月初一,正与中国学生运动同时,所以脑子背后时时有一个学生运动的影子。讲演中虽然不是处处说到,但却处处想到。学生运动可以表示一种新觉悟:就是学校教育是社会的,它的贡献不但对于本地,对于小群,还能对于大群对于国家。运动初起来时未必有此观念,但进行之后,不知不觉中却有此倾向。大半年来言论上似乎有点觉悟;从前已经辜负了,此后对于社会国家,想不会再有十分隔离的了。这好像是学生运动的意义。"

"这个运动的起来,稍微有点观察的人都可以看出几点短处:(一)偶然的。因为原于意外之事的发生。(二)感情的。因为实在愤激了,忍不住了,遂起来的。(三)消极的。因为是阻挡禁止一件事体,不让它做去。"

---

① 《社会哲学与政治哲学》(十四),袁刚、孙家祥、任丙强编:《民治主义与现代社会——杜威在华讲演集》,北京:北京大学出版社,2004年,第85—86页。
② 参见《胡适全集》第29卷,合肥:安徽教育出版社,2003年,第93页。
③ 《教育哲学(第十六次)》,《晨报》1920年3月1日;《教育哲学(第十六次)(续)》,《晨报》1920年3月2日;《教育哲学(第十六次)(续)》,《晨报》1920年3月3日。

"这三种短处即无论如何热心的人也应该承认的。但是进行以后,渐渐有意识的觉悟,知道教育有社会的责任和社会的作用。我希望这两个趋向逐渐前进,不枉费于缺陷,从偶然的归到根本的、永久的事业上去;从感情的归到知识的、思想的事业上去;从消极的归到积极的、建设的事业上去。"①

　　2月24日,星期二,中午,胡适在杜威家吃饭。②

　　2月25日,杜威在《新共和》1920年第21卷发表《学潮的结局》(The Sequel of the Student Revolt)。他在文章中写:"一种共同的认知也在发挥着作用,即辛亥革命的相对不成功是由于这样的事实:政治变革超越了知识上和道德上的准备;这种政治革命是形式上的、外部的;在名义上的政府革命兑现之前,需要有理智的革命。""尽管马克思的理论并不比柏拉图的理论更切合中国当前的工业形势,但它还是被翻译过来并受到了广泛的讨论。所有的新'主义'都被论说到了。理想的无政府主义拥有众多的追随者,部分是因为中国人在历史上一向轻视政府,部分是受到在巴黎接触到共产主义思想的留法归国学生的影响。""所谓的政治革命越是显得失败,对知识革命的要求就越积极,后者将使一些未来的政治革命成为现实。随着时间的流逝,学潮中最引人注目的是它的自发性。……它的自发性证明了其真正不可避免的性质。当大多数政治都表现为公开表达的时候,它不属于一种政治运动,而是体现了一种新的意识、一种年轻人和年轻妇女们在文化上的觉醒,这些人通过他们的学业

---

① 《教育哲学(北京)》(十六),袁刚、孙家祥、任丙强编:《民治主义与现代社会——杜威在华讲演集》,北京:北京大学出版社,2004年,第481页。

② 参见《胡适全集》第29卷,合肥:安徽教育出版社,2003年,第95页。

被唤起了对一种新的信念秩序、新的思维方法的需要。无论该运动的外在形式怎么改变或趋于崩溃,其实际内容都是会继续下去的。"①

2月26日,星期四,胡适在日记中写:"校杜威讲演录。""为杜威夫人译述演说(公理会)。"②

2月26日,《申报》发表《杜威讲坛消息》。

"当代思想界巨子、实验派领袖、美国哥仑比亚大学教授、哲学博士杜威约翰氏来游中土,几及一年,小驻京师,亦逾半载,游踪所及,讲坛随之,每一登场,听众盈座,而又得其高足弟子北京大学教授胡适之博士任传译之役,以浅显之谈,达高深之理,两美既具,相得益彰。我国思想界当此委靡枯寂之时,而社会与政治间,又早现出阢陧不安、愁病交迫之象,一般人民心理,本已伏有恐惧与怀疑之根荄,得此乃益如雨后春园,百花怒发,譬如病夫,久失营养,乍服滋补良药,骤觉精神奋兴,一时心力体力,皆异于从前态度,名家言论,裨益人群,关系之巨,良非浅鲜矣。"

"杜威现年已六十有一,而精神矍铄,态度安详,实与中年人无异。入都之始,为八年夏间,时在上海南京各地,讲演数月,初到京,即由学术讲演会延请在美术学校讲演三次,讲题为'现代教育之趋势'。"

"未几复由北京四大机关联合聘请在京讲演一年,聘金总数为国币一万元。所谓四大机关者,即一教育部,二北京大学,三尚志学

---

① 《杜威全集·中期著作》第 12 卷,上海:华东师范大学出版社,2012 年,第 18—22页。

② 《胡适全集》第 29 卷,合肥:安徽教育出版社,2003 年,第 97 页。

会,四新学会也。教育部加入团体,原非本意,观于该部代理部务之次长傅氏,始终未与杜威一面,即具东设宴,亦派代表,其意已可想见。既经双方订约之后,遂议定设讲坛之处所与讲演之题目,一在教育部会场(即手帕胡同内),题为'教育哲学',每星期日上午九时至十一时(近因天寒改迟半小时),一在北京大学第二院(即法科)大讲堂,题为'社会哲学与政治哲学',每星期六下午四时至六时,以上两项题目,皆预定十六次讲完,即每一讲题为三十二小时,现已有十五次矣。讲演方法,皆先就理论方面,详为叙述,后再引到实际方面,即应用理论,以解决种种问题。每次讲演,在西城则北京师范学生居多数,其女子高师学生,亦有二十余人,在东城则北大学生居多数,其次则教育界职教员与政界头脑稍稍新颖之人,亦占有一部分,而所谓尚志、新学两学会会员来听者殊不多,惟白发皤皤之梁伯强氏,则未尝一次不到,且倾听之际极为注神,诚可谓难能而可贵矣。"

"北京大学于团体延聘杜威讲演外,复又由该校单独请讲哲学史八次,题为'思想之派别'。初拟专为哲学系学生而设,不用翻译,直接听讲,继以各系各级要求听讲者众,乃复改为公开,仍由胡适氏口译,现已讲完。据闻该讲题讲演时间虽仅有十六小时,而该校学生得益殊不浅,因从来哲学教师讲解西洋思想学派者,其条理之详晰,因果之分明,见解之超卓,殆无一人能及之也。闻北大行将正式任杜威为哲学教授,现尚在商量中。杜威除前述三种讲演外,每星期复赴清华学校讲演一次,此系清华特请,另有酬金,讲题为'伦理之研究',现亦有十四次矣,闻亦预定十六次讲完。又在中国大学讲演过二次,题为'西方思想中之权利观念',此系由适之代邀,纯属义务性质。"

"以上各种讲演,均当场有人纪录,除由各杂志登载外,在京日报中,仅有晨报揭录,又北大日刊附张内,亦曾录其三种。一俟讲演完毕,当有汇录之单行本印售。杜威博士以六十老翁,每星期除担任讲演八小时外,复屡应学校或团体之约,临时演说,且其讲稿,皆系预先拟定,用打字机印成。自谓来游中华,遇此大好机会,颇足以促起研究之兴味,得以成此数篇论文,良用欣慰。至其各种讲演之稿,据胡适之博士言,确系此老精心结撰之作,与从前在美国内所著之书不同。杜威于在京讲演之际,中间复抽暇赴山西太原一次,赴奉天沈阳一次,赴山东济南一次,就中尤以济南之数次讲演,效能最大。现闻其在京将所预定之议题完后,复拟赴外省旅行一次,归来后再行另议题目,开始登坛云。"[1]

2月27日,星期五,晚上,胡适在日记中写:"为杜威先生译述《山西直隶基督教会》。"[2]

2月27日,冯友兰在日记中写:"早起想起来现代Dewey(杜威)之工具主义及Bergson(柏格森)之philosophy of change(变化哲学)皆证明佛法所谓之诸法无自性。"[3]

2月28日,星期六,下午1时,胡适在日记中写:"看杜威稿。"下午4时,杜威演讲"社会哲学与政治哲学",第十五次。[4] 胡适作翻译。该次演讲记录稿以《社会哲学与政治哲学(第十五次)》为题分

① 《杜威讲坛消息》,《申报》1920年2月26日。
② 《胡适全集》第29卷,合肥:安徽教育出版社,2003年,第98页。
③ 蔡仲德编撰:《冯友兰先生年谱长编》上,北京:中华书局,2014年,第50页。
④ 参见《胡适全集》第29卷,合肥:安徽教育出版社,2003年,第99页。该次演讲记录稿内容请参见袁刚、孙家祥、任丙强编:《民治主义与现代社会——杜威在华讲演集》,北京:北京大学出版社,2004年,第86—91页。

别发表在《晨报》1920 年 3 月 4、5 日。① "现在的时代是一个世界的大转机,各处都是如此。这个便是表示知识思想的变迁。不但政治制度变迁了,就是许多从前最公认的道理、信仰或学说,也都动摇了。而同时却还没有找到新的思想信仰来代替将倒的基础。所以说是全世界知识思想界的大转机。……现在全世界的第一个社会大问题就是怎样以科学的'教权'来代替从前的旧训成法的教权。……我们再讲第二层公开的宣传,便是以互助的公开的方法宣传文化。……再讲第三层是普及教育。"②

2 月 29 日,蒋介石在日记中写:"看杜威讲演集。"③

1920 年

3 月

3 月 1 日,星期一,胡适在日记中写:"Dewey Dinner。""Hunt 夫妇,Dewey 一家,

① 《社会哲学与政治哲学(第十五次)》,《晨报》1920 年 3 月 4、5 日。
② 《社会哲学与政治哲学》(十五),袁刚、孙家祥、任丙强编:《民治主义与现代社会——杜威在华讲演集》,北京:北京大学出版社,2004 年,第 88—90 页。
③ 《蒋介石日记》(手稿本),美国斯坦福大学胡佛研究所档案馆藏。

173

Porter & C。谈甚久。"①

3 月 2 日,《晨报》发表《杜威教授功课》。"北京高等师范学校今年新设了个教育研究科,以造就专门教育人才为宗旨,特请杜威博士主讲哲学。博士已经上课月余,所授功课系用 How we think。"②

3 月 5 日起至当月结束,每星期二、五,晚上 8 时,在北京大学法科礼堂开始作"现代的三个哲学家"(亦译为"近代三个哲学家")的讲演。这是应特别请求而作的,为的是在罗素 1920 年到达中国讲学以前介绍罗素哲学。该系列讲演中,他分别介绍詹姆士、柏格森、罗素三位哲学家的思想、观点和特点。由胡适翻译。

3 月 5 日,星期五,下午,胡适在日记中写:"看杜威演讲稿。"晚上,"杜威演讲:James(1)"。③ "现代的三个哲学家"系列演讲的第一次。

该次演讲记录稿分别以《现代的三个哲学家(一)詹姆士》、《现代的三个哲学家(一)詹姆士(续)》为题发表在《晨报》1920 年 3 月 8,9 日。④

3 月 6 日,星期六,下午 2 时,胡适与伯强访问杜威。

下午 4 时,杜威演讲"社会哲学与政治哲学",第十六次。胡适作翻译。该系列演讲顺利结束。⑤ 该次演讲记录稿分别以《社会哲学与政治哲学(第十六次)》、《社会哲学与政治哲学(第十六次)(续)》为题发表在《晨报》1920 年 3 月 28,29 日。⑥ "人类文明的进步全赖知识思想的自由交通。所以要求知识思想自由,并不为个人争夺权

---

① 《胡适全集》第 29 卷,合肥:安徽教育出版社,2003 年,第 101 页。
② 《杜威教授功课》,《晨报》1920 年 3 月 2 日。
③ 《胡适全集》第 29 卷,合肥:安徽教育出版社,2003 年,第 105 页。
④ 《现代的三个哲学家(一)詹姆士》,《晨报》1920 年 3 月 8 日;《现代的三个哲学家(一)詹姆士(续)》,《晨报》1920 年 3 月 9 日。
⑤ 参见《胡适全集》第 29 卷,合肥:安徽教育出版社,2003 年,第 106 页。
⑥ 《社会哲学与政治哲学(第十六次)》,《晨报》1920 年 3 月 28 日;《社会哲学与政治哲学(第十六次)(续)》,《晨报》1920 年 3 月 29 日。

利,实在为人类文明进步着想。""现在把这个讲演总结起来,还回到民治和教育的关系。民治的根本观念便是对于教育有很大的信仰。这个信仰便是认定大多数普通人都是可以教的,不知者可使他们知,不能者可使他们能,这是民治的根本观念。民治便是教育,便是继续不断的教育;出了学校,在民治的社会中服务,处处都得着训练,与学校里一样。个人的见解逐渐推到全社会、全世界:结果教育收功之日,即全世界共同利害的见解成立之日,岂但一国一社会的幸福而已!"①

3月8日,星期一,胡适在日记中写:"'东方'晚餐,请杜威。"②

3月9日,星期二,上午,胡适与范静生同访杜威,谈家庭与宗教两个问题。

晚上,杜威演讲"现代的三个哲学家",第二次,讲詹姆士。③ 该次演讲记录稿分别以《现代的三个哲学家(一)詹姆士(第二次)》、《现代的三个哲学家(一)詹姆士(第二次)(续)》、《现代的三个哲学家(一)詹姆士(第二次)(续)》为题发表在《晨报》1920年3月12—14日。④

3月10日,《晨报》发表《伦理讲演纪略(十二次)》。讲欲望的性质及其与快乐的关系。⑤

① 《社会哲学与政治哲学》(十六),袁刚、孙家祥、任丙强编:《民治主义与现代社会——杜威在华讲演集》,北京:北京大学出版社,2004年,第92、95页。
② 《胡适全集》第29卷,合肥:安徽教育出版社,2003年,第108页。
③ 参见《胡适全集》第29卷,合肥:安徽教育出版社,2003年,第109页。
④ 《现代的三个哲学家(一)詹姆士(第二次)》,《晨报》1920年3月12日;《现代的三个哲学家(一)詹姆士(第二次)(续)》,《晨报》1920年3月13日;《现代的三个哲学家(一)詹姆士(第二次)(续)》,《晨报》1920年3月14日。
⑤ 《伦理讲演纪略(十二次)》,《晨报》1920年3月10日。袁刚、孙家祥、任丙强编:《民治主义与现代社会——杜威在华讲演集》,北京:北京大学出版社,2004年,第182—185页。

3月12日,星期五,《申报》发布消息:"杜威博士,现在尚无出京消息,仍在该校讲授哲学,每星期二次(星期二星期五),其新换定之题目为'近代三个哲学家',即(一)詹姆士(James),(二)柏格森(Bergson),(三)罗素(Russell),仍系公开,不用听证。"①

晚上,杜威演讲"现代的三个哲学家",讲柏格森第一次。② 该次演讲记录稿分别以《现代的三个哲学家(二)柏格森》、《现代的三个哲学家(二)柏格森(续)》、《现代的三个哲学家(二)柏格森(续)》为题发表在《晨报》1920年3月15、16、17日。③

3月12日,吴虞收到在北京的四女儿吴桓的来信。吴虞在日记中抄录了该信的部分内容,其中提到,胡适叫吴桓去见杜威的夫人和女儿,但是吴桓忙于办理赴美手续,没有前去拜见。"适之昨日与桓写信,叫桓去会杜威的夫人和女儿,只是后天初五便要起身到日本,不暇去会。"④

3月14日,下午4时,杜威夫人邀请北京大学女生等在王府井大街35号楼上茶话。北大女生入学者已有9人之多。⑤

3月16日,星期二,晚上,杜威演讲"现代的三个哲学家",讲柏格森第二次。⑥ 该次演讲记录稿分别以《现代的三个哲学家(二)柏格森(第二次)》、《现代的三个哲学家(二)柏格森(第二次)(续)》为

① 《北京通信·北大近况谈》,《申报》1920年3月12日。
② 参见《胡适全集》第29卷,合肥:安徽教育出版社,2003年,第112页。
③ 《现代的三个哲学家(二)柏格森》,《晨报》1920年3月15日;《现代的三个哲学家(二)柏格森(续)》,《晨报》1920年3月16日;《现代的三个哲学家(二)柏格森(续)》,《晨报》1920年3月17日。
④ 《吴虞日记》上册,成都:四川人民出版社,1984年,第529页。
⑤ 参见《杜威夫人宴女生》,《晨报》1920年3月12日。
⑥ 参见《胡适全集》第29卷,合肥:安徽教育出版社,2003年,第116页。

题发表在《晨报》1920 年 3 月 18、19 日。①

3 月 17 日，晚间，毛泽东到黎锦熙处。"讨论湘事善后问题和近代哲学派别问题。"这里的哲学派别指柏格森、罗素和杜威的哲学。②

3 月 19 日，星期五，晚上 6—7 时，杜威邀请胡适吃饭。

晚上 8 时，杜威演讲"现代的三个哲学家"，讲罗素。③ 该次演讲记录稿分别以《现代的三个哲学家（三）罗素（第一次）》、《现代的三个哲学家（三）罗素（第一次）（续）》、《现代的三个哲学家（三）罗素（第一次）（续）》为题发表在《晨报》1920 年 3 月 22—24 日。④

3 月 20 日，《晨报》发表《伦理演讲纪略（第十三次）》。讲欲望和物诱。⑤

3 月 22 日，星期一，《申报》发表《杜威博士南来之先声》。内容如下："美国哥伦比亚大学哲学教授杜威博士，为美国有名之教育哲学大家，一千九百十八年秋，应日本帝国大学之聘，前往演讲哲学。去年三四月间，南京高等师范学校校长郭秉文博士，赴欧美各国考察战后教育，道经日本，以为欲改造吾国社会，须先改革吾国教育者，及一般学生之思想，特往访杜博士，请其来华演讲，博士感郭君

① 《现代的三个哲学家（二）柏格森（第二次）》，《晨报》1920 年 3 月 18 日；《现代的三个哲学家（二）柏格森（第二次）（续）》，《晨报》1920 年 3 月 19 日。

② 中共中央文献研究室编：《毛泽东年谱》（1893—1949）修订本上卷，北京：中央文献出版社，2013 年，第 54 页。

③ 《胡适全集》第 29 卷，合肥：安徽教育出版社，2003 年，第 119 页。

④ 《现代的三个哲学家（三）罗素（第一次）》，《晨报》1920 年 3 月 22 日；《现代的三个哲学家（三）罗素（第一次）（续）》，《晨报》1920 年 3 月 23 日；《现代的三个哲学家（三）罗素（第一次）（续）》，《晨报》1920 年 3 月 24 日。

⑤ 《伦理演讲纪略（第十三次）》，《晨报》1920 年 3 月 20 日。

之诚,欣然允诺,特于去年夏间,偕其夫人来游。既抵吾国,先在上海、杭州各处演讲,备受欢迎。继由沪莅宁,由南京高等师范学校招待,邀集行政界人员及各校学生等,历次开会演讲,听者都为感动。嗣游京师,在北京大学演讲,半年以来,曾历志各报。现闻杜博士在北大演讲将次结束,拟复至南高,为长时期而有系统之演讲。上海、苏州、常州等处,闻杜博士重临白下,均拟延请前往演讲,一聆伟论,并得瞻仰丰彩,将来苏、宁各处,及与江苏毗连各省,受杜博士演讲之影响,思想界当大为革新,教育前途亦当大有进步也。"①

3月22日,张申府写《罗素的人生观》。该文作为译者的话,被置于罗素的《梦与事实》的中译文之前。"前晚杜威讲百船罗素(Bertrand Russell)的哲学,引到他说人在宇宙间的微细的几句话,听者好像是很感趣味似的。但杜威因此说罗素失望悲观,其实罗素是要'伦理中立'(Ethical Neutrality 就是从事我们的研究,不参对于我们或人种的命运的希与惧。罗素论这个在哲学里的重要和希罕),澄心观理,切实求个真是,物物见出本来面目,还他本来地位。伦理的字样,价值的判断,是加不上的。说什么悲观、乐观、失望、得望,罗素一般哲学更是如此的。杜威那晚又曾说罗素哲学是贵族的,这也至少会使人误会。"②

3月23日,星期二,晚上,杜威演讲"现代的三个哲学家",讲罗

---

① 《杜威博士南来之先声》,《申报》1920年3月22日。

② 张申府:《罗素的人生观》,张宝明、王中江主编:《回眸〈新青年〉·哲学思潮卷》,郑州:河南文艺出版社,1998年,第143页。在《回眸〈新青年〉·哲学思潮卷》中,该文的末尾注明:"2月22日"。该文提到,前晚杜威演讲罗素,该演讲的时间是1920年3月19日,因此推测该文估计写于3月22日。

素第二次。① "现代的三个哲学家"系列演讲至此结束。该次演讲记录稿以《现代的三个哲学家（三）罗素（第二次）（续）》为题分别发表在《晨报》1920年3月25—27日。②

3月24日，杜威在《新共和》1920年第22卷发表《我们国家的困境》(Our National Dilemma)。杜威在文章中写："我们的对内政策，我们的国内政治问题，要与外国问题纠结在一起，要受到外国争端的干扰。""困境在于，当我们结束闭关自守之后，国际事务却依然是根据这样的基础和方法来建构的；在这种建构中，人们还没有看到作为政治事实的民主。因此，我们甚至只能在冒着损害我们已经达到的、尚不完善的国内民主的风险的情形下来制定我们的外交政策。""我们并不比其他国家更神圣，但通过所谓的共同承担国际责任，无论是通过国际联盟还是通过一些特殊的联盟，我们能保证让他们或我们自己变得更好而不是更坏，我们才有义务更多地参与他们，或者随时与他们站在一起。"③

3月24日，杜威在北京致信芝加哥大学出版社，指出，他想在出版《实验逻辑论文集》新版本的时候，对引言部分作五处修改。④

3月25日，《申报》发布消息："杜威博士在北大所担任之讲题，不日讲完，拟四月中旬，即漫游南省，顷闻苏省学界，已有函到京，约博士赴宁，讲演一月，将召集全省各县办学人员，到场听讲，以期普

---

① 《胡适全集》第29卷，合肥：安徽教育出版社，2003年，第123页。

② 《现代的三个哲学家（三）罗素（第二次）（续）》，《晨报》1920年3月25—27日。

③ 《杜威全集·中期著作》第12卷，上海：华东师范大学出版社，2012年，第3—6页。

④ 参见《杜威全集·中期著作》第10卷，上海：华东师范大学出版社，2012年，第378页。杜威写信时间根据英文本校正。

及学说,用以改革一般人士之思想。"①

3月27日,《晨报》发表《杜威博士允再留华一年》。"杜威博士在京演讲暂告终结,行将前往南京、杭州等处演讲三月。并闻博士已允,于讲毕回京以后,再在北大担任教授一年云。"②

3月28日,星期日,胡适在日记中写:"杜威餐。"③

3月30日,星期二,胡适访问杜威和陶行知。胡适在日记中写:"访杜威、知行,东兴楼。"④

3月30、31日,《晨报》发表《伦理演讲纪略(第十四次)》。讲欲望和风俗制度的关系。⑤

3月30、31日、4月1日,《时报》发表陈独秀的文章《教育缺点——在江苏省教育会上的演讲》。"现在教育的流弊,不出这两种主义——主观主义、形式主义。这两种主义不破,中国的教育决不会有进步的希望。自从杜威氏来吾国,到处演讲教育,他竭力攻击的就是这以上所说的两种主义。他说不但中国犯这种弊病,就是美国也未尝没有。日本更比中国不如,所以杜威到中国来最精要的讲演,却不在伦理学,也不在社会学,是在教育学。可惜我国人对于他所讲最精要的教育,不十分注意。"⑥

① 《北京通信·都门学界之新消息》,《申报》1920年3月25日。
② 《杜威博士允再留华一年》,《晨报》1920年3月27日。
③ 《胡适全集》第29卷,合肥:安徽教育出版社,2003年,第128页。
④ 《胡适全集》第29卷,合肥:安徽教育出版社,2003年,第130页。
⑤ 《伦理演讲纪略(第十四次)》,《晨报》1920年3月30、31日。
⑥ 陈独秀:《教育缺点——在江苏省教育会上的演讲》,《陈独秀著作选》第2卷,上海:上海人民出版社,1993年,第122页。

1920 年
4 月

4 月 1 日,杜威在《亚细亚》1920 年第 20 卷发表《中国政治中的新催化剂》(New Leaven in Chinese Politics)。杜威在文章中写:"在中国,公众的道德感会因为一个完全按照法律进行的处理而受到震撼。在西方法律中构成重罪的事情,在中国却常常只是一个德性问题。这个事件还证明,团结一致和责任的原则在中国人的意识中占据了多么大的分量。学生们所隶属的学校承担着他们未来行为的责任,并对他们行为的正当性作出担保。""中国的近代史,在很大程度上就是一部外国干涉的历史。它自然地使得本来就分裂、混乱而虚弱的中央政府变得更加糟糕。不管是否公正,中国人相信,日本军国主义蓄意煽动了使中国分裂的每一场运动。我在写这些时,正流传着在日本支持下企图恢复君主政体的传闻。""在政治上,青年中国的目标在于建立法治政府体制。它在思考如何消除个人式管理中的独裁、腐败和无能。但是,它认识到,政治发展主要是间接的;它的到来是科学、工业和商业发展的结果,以及由此而产生的新型人类关系和责任的结果;它还认识到,政治发展来源于教育、对人民的启蒙,来源于一个现代国家的行政管理所必需的、在知识和技术上的专门训练。""在这个国家的学校里,在这次学生运动中,现在培育出了政治上的自我意识。这将是开创一个崭新的未来政治的力量。"①

4月1日,星期四,晚上,胡适在日记中写:"杜威邀陪客。"②

4月1日,《晨报》发表《伦理演讲纪略(末次)》。讲民主制度的真义。③

4月1日,《新青年》第七卷第五号发表陈独秀的文章《新文化运动是什么?》。"杜威博士在北京现在演讲底《现代的三个哲学家》:一个是美国詹姆士,一个是法国柏格森,一个是英国罗素,都是代表现代思想的哲学家,前两个是把哲学建设在心理学上面,后一个是把哲学建设在数学上面,没有一个不采用科学方法的。"④

4月2日,星期五,上午,胡适在日记中写:"杜威行。"⑤由新教育共进社公请,出京南下。

4月3日,《申报》发表《北大近事纪》:"杜威博士原拟来华小住一年,即行返美,现经该校与之切商,已允再留一年,专任教育系所设之重要讲座。"⑥

4月4日,星期日,抵南京。在南京高等师范学校专设讲席一个半月,担任教育哲学、论理哲学史等科目,讲演题目为"教育哲学"、

① 《杜威全集·中期著作》第12卷,上海:华东师范大学出版社,2012年,第33—40页。
② 《胡适全集》第29卷,合肥:安徽教育出版社,2003年,第132页。
③ 《伦理演讲纪略(末次)》,《晨报》1920年4月1日。
④ 陈独秀:《新文化运动是什么?》,《陈独秀著作选》第2卷,上海:上海人民出版社,1993年,第124页。
⑤ 《胡适全集》第29卷,合肥:安徽教育出版社,2003年,第133页。
⑥ 《北京通信·北大近事纪》,《申报》1920年4月3日。

"试验论理学"和"哲学史"。由该校学监主任刘伯明担任翻译。每周共八小时。7日,开始讲演。①

4月6日,星期二,胡适在日记的预算栏中写:"杜威饭。"②此为计划,在实行栏目中未作记号。因为杜威在南京访问。

4月8日,《申报》发表《杜威博士到宁》。"美国大教育家杜威博士,上年来华,在北京讲演学术,海内翕然。兹于四月二日,出都南下,四日抵宁,先在南京高[等]师范学校担任教育哲学、论理、哲学史等科目,每周共八小时。本星期三'七日'即开始讲演。此外□在各处随时讲演,一切手续,均由新教育共进社办理。闻六星期后,尚须赴沪杭皖赣鄂豫等处讲演云。"③

4月11日,星期日,下午2时,在南京高等师范学校,南京学术讲演会邀请杜威演讲"人生观",全城教职员和学生均被请莅会听讲。④

4月12日,《晨报》发表《杜威博士将赴皖》。"安徽教育厅长董嘉会前曾电请杜威博士赴皖演讲。博士本拟即日南下,嗣为他事所阻。电复安庆与芜湖两处,需在五月中旬来游。近董厅长又函请南京高师陶知行君,届时随同博士赴皖云。"⑤

4月15日,《申报》发表《美国教育之实验主义》。"中美新闻社纽约通信云,美国专为小儿而设之实验学堂,今已风起云涌,纷纷成立。其根本上之宗旨,在供给儿童生长时有关本性之需要物,置之

---

① 参见《地方通信·南京》,《申报》1920年4月8日。
② 《胡适全集》第29卷,合肥:安徽教育出版社,2003年,第137页。
③ 《杜威博士到宁》,《地方通信·南京》,《申报》1920年4月8日。
④ 参见《南京快信》,《申报》1920年4月9日。一说此演讲为4月12日,参见《南京快信》,《申报》1920年4月13日。
⑤ 《杜威博士将赴皖》,《晨报》1920年4月12日。

于肘腋之间，听其取用。其发起此等学堂之教育家，声言世间之担任教育者，殆无一人能教育儿童之生长，亦不能加以训练，盖此等知识，颇有限也。至讲求实验之学堂，教师似立于后方，指导儿童，令知学问之源流，并使儿童作为上得活动之能力。至何种作为，则当由儿童自决矣。凡其所为，总以称其个人富有兴趣者为上，其先使彼独为，继以二三人加入，终则以全班共为此事。一班中人数，自不宜过多，多则易乱也。渐次引其注意，脱去于自己一人之身，倾向一群一社会，并使彼为一种社会上之人物，知负担其应尽之责任，于是设法以学堂中之环境凑合之，俾成习惯。儿童既知负责，不特宜于入社会，即为其他百事，亦无不合宜。如供给食宿之学堂，一般男女学童，均能与仆役等通力合作，不分界限，无论何事，皆知合群。如欲善为之，则不可不预有真正之民治主义也。……"①

4月22日，《申报》发表《公请杜威博士南来讲演办法》。"杜威博士自去年五月来华后，在北京大学为长期的讲演，并在北方各省次第举行。兹由新教育共进社公请南来，继续讲演，定办法如左：一、'期间'：九年四月一日至六月三十日。二、'行程'：四月起在南京高等师范学校专设讲席一个月又半，并在宁垣举行一般讲演，五月后各地讲演。三、'讲题'：教育哲学、伦理学、思想之派别、政治哲学、试验主义、学校与社会、学生自治、职业教育、教育行政、近今世界教育思潮、女子教育与男女同学问题、中国学潮之评论，以上得由各该机关择定相当问题，商请博士讲演。四、'译述'：特请南京高师校长郭秉文博士、教务主任陶知行博士、学监主任刘伯明博士，轮流

① 《美国教育之实验主义》，《申报》1920年4月15日。

担任。五、'经费'：讲员译员公费旅费共七千元。"①

4月22日，星期四，下午3时，在中国科学社讲演"科学与德谟克拉西"。讲演不用翻译，因到会者五十余人，大都皆能直接听讲英文。主席胡刚复博士致辞。"科学之应用于工商业者，实为促成德谟克拉西之利器。"该次演讲记录稿在《申报》1920年4月27、28日刊出。②

4月22日，星期四，胡适在日记中写："访Dewey，为Pashing Chamg事。"③

4月22日，杜威致信科斯。"试图总结过去，并摆脱它而面向一个新的开始。"④"我决定留在这里再教一年。……争取解决今年开始了的所有问题……学生们又在罢工，以抗议政府的对日行为，但是他们也期待着我的演讲。我的演说……每周总共8小时，但是需要即时翻译，所以更像是一堂选择、浓缩和论证的课。"⑤"胡适和其他一些人士非常想把中国的大学建设得更加现代化，而要做到这点则意味着不仅需要培养师资，同样还需要有成型的教材。胡适特别想让我开设一门关于西方哲学史的课程，作为今后这门课程的标准。"⑥

4月22日，《晨报》发表演讲记录稿《教育哲学·杜威在南京之

---

① 《公请杜威博士南来讲演办法》，《申报》1920年4月22日。

② 《杜威在中国科学社之演讲》(科学与德谟克拉西)，《申报》1920年4月27日；《杜威在中国科学社之演讲》(续)，《申报》1920年4月28日。

③ 《胡适全集》第29卷，合肥：安徽教育出版社，2003年，第145页。

④ 《杜威全集·中期著作》第12卷，上海：华东师范大学出版社，2012年，第217页。

⑤ 《杜威全集·中期著作》第12卷，上海：华东师范大学出版社，2012年，第219—220页。

⑥ 乔治·戴克威曾：《杜威的中国之行》，《杜威传》，单中惠编译，合肥：安徽教育出版社，2009年，第356页。

讲演》。此为杜威在南京高等师范学校所作的"教育哲学"第一次演讲记录稿,仲帆记。讲教育为什么是必要的,教育为什么是可能的。① 该次演讲记录稿的另一版本发表在《申报》1920 年 4 月 10、11日,刘经庶口译,李勉韶笔述。②

4 月 22 日,恽代英在《致少年中国学会同人》中提到,希望编译少年中国学会丛书,并提出几本书的题目,如《罗素及其学说》、《杜威及其学说》、《哲姆士及其学说》、《实验主义》等。③

4 月 23 日,南京高等师范学校、少年社会杂志社假座鸡鸣寺,开会欢迎杜威,席间由社内同人及刘伯明、陶行知、郑晓沧、陈鹤琴等出席。杜威作答辞。"略谓鄙人辱蒙诸君子之雅爱,私衷感甚。诸君英语流利,使我钦佩,贵社定名为少年社会,盖谓少年的社会与社会的少年 youthful society and social youth,此两句意义,实属绝妙之联络。诸君子立志改良社会,鄙人深羡诸君子之胆力;诸君为鄙人弟子之弟子,鄙人颇有荣光焉。"④大家提出中国社会上最重要最难解决的五大问题,——经杜威圆满解答。⑤

4 月 23 日,马鸣銮在致胡适的信中写:"前寄去的杜威博士讲演

---

① 《教育哲学·杜威在南京之讲演》,《晨报》1920 年 4 月 22 日。此处记录人写"仲帆",此后的演讲记录稿还有"仲凡"的写法。

② 《杜威在宁之演讲》(第一次),《申报》1920 年 4 月 10 日;《杜威在宁之演讲》(续),《申报》1920 年 4 月 11 日。另一版本记录稿参见袁刚、孙家祥、任丙强编:《民治主义与现代社会——杜威在华讲演集》,北京:北京大学出版社,2004 年,第 483—486 页。

③ 参见恽代英:《致少年中国学会同人》,《恽代英全集》第 4 卷,北京:人民出版社,2014 年,第 38—39 页。

④ 《本社社员欢迎杜威博士记事》,《少年社会》1920 年第 2 卷第 4 期,第 23 页。

⑤ 吴定良笔记:《本社社员与杜威博士的谈话》,《少年社会》1920 年第 2 卷第 6 期,第 14—16 页。

录稿,和书几册,信一封,不知收到了没有？那个稿子是不用的了,先生如要改正,可就在上边涂写。"①

4月23日,《晨报》发表演讲记录稿《教育哲学(二)·杜威在南京之讲演》。此为杜威在南京高等师范学校所作的"教育哲学"第二次演讲记录稿的第一部分,仲凡记。讲什么是教育经程中所应用的利器。②

4月24日,《晨报》发表演讲记录稿《教育哲学(三)续·杜威在南京之讲演》。此为杜威在南京高等师范学校所作的"教育哲学"第二次演讲记录稿的第二部分,仲凡记。继续讲什么是教育经程中所应用的利器。③ "教育哲学"第二次演讲记录稿发表在《申报》1920年4月13、14日。④

4月24日,《北京大学日刊》刊登消息:"杜威博士前已允在本校继续讲演一年,惟须得哥仑比亚大学之同意。前日杜威夫人得哥仑比亚大学校长白特劳博士复电,允杜威续假一年。本校同人闻此消息,想同深庆幸也。"⑤

4月25日,《晨报》发表演讲记录稿《教育哲学(四)·杜威在南

① 《马鸣銮致胡适》,《胡适来往书信选》上册,北京:中华书局,1979年,第89页。
② 《教育哲学(二)·杜威在南京之讲演》,《晨报》1920年4月23日。另一版本记录稿参见袁刚、孙家祥、任丙强编:《民治主义与现代社会——杜威在华讲演集》,北京:北京大学出版社,2004年,第486—487页。
③ 《教育哲学(三)续·杜威在南京之讲演》,《晨报》1920年4月24日。另一版本记录稿参见袁刚、孙家祥、任丙强编:《民治主义与现代社会——杜威在华讲演集》,北京:北京大学出版社,2004年,第487—488页。
④ 《杜威在南京高师之演讲》(第二次),《申报》1920年4月13日;《杜威在南京高师之演讲》(续),《申报》1920年4月14日。
⑤ 参见《杜威博士继续在本校讲演一年已得哥仑比亚大学同意》,《北京大学日刊》1920年4月24日第二版。

187

京之讲演》。此为杜威在南京高等师范学校所作的"教育哲学"第三次演讲记录稿的第一部分,仲凡记。讲什么是教育的效果。①

4月26日,《晨报》发表演讲记录稿《教育哲学(五)·杜威在南京之讲演》。此为杜威在南京高等师范学校所作的"教育哲学"第三次演讲记录稿的第二部分,仲凡记。继续讲什么是教育的效果。②"教育哲学"第三次演讲记录稿发表在《申报》1920年4月16、18日。③

4月27日,星期二,胡适在日记中写:"杜威午饭。"④

4月27日,《申报》发表《教育厅长请杜威博士讲演》:"本埠教育机关接江苏教育厅函云:敬启者,美国哲学家杜威博士,于客岁来华,讲演学术,到处欢迎。现由南京高等师范学校请其讲演,业已莅宁。本厅拟利用时机,于省立学校联合运动会终了时,开讲演会,商假高等师范学校于五月七八两日,请杜威博士讲演。届期至商会听讲,并盼转知贵县教育行政人员,一体知照是荷□,顺颂台绥。附杜威博士拟定讲题如左:教育进化之标准,近代教育之趋势,普通教育,教育家之天职。"⑤

4月27日,《晨报》发表演讲记录稿《教育哲学(六)·杜威在南

---

① 《教育哲学(四)·杜威在南京之讲演》,《晨报》1920年4月25日。另一版本记录稿参见袁刚、孙家祥、任丙强编:《民治主义与现代社会——杜威在华讲演集》,北京:北京大学出版社,2004年,第488—490页。

② 《教育哲学(五)·杜威在南京之讲演》,《晨报》1920年4月26日。另一版本记录稿参见袁刚、孙家祥、任丙强编:《民治主义与现代社会——杜威在华讲演集》,北京:北京大学出版社,2004年,第490—491页。

③ 《杜威在南京高师之演讲》(第三次),《申报》1920年4月16日;《杜威在南京高师之演讲》(第三次续),《申报》1920年4月18日。

④ 《胡适全集》第29卷,合肥:安徽教育出版社,2003年,第150页。

⑤ 《教育厅长请杜威博士讲演》,《申报》1920年4月27日。

京之讲演》。此为杜威在南京高等师范学校所作的"教育哲学"第四次演讲记录稿的第一部分,仲凡记。讲怎样判断教育的效果。①

4月28日,《晨报》发表演讲记录稿《教育哲学(七)·杜威在南京之讲演》。此为杜威在南京高等师范学校所作的"教育哲学"第四次演讲记录稿的第二部分,仲凡记。继续讲怎样判断教育的效果。②"教育哲学"第四次演讲记录稿发表在《申报》1920年4月19、20。③

4月28日,星期三,下午3时,胡适在日记中写:"Meet Lucy Dewey,与他同看图书馆。"④

4月28日,晚上8时,吴宓在哈佛大学听前校长Charles W. Eliot演讲Harvard Traditions。吴宓在日记中写:Charls W. Eliot博士"年七十余,为此邦学界北斗。其学虽未醇,然在教育界之影响至巨。近数十年美国新学制,均由此公与杜威博士等之设施而变革焉"。⑤

4月29日,《晨报》发表演讲记录稿《教育哲学(八)·杜威在南京之讲演》。此为杜威在南京高等师范学校所作的"教育哲学"第五次演讲记录稿的第一部分,仲凡记。继续讲怎样判断教育的效果。⑥

----

① 《教育哲学(六)·杜威在南京之讲演》,《晨报》1920年4月27日。另一版本记录稿参见袁刚、孙家祥、任丙强编:《民治主义与现代社会——杜威在华讲演集》,北京:北京大学出版社,2004年,第491—493页。
② 《教育哲学(七)·杜威在南京之讲演》,《晨报》1920年4月28日。另一版本记录稿参见袁刚、孙家祥、任丙强编:《民治主义与现代社会——杜威在华讲演集》,北京:北京大学出版社,2004年,第493—494页。
③ 《杜威在南京高师之演讲》(第四次),《申报》1920年4月19日;《杜威在南京高师之演讲》(第四次续),《申报》1920年4月20日。
④ 《胡适全集》第29卷,合肥:安徽教育出版社,2003年,第151页。
⑤ 吴宓:《吴宓日记》第二册(1917—1924),北京:三联书店,1998年,第158页。
⑥ 《教育哲学(八)·杜威在南京之讲演》,《晨报》1920年4月29日。另一版本记录稿参见袁刚、孙家祥、任丙强编:《民治主义与现代社会——杜威在华讲演集》,北京:北京大学出版社,2004年,第494—495页。

4月30日,《晨报》发表演讲记录稿《教育哲学(九)·杜威在南京之讲演》。此为杜威在南京高等师范学校所作的"教育哲学"第五次演讲记录稿的第二部分,仲凡记。继续讲怎样判断教育的效果。①"教育哲学"第五次演讲记录稿发表在《申报》1920年4月21、22日。②

　　4月30日,星期五,上午11时,胡适在日记中写:"为Deweys定车。"③

1920年
5月

　　5月1日,杜威在《亚细亚》1920年第20卷发表《是什么阻碍了中国》(What Holds China Back)。杜威在文章中写:"说(就如常常据说)中国人不能更系统、更迅速地进步,因为他们是一个保守的民族,这显然是在用另外的词语重复需要解释的东西。毫无疑问,

---

① 《教育哲学(九)·杜威在南京之讲演》,《晨报》1920年4月30日。另一版本记录稿参见袁刚、孙家祥、任丙强编:《民治主义与现代社会——杜威在华讲演集》,北京:北京大学出版社,2004年,第495—496页。

② 《杜威在南京高师之演讲》(第五次),《申报》1920年4月21日;《杜威在南京高师之演讲》(第五次续)(第六次),《申报》1920年4月22日。

③ 《胡适全集》第29卷,合肥:安徽教育出版社,2003年,第153页。

他们是保守的。然而,他们的历史却不像我们在错误的教科书上所接受的那样,是一个停滞不前的历史,而是社会性的,充满了朝代更替。他们在他们的时代中尝试了许多试验。……中国经历了像任何欧洲国家一样多的蛮族入侵。它的延续和对入侵者的吸收,反驳了它的惰性和保守的说法。没有一个其保守主义来自于纯粹常规、来自于想象力的缺乏和心灵的僵化的国家,能够像中国那样延续和扩展其文明。经验表明,中国人是柔和的、温顺的、随和的,是善于适应的——既不是僵化的,也不是呆板的。""中国人的思考习惯是:在想要做什么事情之前,先考虑'面子'的问题。""据可信的权威来源,山西的长官——中国最受尊敬的省级长官——说,在腹股沟腺炎瘟疫爆发以前,他一直认为西方文明之好只是在于船坚炮利;但是,医生们、教师们和传教士们冒着自己生命危险的无私奉献,让他相信西方文明之好还有另一方面。""能够深刻影响环境的唯一可行之道,就是引入现代工业方法。……现代生产与商业非个人的和间接的后果将会产生一些新的习惯,它们将减弱'面子'的重要性,而增加事实的客观后果的重要性。"[①]

5月2日,《晨报》发表演讲记录稿《教育哲学(十)·杜威在南京之讲演》。此为杜威在南京高等师范学校所作的"教育哲学"第六次演讲记录稿的第一部分,刘伯明翻译,郭智方、余观海笔记。讲教育就是生长。[②]

[①] 《杜威全集·中期著作》第12卷,上海:华东师范大学出版社,2012年,第41—47页。

[②] 《教育哲学(十)·杜威在南京之讲演》,《晨报》1920年5月2日。另一版本记录稿参见袁刚、孙家祥、任丙强编:《民治主义与现代社会——杜威在华讲演集》,北京:北京大学出版社,2004年,第496—497页。

5 月 2 日,冯友兰在哥伦比亚大学,开始看杜威的《德国哲学与政治》。①

5 月 3 日,《晨报》发表演讲记录稿《教育哲学(十一)·杜威在南京之讲演》。此为杜威在南京高等师范学校所作的"教育哲学"第六次演讲记录稿的第二部分,刘伯明翻译,郭智方、余观海笔记。讲教育的定义。②"教育哲学"第六次演讲记录稿发表在《申报》1920 年 4 月 22、26 日。③

5 月 3 日,冯友兰在哥伦比亚大学,读毕《德国哲学与政治》。④

5 月 4 日,冯友兰在哥伦比亚大学,开始读 Flournoy《詹姆斯的哲学》。⑤

胡适起草文章《我们对于学生的希望》,由胡适、蒋梦麟联合署名,发表在《新教育》第 2 卷第 5 期。胡适在文中写:"今天是五月四日。我们回想去年今日,我们两人都在上海欢迎杜威博士,直到五月六日方才知道北京五月四日的事。日子过得真快,匆匆又是一年了。当去年的今日,我们心里只想留住杜威先生在中国讲演教育哲学;在思想一方面提倡实验的态度和科学的精神;在教育一方面输入新鲜的教育学说,引起国人的觉悟,大家来做根本的教育改革。"⑥

---

① 参见蔡仲德编撰:《冯友兰先生年谱长编》上,北京:中华书局,2014 年,第 53 页。
② 《教育哲学(十一)·杜威在南京之讲演》,《晨报》1920 年 5 月 3 日。另一版本记录稿参见袁刚、孙家祥、任丙强编:《民治主义与现代社会——杜威在华讲演集》,北京:北京大学出版社,2004 年,第 497—498 页。
③ 《杜威在南京高师之演讲》(第五次续)(第六次),《申报》1920 年 4 月 22 日;《杜威在南京高师之演讲》(第六次续),《申报》1920 年 4 月 26 日。
④ 参见蔡仲德编撰:《冯友兰先生年谱长编》上,北京:中华书局,2014 年,第 53 页。
⑤ 参见蔡仲德编撰:《冯友兰先生年谱长编》上,北京:中华书局,2014 年,第 53 页。
⑥ 胡适:《我们对于学生的希望》,《胡适全集》第 21 卷,合肥:安徽教育出版社,2003 年,第 219 页。

5月5日，星期三，下午5时，胡适在日记中写："See Deweys for tickets。"①

5月5日，黄炎培在日记中写："大会未成。夜，听杜威讲《职业教育》。"②

5月5日，杜威在《新共和》1920年第22卷发表《思想与工作的自由》(Freedom of Thought and Work)。杜威在文章中写："很多人已经感觉并开始明白：只有当他们在与其日常工作有关的事情中实践自己想法的时候，才能够得到真正的心灵自由。行政领导、经理人、科研工作者、艺术家享有这样的自由，而别人为什么享受不到呢？因为这种意识不能通过增加对工业化的物质产品的拥有份额而获得。""由于自由在本质上是精神的，是思想的事；而且，由于仅当思想可以体现在行为中的时候，才算得上是自由的，因此，每一次争取自由的斗争都得在不同的层面上再次进行。""言论和选举自由现在非常重要，因为它是争取行业中的心灵自由以及自由参与规划和经营的斗争中的一部分。"③

5月5日，《晨报》发表演讲记录稿《教育哲学（十二）·杜威在南京之讲演》，刘伯明翻译，郭智方、余观海笔记。讲学校教育和校外教育的区别。④

5月6日，《晨报》发表演讲记录稿《教育哲学（十三）·杜威在南

---

① 《胡适全集》第29卷，合肥：安徽教育出版社，2003年，第158页。

② 《黄炎培日记》第2卷，北京：华文出版社，2008年，第85页。

③ 《杜威全集·中期著作》第12卷，上海：华东师范大学出版社，2012年，第7—9页。

④ 《教育哲学（十二）·杜威在南京之讲演》，《晨报》1920年5月5日。另一版本记录稿参见袁刚、孙家祥、任丙强编：《民治主义与现代社会——杜威在华讲演集》，北京：北京大学出版社，2004年，第498—499页。

京之讲演》，刘伯明翻译，郭智方、余观海笔记。讲学校教育脱离社会后的坏结果。①

5月6日，星期四，上午，胡适在日记中写："送 Deweys 到天津。"②

5月6日，杜威致信克莱斯，就《宇宙》一书的导言一事作出说明："您会和我一样对这篇导言感到不满意的。看上去好像我在这个年纪以前就能写出这样的东西了，可是我没能写出来。我说介绍《宇宙》……简单地说，做任何能使它变得有用的事是不容易的，您会明白我说的是什么意思。"③

5月6日，冯友兰在哥伦比亚大学，读毕 Flournoy《詹姆斯的哲学》。④

5月7日，黄炎培在日记中写："听杜威讲世界近代之标准。省会开议，夜车返沪。"⑤

5月8日，冯友兰在哥伦比亚大学，开始读詹姆士的《实用主义》。⑥

5月8、9日，应江苏教育厅邀请，杜威在通俗教育馆演讲。江苏各县教育行政主管人员均来听讲。⑦

5月9日，《晨报》发表演讲记录稿《哲学史（一）·杜威在南京之

① 《教育哲学（十三）·杜威在南京之讲演》，《晨报》1920年5月6日。另一版本记录稿参见袁刚、孙家祥、任丙强编：《民治主义与现代社会——杜威在华讲演集》，北京：北京大学出版社，2004年，第499—501页。
② 《胡适全集》第29卷，合肥：安徽教育出版社，2003年，第159页。
③ 《杜威全集·中期著作》第13卷，上海：华东师范大学出版社，2012年，第440页。
④ 参见蔡仲德编撰：《冯友兰先生年谱长编》上，北京：中华书局，2014年，第53页。
⑤ 《黄炎培日记》第2卷，北京：华文出版社，2008年，第85页。
⑥ 参见蔡仲德编撰：《冯友兰先生年谱长编》上，北京：中华书局，2014年，第53页。
⑦ 参见《南京快信》，《申报》1920年5月8、10日。

讲演》。此为杜威在南京高等师范学校所作的"哲学史"第一次演讲记录稿的第一部分，刘伯明翻译，仲帆笔记。讲欧洲思潮的起源。①

5月9日，冯友兰在哥伦比亚大学，读毕詹姆士的《实用主义》。②

5月10日，《晨报》发表演讲记录稿《哲学史（二）·杜威在南京之讲演》。此为杜威在南京高等师范学校所作的"哲学史"第一次演讲记录稿的第二部分，刘伯明翻译，仲帆笔记。讲希腊最初的哲学的发生。③

5月11日，《晨报》发表演讲记录稿《哲学史（三）·杜威在南京之讲演》。此为杜威在南京高等师范学校所作的"哲学史"第二次演讲记录稿的第一部分，刘伯明翻译，仲帆笔记。讲希腊最初的三个哲学家。④

5月12日，《晨报》发表演讲记录稿《哲学史（四）·杜威在南京之讲演》。此为杜威在南京高等师范学校所作的"哲学史"第二次演讲记录稿的第二部分，刘伯明翻译，仲帆笔记。讲希腊的一多定变的调和的学说。⑤

---

① 《哲学史（一）·杜威在南京之讲演》，《晨报》1920年5月9日。另一版本记录稿参见袁刚、孙家祥、任丙强编：《民治主义与现代社会——杜威在华讲演集》，北京：北京大学出版社，2004年，第276—278页。
② 参见蔡仲德编撰：《冯友兰先生年谱长编》上，北京：中华书局，2014年，第54页。
③ 《哲学史（二）·杜威在南京之讲演》，《晨报》1920年5月10日。另一版本记录稿参见袁刚、孙家祥、任丙强编：《民治主义与现代社会——杜威在华讲演集》，北京：北京大学出版社，2004年，第278—279页。
④ 《哲学史（三）·杜威在南京之讲演》，《晨报》1920年5月11日。另一版本记录稿参见袁刚、孙家祥、任丙强编：《民治主义与现代社会——杜威在华讲演集》，北京：北京大学出版社，2004年，第279—280页。
⑤ 《哲学史（四）·杜威在南京之讲演》，《晨报》1920年5月12日。另一版本记录稿参见袁刚、孙家祥、任丙强编：《民治主义与现代社会——杜威在华讲演集》，北京：北京大学出版社，2004年，第280—282页。

5月12日，《时事新报·学灯》发表杜威演讲记录稿《教育之要素》。秋侬记。"拿教育来改造社会，虽说缓慢，实在是唯一方法。如何改造呢？要紧的是改造思想、习惯，使得正确的知识，精敏的技能，教思想能实现改造社会。"①

5月13日，《晨报》发表演讲记录稿《哲学史（五）·杜威在南京之讲演》。此为杜威在南京高等师范学校所作的"哲学史"第三次演讲记录稿的第一部分，刘伯明翻译，仲帆笔记。讲一多定变诸问题实际上的意义。②

5月14日，《晨报》发表演讲记录稿《哲学史（六）·杜威在南京之讲演》。此为杜威在南京高等师范学校所作的"哲学史"第三次演讲记录稿的第二部分，刘伯明翻译，仲帆笔记。讲诡辩学者的教授。③

5月14日，《时事新报·学灯》发表杜威演讲记录稿《教育家之天职》。刘伯明口译，秋侬笔记。"余初来宁，听人说，从前此地有四百八十个庙宇（'南朝四百八十寺'），现在还有一半存在。怎么样能建筑这许多呢？就是有感情，有信仰，有热诚的缘故。教育家亦当有同样的信仰，看教育作神圣，看自己作僧侣，深信教育为改进社会的唯一方法，虽有种种障碍当前，还是要战胜它的。"④

---

① 《教育之要素》，《时事新报·学灯》1920 年 5 月 12 日。
② 《哲学史（五）·杜威在南京之讲演》，《晨报》1920 年 5 月 13 日。另一版本记录稿参见袁刚、孙家祥、任丙强编：《民治主义与现代社会——杜威在华讲演集》，北京：北京大学出版社，2004 年，第 282—284 页。
③ 《哲学史（六）·杜威在南京之讲演》，《晨报》1920 年 5 月 14 日。另一版本记录稿参见袁刚、孙家祥、任丙强编：《民治主义与现代社会——杜威在华讲演集》，北京：北京大学出版社，2004 年，第 284—286 页。
④ 《教育家之天职》，《时事新报·学灯》1920 年 5 月 14 日。

5 月 15 日,《晨报》发表演讲记录稿《哲学史(七)·杜威在南京之讲演》。此为杜威在南京高等师范学校所作的"哲学史"第四次演讲记录稿的第一部分,刘伯明翻译,仲帆笔记。讲诡辩学派的两大问题。①

5 月 15 日,吴相如摘译杜威的《民主主义与教育》中的《历史和地理之意义》。该译文发表在《史地丛刊》第 1 期。②

5 月 16 日,下午 3 时半,在苏议会演讲,演题为"平民主义之精意"。"其大要谓平民政治,为自动的互助的。听讲者约百二十人。议员才四分之一耳。"郭秉文、刘伯明任翻译。③ 该演讲记录稿发表在《民国日报》1920 年 5 月 22、23 日。扶国泰、陈文笔述。④

5 月 16 日,黄炎培在日记中写:"与熊纯如、正理事商杜威省议会演说。"⑤

5 月 16 日,《晨报》发表演讲记录稿《哲学史(八)·杜威在南京之讲演》。此为杜威在南京高等师范学校所作的"哲学史"第四次演讲记录稿的第二部分,刘伯明翻译,仲帆笔记。讲雅典发生的新运动。⑥

5 月 17 日,上午从南京出发,由宁抵镇江,夫人、女儿及翻译刘

---

① 《哲学史(七)·杜威在南京之讲演》,《晨报》1920 年 5 月 15 日。另一版本记录稿参见袁刚、孙家祥、任丙强编:《民治主义与现代社会——杜威在华讲演集》,北京:北京大学出版社,2004 年,第 286—287 页。

② 杜威:《历史和地理之意义》,吴相如译,《史地丛刊》第 1 期,1920 年。

③ 参见《苏议会纪事》,《申报》1920 年 5 月 20 日。

④ 《平民主义之精意》,《民国日报》1920 年 5 月 22、23 日。

⑤ 《黄炎培日记》第 2 卷,北京:华文出版社,2008 年,第 86 页。

⑥ 《哲学史(八)·杜威在南京之讲演》,《晨报》1920 年 5 月 16 日。另一版本记录稿参见袁刚、孙家祥、任丙强编:《民治主义与现代社会——杜威在华讲演集》,北京:北京大学出版社,2004 年,第 288—289 页。

伯明、杨英父随行。由学务科长等约赴焦山游玩,复游金山,晚宿山中。①

5月17日,黄炎培在日记中写:"早车偕杜威等赴镇,余即赴沪。"②

5月17日,《晨报》发表演讲记录稿《哲学史(九)·杜威在南京之讲演》。此为杜威在南京高等师范学校所作的"哲学史"第五次演讲记录稿的第一部分,刘伯明翻译,仲帆笔记。讲苏格拉底哲学的概论。③

5月18日,上午9时,由镇江劝学所请至大街镇舞台演讲。"各界均到场欢迎。西人到者亦众。"9时半,先奏军乐,摇铃开会,先读张知事祝词,杜威登台略致谦辞后,演讲"学生自动之真义"与"教员之天职"。④ 刘伯明翻译。

散会后,省立第六中学邀杜威博士及刘伯明等,至该校叙餐,西餐二十余席,席间主宾均各致辞,散席摄影。后由蒋校长导引参观学生上课及种种设备成绩,至3时下课后,全体学生在大讲堂开会欢迎。"博士先假以奖辞,并望其游学美国,蔚为全材等语。旋即同往九师参观,学生亦开会欢迎。博士谓小学为一国命脉,普及教育,又师范学生之天职,故今日专心求学,即为将来改良小学之基础等语。

---

① 参见《杜威博士至各地讲演日期》,《申报》1920年5月20日;《地方通信·镇江》,《申报》1920年5月21日。
② 《黄炎培日记》第2卷,北京:华文出版社,2008年,第86页。
③ 《哲学史(九)·杜威在南京之讲演》,《晨报》1920年5月17日。另一版本记录稿参见袁刚、孙家祥、任丙强编:《民治主义与现代社会——杜威在华讲演集》,北京:北京大学出版社,2004年,第290—292页。
④ 参见《地方通信·镇江》,《申报》1920年5月21日。

即兴辞至江干,乘扬子公司小轮进赴扬州云。"①

5月18日,晚,杜威夫妇、女儿、刘伯明等由镇江乘船,抵扬州,安寓天成旅馆。②

5月18日,《晨报》发表演讲记录稿《哲学史(十)·杜威在南京之讲演》。此为杜威在南京高等师范学校所作的"哲学史"第五次演讲记录稿的第二部分,刘伯明翻译,仲帆笔记。讲苏格拉底的逻辑学。③

5月19日,由教育界人士陪同,往北门外游览瘦西湖风景。南京高师在扬州的校友陈冠同等特请杜威午餐,以表欢迎。④

5月19日,《晨报》发表演讲记录稿《哲学史(十一)·杜威在南京之讲演》。此为杜威在南京高等师范学校所作的"哲学史"第六次演讲记录稿的第一部分,刘伯明翻译,仲帆笔记。讲柏拉图的学说。⑤

5月20日,上午9时,在扬州大舞台演讲,军界政界各有代表参加,学界除全城各校教职员外,第八中学、第五师范学校、美汉商业友基辨明各校学生均到场听讲。先振铃开会,由第五师范学校教员叶维善主持,"博士为世界文学、哲学博士,新文化之明星,此次来华,由教育共进社黄炎培等介绍来扬演讲,增长吾人学术匪浅"。上

① 《地方通信·镇江》,《申报》1920年5月21日。
② 参见《地方通信·扬州》,《申报》1920年5月21日。
③ 《哲学史(十)·杜威在南京之讲演》,《晨报》1920年5月18日。另一版本记录稿参见袁刚、孙家祥、任丙强编:《民治主义与现代社会——杜威在华讲演集》,北京:北京大学出版社,2004年,第292—294页。
④ 参见《地方通信·扬州》,《申报》1920年5月21日。
⑤ 《哲学史(十一)·杜威在南京之讲演》,《晨报》1920年5月19日。另一版本记录稿参见袁刚、孙家祥、任丙强编:《民治主义与现代社会——杜威在华讲演集》,北京:北京大学出版社,2004年,第294—296页。

午,杜威的讲题为"教育与社会进化之关系",接着,刘伯明讲"学生应有之态度"。① "教育与社会进化之关系"演讲记录稿以《教育与社会进化底关系》为题发表在《民国日报·觉悟》1920 年 5 月 23 日。"必须社会一般的人民身体健康,一般的人民经济充裕,一般的人民确能自治;然后社会自然进化,自然日新。所以要预料他日社会的情形,且看今日所施的教育。"②

下午 2 时,杜威继续在扬州演讲,讲题为"自动之真义"。均由刘伯明翻译。③ "真正的自动,是有目的地动作,有意义地动作。"自动的三个要素为"发展精神"、"临机应变"、"集中力"。该演讲记录稿以《"自动"底真义》为题发表在《民国日报·觉悟》1920 年 5 月 25 日。④

5 月 20 日,《申报》发表《杜威博士至各地讲演日期》。"五月十七日到镇江,十八日镇江,晚赴扬州,十九日至二十日扬州,二十一日赴清江,二十二日至二十三日清江,晚赴镇江,二十四日镇江,二十五二十六日常州,二十七日到上海,二十八至三十一日上海,六月一日至三日上海,晚赴南通,四日至七日南通,八日赴上海,九日赴杭州,十日至十四日杭州,晚返上海,十五日休息,十六日赴徐州,十七日至十九日徐州,二十日赴无锡,二十一日至二十六日无锡,二十

---

① 参见《地方通信·扬州》,《申报》1920 年 5 月 22 日。
② 《教育与社会进化之关系》,袁刚、孙家祥、任丙强编:《民治主义与现代社会——杜威在华讲演集》,北京:北京大学出版社,2004 年,第 392—394 页。"Dr. Dewey's Speech",《美汉》第 3 卷第 4 期,1921 年。
③ 参见《地方通信·扬州》,《申报》1920 年 5 月 22 日。
④ 《"自动"底真义》,《民国日报·觉悟》1920 年 5 月 25 日。

七日赴苏州,二十八至三十日苏州。"①杜威的实际行程有调整。

5月20日,《晨报》发表演讲记录稿《哲学史(十二)·杜威在南京之讲演》。此为杜威在南京高等师范学校所作的"哲学史"第六次演讲记录稿的第二部分,刘伯明翻译,邰爽秋、施毓麒笔记。讲柏拉图对苏格拉底归纳法的推广。②

5月21日,《晨报》发表演讲记录稿《哲学史(十三)·杜威在南京之讲演》。此为杜威在南京高等师范学校所作的"哲学史"第七次演讲记录稿的第一部分,刘伯明翻译,邰爽秋、施毓麒笔记。讲柏拉图的知识论。③

5月22日,《申报》发表《浦东中学校长朱叔源来函》。"迳启者:杜威博士此次由宁来沪,至各地演讲,敝校为便利浦东教育界计,特于六月三号(夏历四月十七日)上午九时,敦请博士莅止,演讲最新思潮,如蒙惠临,无任欢迎,此颂台绥,朱叔源敬启。如有团体惠临,欲定饭席者,请于三日前明示。"④

5月22日,《晨报》发表演讲记录稿《哲学史(十四)·杜威在南京之讲演》。此为杜威在南京高等师范学校所作的"哲学史"第七次演讲记录稿的第二部分,刘伯明翻译,邰爽秋、施毓麒笔记。讲柏拉

---

① 《杜威博士至各地讲演日期》,《申报》1920年5月20日。
② 《哲学史(十二)·杜威在南京之讲演》,《晨报》1920年5月20日。另一版本记录稿参见袁刚、孙家祥、任丙强编:《民治主义与现代社会——杜威在华讲演集》,北京:北京大学出版社,2004年,第296—297页。
③ 《哲学史(十三)·杜威在南京之讲演》,《晨报》1920年5月21日。另一版本记录稿参见袁刚、孙家祥、任丙强编:《民治主义与现代社会——杜威在华讲演集》,北京:北京大学出版社,2004年,第297—300页。
④ 《浦东中学校长朱叔源来函》,《申报》1920年5月22日。

图的人生哲学、社会哲学、政治哲学。①

5 月 23 日，原定在扬州演讲后，即赴清江演讲，但因浦垣六师三农同起风潮，杜威决定在扬州停留。杜威夫妇、女儿和译员刘伯明、书记杨英父在南京高师的扬州校友张国仁陪伴下，于当日返回宁垣，暂作休息，再赴常州等地演讲。②

5 月 23 日，《晨报》发表演讲记录稿《教育哲学(十四)(续五月六日)》，施之勉笔记。讲学校教育三要素。③

5 月 24 日，《晨报》发表演讲记录稿《教育哲学(十五)(续昨)》，施之勉笔记。讲学校教材的缘起都有社会的背景。④

5 月 24 日，"乘特别快车，自宁来常。"⑤下榻青年社新屋。劝学所长徐北吾及教育界各主要人员担任招待。其夫人及女儿已由镇江返南京。

晚上，各团体公宴杜威。⑥

5 月 24 日，星期一，胡适在日记中写："写信：苏、Dewey、商务。"⑦

① 《哲学史(十四)·杜威在南京之讲演》，《晨报》1920 年 5 月 22 日。另一版本记录稿参见袁刚、孙家祥、任丙强编：《民治主义与现代社会——杜威在华讲演集》，北京：北京大学出版社，2004 年，第 300—302 页。
② 参见《地方通信·扬州》，《申报》1920 年 5 月 25 日。
③ 《教育哲学(十四)(续五月六日)》，《晨报》1920 年 5 月 23 日。另一版本记录稿参见袁刚、孙家祥、任丙强编：《民治主义与现代社会——杜威在华讲演集》，北京：北京大学出版社，2004 年，第 501—502 页。
④ 《教育哲学(十五)(续昨)》，《晨报》1920 年 5 月 24 日。另一版本记录稿参见袁刚、孙家祥、任丙强编：《民治主义与现代社会——杜威在华讲演集》，北京：北京大学出版社，2004 年，第 502—503 页。
⑤ 《杜威氏在常讲演纪略》，《民国日报》1920 年 5 月 28 日。
⑥ 《杜威在常之行动》，《民国日报》1920 年 5 月 29 日。
⑦ 《胡适全集》第 29 卷，合肥：安徽教育出版社，2003 年，第 176 页。

5月25日,上午由留美毕业生钱逸章引杜威游舣舟亭、文笔塔诸名胜,参观在天宁寺举行的圆戒式。买一风景图画,据称为明人手笔。[①]

下午,在常州首次演讲,题为"学校与环境"。假教会恺乐堂为会场,到场者有武进姚知事、霍约翰教士、胡稼农牧师、本地教育行政人员、各校校长教员及第五中学、县立师范、女师范、女西校等全体学生。第五中学校长童伯章致辞介绍后,杜威开始演讲"学校与环境"。刘伯明翻译。"大旨谓欲求学校发达,须注意社会环境,其说分三项:(一)学校生活与家庭生活,不可隔膜;(二)学校常提倡公共卫生,以造福社会;(三)学校与地方实业之关系。"晚上,第五中学请刘伯明到校演讲,题为"新文化之根本研究"。[②]

5月25日,《晨报》发表演讲记录稿《教育哲学(十六)(续昨)》,张念祖、郭智方笔记。讲经验的要素。[③]

5月26日,上午,在常州作第二次演讲,题为"学生自治之真义"。"从'自'与'治'两字着想,并言主持学校者,当知管理是一种方法,非一种目的。学校中应使学生对于管理上有切守的了解,一方面发挥其能力及责任心,诱掖鼓励,俾真能负自治之责。"[④]

下午2时演讲,题为"新人生观"。假教会恺乐堂为会场,作常州

---

① 参见《杜威氏在常讲演纪略》,《民国日报》1920年5月28日;《杜威在常之行动》,《民国日报》1920年5月29日。

② 参见《地方通信·常州》,《申报》1920年5月28日;《杜威氏在常讲演纪略》,《民国日报》1920年5月28日;《杜威博士之行踪》,《晨报》1920年5月30日。

③ 《教育哲学(十六)(续昨)》,《晨报》1920年5月25日。另一版本记录稿参见袁刚、孙家祥、任丙强编:《民治主义与现代社会——杜威在华讲演集》,北京:北京大学出版社,2004年,第503—505页。

④ 参见《地方通信·常州》,《申报》1920年5月28日;《杜威氏在常讲演纪略》,《民国日报》1920年5月28日。

第三次演讲。"说明吾人应如何适应现世之需要,语尤精辟,末复对于学生谆谆劝勉。演讲毕,由五中英文教员严晥滋代表全体,用英语答谢,遂散会,已钟鸣四下矣。"均由刘伯明翻译。① 演讲记录稿以《杜威博士底新人生观》发表在《民国日报》1920 年 5 月 29 日。

5 月 25、26 日的演讲。"绅学两界,前往听讲者,人数极众,各乡小学校长教员,俱远道赴会听讲。"②

5 月 26 日,《晨报》发表演讲记录稿《教育哲学(十七)》,张念祖、郭智方笔记。讲直接知识和间接知识。③

5 月 27 日,上午 8 时,在青年社演讲"青年道德之修养"。后与各界领袖开谈话会,讨论常州现状,对常州的教育实业大加勉励。与夫人、女儿以及刘伯明、杨贤江等一行乘十时三十四分的车赴沪,寓沧州旅馆,黄炎培、沈恩孚、刘汝梅诸君均到车站欢迎。④

5 月 27 日,黄炎培在日记中写:"杜威到沪。"⑤

5 月 27 日,《民国日报·觉悟》发表杜威演讲记录稿《知慧度量法底大纲》。"而现代最大的问题,也不外两种:第一,是怎么样叫做智慧(先天的能力)? 第二,是怎样才算是后天得到的能力? 人类智

① 参见《地方通信·常州》,《申报》1920 年 5 月 28 日;《杜威博士底新人生观》,《民国日报》1920 年 5 月 29 日;《杜威博士之行踪》,《晨报》1920 年 5 月 30 日。
② 参见《地方通信·常州》,《申报》1920 年 5 月 28 日;《杜威氏在常讲演纪略》,《民国日报》1920 年 5 月 28 日。
③ 《教育哲学(十七)》,《晨报》1920 年 5 月 26 日。另一版本记录稿参见袁刚、孙家祥、任丙强编:《民治主义与现代社会——杜威在华讲演集》,北京:北京大学出版社,2004 年,第 505—506 页。
④ 参见《杜威博士昨日抵沪》,《申报》1920 年 5 月 28 日;《杜威氏在常讲演纪略》,《民国日报》1920 年 5 月 28 日。
⑤ 《黄炎培日记》第 2 卷,北京:华文出版社,2008 年,第 87 页。

力程度的不齐,是先天的关系呢? 或后天的关系呢?"①

5 月 27 日,《晨报》发表演讲记录稿《教育哲学(十八)·杜威在南京之讲演》,郭智方、金海观笔记。讲学校教育会压制儿童的活动。②

5 月 28 日,《晨报》发表演讲记录稿《教育哲学(十九)·杜威在南京之讲演》,郭智方、金海观笔记。讲知识的传授须与儿童的经验相结合。③

5 月 28 日,《申报》发表《杜威博士昨日抵沪》,公布杜威在沪演讲的时间和地点。"杜威博士此次由新教育共进社敦请南下讲演,已于昨日午车抵沪。同行者有夫人、二女公子及刘伯明博士、杨贤江君,现寓沧州旅馆。博士到时,黄炎培、沈恩孚、刘汝梅诸君,均到站欢迎,上海方面,兹已由各团体共同商定,分日讲演,其程序探录如次:'杜威博士在上海讲演时间及地点',五月二十九日上午十时,在第二师范讲演'教育者之天职';下午二时,在职业教育社讲演'职业教育之精义'。三十日下午二时,在职业教育社讲演'职业教育与劳动问题'。三十一日上午十时,在吴淞同济学校讲演'专门教育之社会观';下午四时三十分,杜威夫人在江苏省教育会讲演'男女同学问题';六时,在约翰大学讲演'科学与人生'。六月一日下午四时

---

① 《知慧度量法底大纲》,《民国日报·觉悟》1920 年 5 月 27 日。
② 《教育哲学(十八)·杜威在南京之讲演》,《晨报》1920 年 5 月 27 日。另一版本记录稿参见袁刚、孙家祥、任丙强编:《民治主义与现代社会——杜威在华讲演集》,北京:北京大学出版社,2004 年,第 506—507 页。
③ 《教育哲学(十九)·杜威在南京之讲演》,《晨报》1920 年 5 月 28 日。另一版本记录稿参见袁刚、孙家祥、任丙强编:《民治主义与现代社会——杜威在华讲演集》,北京:北京大学出版社,2004 年,第 507—508 页。

三十分,在江苏省教育会讲演'新人生观';八时,在南洋公学讲演'工业与文化之关系'。二日上午十时,在沪江大学讲演'国家与学生';下午四时半,刘伯明博士在江苏省教育会讲演'东西洋人生观之比较';七时三十分,在上海青年会讲演'社会进化'。三日上午十时,在浦东中学讲演'公民教育';下午四时三十分,在江苏省教育会讲演'德谟克拉西之意义'。"①

5月29日,上午10时,为江苏省立第二师范十五周年纪念会第三日,讲演"教育者之天职"。由刘伯明任翻译。第二师范学生笔记。"中国自来是以农立国的,那么,自然从农民教育上着手,更加容易发达。所以我们师范生人人应当有彻底的觉悟,我们看见新世界的精神,一定要好像传教士到非洲去传教一样。我们自己要有一种牺牲的精神,从容不迫,从乡村教育做起。并且全国结合,不但在城市着力,且及于乡村,这就是师范生的惟一精神。"该演讲记录稿发表在《时事新报·学灯》1920年5月31日;《民国日报》1920年5月30日。②

下午2时,应中华职业教育社之请,到职业教育学校,在该社举行的第二届年会上讲演"职业教育之精义",由刘伯明任翻译。该次演讲的要旨:"(一)职业教育之中心问题,在改造不切实用之普通教育,使与社会生活生直接的关系;(二)提倡补习教育;(三)职业教育上之学理及经验,必用科学方法,加以解剖试验功夫;(四)注意小工

---

① 《杜威博士昨日抵沪》,《申报》1920年5月28日。
② 参见《第二师范十五周年纪念会纪》,《申报》1920年5月28日;《第二师范十五周纪念会再志》,《申报》1920年5月29日;《第二师范十五周纪念会三志》,《申报》1920年5月30日。该次演讲记录稿,另参见袁刚、孙家祥、任丙强编:《民治主义与现代社会——杜威在华讲演集》,北京:北京大学出版社,2004年,第564—566页。

艺,将我国原有之店铺制度,及家庭工艺,根据科学方法,加以甄陶;(五)西洋人工发达过甚,兴办事业较又困难,中国天富尚未开发,利用正多,倡办工艺,不必一循西洋成轨,可利用工场内设学校,总之,要使一切工场都设学校,一切学校都有工场,最后又提出两大主张:(甲)打破阶级制度,铲除劳心劳力的旧观念;(乙)职业教育,不应从个人方面着想,应从全社会上着想,不是增进一个人的生产力,须要增进一般人的生产力。""杜博士演讲约有两小时之久,精神充足,兴味浓厚,听者多表示满意。最后由主席王博士起而致谢,并宣布本届征求社员纪念赠品,并言本晚在一品香公宴杜博士。"①该演讲的记录稿以《职业教育之精义》为题发表在《民国日报·觉悟》1920 年 5 月 31 日。潘公展笔记。②

晚 7 时,假座 一品香聚餐,江苏省教育会、新教育共进社、职业教育社三团体公宴杜威一家,到会者两百余人,与宴者皆教育实业两界知名人士,公推王儒堂为主席。王儒堂和郭秉文先后讲话,郭秉文在讲话中,高度评价了杜威来华访问对外交和教育上均有极大影响:"外交上,则美国自杜威处探得我国之情形,而有正确之舆论;教育上,则杜威来后,如久旱逢甘雨,精神焕发矣。"③

郭秉文讲话毕,杜威在席间演说,由郭秉文译述。"略谓主席所云中美相同之点极多,但未知其偶然相同欤? 抑因他种原因而相同欤? 今姑不论,惟尚可增加一点于其间,即中美人民均有自助团结

---

① 参见《职业教育社年会第一日程序》,《申报》1920 年 5 月 29 日;《职业教育社第三届年会初纪》,《申报》1920 年 5 月 30 日。《职业教育社年会再记》,《民国日报》1920 年 5 月 29 日;《职业教育社年会记(一)》,《民国日报》1920 年 5 月 30 日。
② 《职业教育之精义》,《民国日报·觉悟》1920 年 5 月 31 日。
③ 《三教育团体公宴杜威博士》,《申报》1920 年 5 月 30 日。

之精神是已。其原因及方法均不同,而结果则同。""信仰人民的思想,当重于信仰政府的意思,经人民商榷而同意,即可实行,可无需更待政府之命令也。自助与普及教育关系极大。盖普及教育,尚须人民自动。中国幅员太大,风俗各异,经济不同,所以不能望中央机关施行其教育之方针,且依中国历史上察之,亦不甚相宜。今有此三大团体之集合,即可证其有结合的精神,此亦人民自动的榜样也。""二星期间,往来江浙间,见其教育精神及状况,各处均有不同,进步极速者有之,依然故我者有之。推原其故,盖因各处对于教育,有有兴味无兴味之别耳。深愿各处均有是种团体,而得社会之辅助,于教育前途,颇有裨益,而可于中国教育界上开一新纪元矣。""尚有意思,愿供献于诸君之前,惟不能确定其果能实现与否。余以为在职业教育未定大方针以前,必先详细调查国内之实业。菲列滨自归美管理后,工商大有进步,教育即有影响。如能以调查天产品,发展工商业,应各方之需求,为教育之方针,可以不患教育之不普及也。此种调查,可得二种结果:(一)使全国注意于此种事业,而对于职业教育表示同情,以是社会可以辅助其成;(二)可得正确之资料,以统筹全局,然后有统系的计划,否则前途多危也。中国将来之发展,端赖热心教育者提倡。敬祝三团体同人进步!"①

杜威演说后,余日章发表演说。"略谓,演说最难是尾声,尾声不佳,每易破坏以前最佳之演说。今蒙主席再三敦促,只可勉力为之,杜威来华一载,自北至南,踪迹所至,人民均极表示欢迎,其历次之演讲,于我国教育实大有裨益。今杜威不即返国,闻尚有一年之

---

① 《三教育团体公宴杜威博士》,《申报》1920 年 5 月 30 日。

勾留,想我华人民必极欢迎。鄙人今有三大问题,欲请杜威博士详加考虑,且请他日代为解释:(一)我国人民虽名为共和国民,然大多数仍有专制余毒,如何可使其祛除此种余毒,而为真正之共和国民?(二)何者为我华人应保存之固有文化之优点?(三)欧美文化,传入中国,人民专事模仿,而忘其本来,如何可使人民专采其优者,与我中国文化之优者同化,而成一完全优美之文化? 以上三者,均请杜威博士于来日教我同胞云云。"①

5月29日,黄炎培在日记中写:"年会第一天。夜公宴杜威。"②

5月29日,《晨报》发表演讲记录稿《教育哲学(二十)·杜威在南京之讲演》,金海观、倪文宙笔记。讲地方环境及其扩大。③

5月30日,上午10时半,杜威夫妇偕女儿及刘伯明到中华职业学校参观。参观毕,即在校午膳。下午2时,在职业教育社讲演"职业教育与劳动问题"。由刘伯明翻译。"少数人能享受,多数人不能享受,这就是劳动问题发生的由来。……中国人深知无论何人都可以到极高的地位,深知人类平等,并有同等的机会。中国如能扩充德谟克拉西的精神,应用到教育上同实业上,无论男女,都有同等的机会,发展个人的本能,那不但能阻止劳动问题的发生,并且实业的前途也不可限量了。"④

5月30日,《晨报》发表演讲记录稿《教育哲学(二十一)·杜威

---

① 《三教育团体公宴杜威博士》,《申报》1920年5月30日。
② 《黄炎培日记》第2卷,北京:华文出版社,2008年,第87页。
③ 《教育哲学(二十)·杜威在南京之讲演》,《晨报》1920年5月29日。另一版本记录稿参见袁刚、孙家祥、任丙强编:《民治主义与现代社会——杜威在华讲演集》,北京:北京大学出版社,2004年,第509—510页。
④ 参见《职业教育社第三届年会再纪》,《申报》1920年5月31日。

在南京之讲演》,金海观、倪文宙笔记。讲办幼稚园和小学不能一味模仿。①

5月31日,上午10时,在吴淞炮台湾同济医工专门学校讲演"专门教育的社会观"。听者除了该校教职员和学生外,还有来自省立水产学校、宝山师范学校传习所、民国女学校教职员和学生等共约五百余人。该校校长阮介藩致辞,介绍请杜威来校演讲的用意。由刘伯明翻译。杜威演讲结束后,"即邀杜威博士与诸来宾,参观该校所陈列之土木、机械、机师三科学生所绘制之成绩、计分两室,一藏建筑与机械之图样等多种,均属精美;一陈机师科学生所制机件,亦甚可观,继复参观该校工厂电气室等处,该校电灯自来水等,均系自行经营,故于学术研究上,更多兴趣。午刻,该校复宴杜威博士、刘伯明博士、杨贤江君与诸来宾。"②"专门教育之社会观"演讲记录稿发表在《民国日报·觉悟》1920年6月8日。

在该次演讲中,杜威谈道:"中国的旧式教育,也是专偏重文学一方面,以毕生心力,单是研究些过去的文学,以成就一士君子的资格;不但不耐劳动,并且成了一种普通的心理,就是鄙弃职业。这种情形,不但中国如此,欧美各国也均如此;我们试拿 school 这一个英文字来推讲,就可得着上面所讲的证据。school 是学校的意思,从希腊文中出来的,原意作为闲雅无事讲,由此看来,当时的 school,都是只考求闲雅的学识,又遑论职业与从事社会活动呢? 社会分子中,

---

① 《教育哲学(二十一)·杜威在南京之讲演》,《晨报》1920年5月30日。另一版本记录稿参见袁刚、孙家祥、任丙强编:《民治主义与现代社会——杜威在华讲演集》,北京:北京大学出版社,2004年,第510—512页。
② 《杜威博士在同济学校讲演纪》,《申报》1920年6月1日。

210

有了这一班人，就是专研求文学一事不作的人，对手的又恰是一班专事劳动的人，于是教育方法，因为社会有了这二种阶级，便也分了二种：所谓上级社会，士君子劳心者之流属之；与下级社会，小人劳力者属之。现在是什么时代啊！平民主义的潮流，鼓荡的一天宏大一天，这个平等的影响，也就渐渐发生到教育上，世界上旧有的阶级教育，天然的渐渐将消灭了。现在新教育方法，与前不同的地方，就是劳心的人，亦当兼具劳力的本领，将这二种昔相歧异的要素，熔冶一炉，这不能不归功平民主义的影响。""去岁我到中国来，恰值五四运动发生，生了很大的刺激；见数千万学生，为国事能有很大的牺牲。但是我想为国死倒极容易，为国生可就很难。何谓为国死呢？就譬如五四的牺牲，于国家为益不大。何谓为国生呢？我们知道救国事业，非一时所能做到，非一时激烈举动所能成功的。我们试验我们的能力，便得求专门学问创造社会上下功夫。"①

下午 4 时 30 分，杜威夫人在江苏省教育会讲演"男女同学问题"，由朱胡彬夏女士口译。《申报》报道："赴会听讲者，十分拥挤，会场上至无立足之地，后至者竟不得入，诚数年来讲演会未经见之盛况，而亦足见社会上对于该问题之注意也。"②

下午 6 时，在约翰大学，杜威讲演"科学与人生"，由刘伯明翻译。③

5 月 31 日，《晨报》发表演讲记录稿《教育哲学（二十二）•杜威

① 《杜威博士在同济学校讲演纪》，《申报》1920 年 6 月 1 日。
② 《杜威夫人讲演男女同学问题》，《申报》1920 年 6 月 1 日。
③ 参见《杜威博士昨日抵沪》，《申报》1920 年 5 月 28 日。"Lecture from Dr. John Dewey"，《约翰声》第 31 卷第 4 期，1920 年。

在南京之讲演》，倪文宙、张念祖笔记。讲语文的教授。①

5 月 31 日，罗家伦在致胡适的信中写："入西山读书一星期，把杜威先生《思想的派别》一律记完；今呈上，请一校阅，赐以修正，不胜感激。

"此次所记，比外面所见者多至一次有余。如经验派攻击 abuse of language［语言的滥用］一段，是很重要的，而且很可以为文学革命声援；但外面所记的不过三四行，而我们所记的多到两页。这不过是一个例，诸如此类的还很多。

"因为我们所记的比外面多，而且这八次演讲可以当作一部小小的思想史，所以同社拟会齐即作一种丛书。现在除将第三、第四两次为先生所未经校阅的呈上外，并将第一、第二两次一并呈上，请先生于全体看过后做一篇序，把杜威先生的思想方法多介绍，一定是很有影响的。……

"这种弄完了，现在正在动手详细记《教育哲学》。说到此地，我有一件心中最不安、对于先生极抱歉的事告诉先生了！就是我前次出城赴西山的时候，因为天气下雨，车子乱跑，掉了一个小包袱，内中除几件衣服外，还有杜威先生八次的讲演稿子（四次《教育哲学》——十三至十六，两次《思想的派别》——第七第八，两次《近代的三个哲学家》——第一第二，其余的安全存在）。当时我就在海甸出五块钱的赏格教车夫去找，种［总］找不到。先生！我说［到］此地，我心里真是又惭又气。到现在也没有方法想了，我想只有想补

---

① 《教育哲学（二十二）·杜威在南京之讲演》，《晨报》1920 年 5 月 31 日。另一版本记录稿参见袁刚、孙家祥、任丙强编：《民治主义与现代社会——杜威在华讲演集》，北京：北京大学出版社，2004 年，第 512—513 页。

救的法子。我看先生所有的底稿,乃是复写的;杜威先生一定还有原稿。所以我还要请先生写信给杜威先生或夫人,将原稿借下。寄到之后,我立刻先雇一个人先打一份还先生,再拿来做参考。

"《思想的派别》第七、第八两次演讲,虽然是没有原稿记的,但是讲这两次的时候,我们两个人都特别留心;而且先生又是实验派的学者,所以发挥的也极透彻,因此记的也很详细。经先生再看过一道,不须原稿,也无危险。第五、六两次原稿呈上,望察收。《近代三个哲学家》我不要用,《思想的派别》第七、第八页也可以无须;所以要借的缘故,乃是要打还先生。我现在所急于要用的就是《教育哲学》,因为我此刻所保存的十二个原稿,动手起来,两星期可以记完,所以务请先生分神从速。这都是我为先生多讨出来的麻烦,我难过极了! 先生恕我。"①

5月,上旬,杜威完成克莱斯的《宇宙》的导言写作。该书于1921年出版(Winchester, Mass.: S. Klyce, 1921),杜威所写的导言为第一导言。杜威在导言中写:"克莱斯先生请我为他的书写一些前言性质的话。尽管我在自然科学方面并不在行,也意识到这个不利条件,但还是欣然答应了。因为书中的论证作为一个整体,虽然最终必定与我由于知识的缺乏而不可能作出真正判断的那些论题的处理联系在一起,但本书的真诚和力量及其统合概念的极度简洁,使它完全有资格为人所知。""克莱斯先生从最彻底和简单的形式方面

---

① 《罗家伦致胡适》,《胡适来往书信选》上册,北京:中华书局,1979年,第53—54页。此信提到《教育哲学》(16次,1919年9月21日—1920年2月22日)、《近代的三个哲学家》(6次,1920年3月5日—3月23日)、《思想的派别》(8次,1919年11月14日—1920年1月30日)等演讲,《胡适来往书信选》编者认为此信写作时间为1919年5月31日,估计不准确。拟为1920年5月31日。

213

来看待常识、陈述或使任何东西为人所知这种形式。他本人就说明了为何他的思想并不总是那么容易理解。世界上最难以了解和明白的东西，就是明显的、熟悉的、被普遍认为是天经地义的东西。把它看作关于发现知识的意义的某种方式的一个速写（既在一般意义上，也在其典型的代表性分支中），克莱斯先生的书是值得注意的、有价值的。"①

1920 年
6 月

6 月 1 日，下午 4 时 30 分，应江苏省教育会所请，在中华职业学校讲演"新人生观"。"下午三时后，听讲者已陆续到会，至四时后，竟至坐无隙地，后至者均旁立而听，约有一千三百余人。"沈信卿致开会辞，说明今日讲题关系之重要。由刘伯明口译。② 该次演讲记录稿以《新人生观》为题发表在《民国日报·觉悟》1920 年 6 月 3 日。以《杜威博士之新人生观》为题发表在《晨报》1920 年 6 月 6 日。③

---

① 《杜威全集·中期著作》第 13 卷，上海：华东师范大学出版社，2012 年，第 356—363 页。
② 《杜威博士讲演新人生观》，《申报》1920 年 6 月 2 日。
③ 《新人生观》，《民国日报·觉悟》1920 年 6 月 3 日。《杜威博士之新人生观》，《晨报》1920 年 6 月 6 日。

《申报》1920年6月2日发表《杜威博士讲演新人生观》,概述演讲大意。

杜威此次演讲的大意:"略谓,今日所讲新人生观之第一问题,为人类何以须有新人生观? 此答案可云起于时势之大变迁,因有此大变迁,人生观不得不有以革新。今将新人生观分析之,有三要素:一曰势力之规律;二曰进化之规律;三曰互助之规律。第一规律,所谓势力者,系自动的,而非被动的。古代哲学家,有主动被动之说,将宇宙间一切事物,强以动静二者分之,与中国阴柔阳刚之学说同。今代学说大异,自科学昌明,知世界进化,由于一切事物之无时不在运动,例如桌子,外观如静,实则内部元子常在活动。自然界中既有一种势力时时活动,人类生息于自然界中,莫能逃此规律。当运用其活动不息之势力,使世界进步,在科学未发明时代,人类对于自然界态度,都属被动,不能利用自然界,操纵一切,救济人类之困苦。自有科学,能以其自动能力,预定目的,生一种乐观的态度。人类既有自动,始有第二之进化规律。古代人生观,往往劝人曰:顾过去之事实,作现在之标准。现在人类之精神,重在未来之规划,认定世界可以不断的改造,不断的进化,此种精神,要在人人能以自己为发动之中心点。旧时学说,多属循环思想,认世界一切状况,周而复始,此种思想,适如磨盘之旋转,虽周行不息,结果,仍在原地,未进一步耳。但吾人须注意者,所谓进化,非将旧有优点,尽行扫除,一味求新之谓。须知旧者未必无可取之优点,新者未必悉皆可取也。第三种之规律为互助,人类在公同合作中,自在互助之精神。此种思想之发达,根据于时势之变迁。自电报轮轨发明,打破人类隔离之界限,往来接触既繁,互助之精神,遂因以发达。中国将来交通机关发达后，全国界限，可以打破，社会阶级，亦可因以消除，各界均有接触之关系，机会平等之规律，亦缘以发生。要之，社会互助，当以个人发动力为中心。新人生观，以德谟克拉西为精神，此精神即在尽量发挥个人能力，同时顾到全社会之进化，使个人屈服于社会，是为全部的进化，而非一部分之进化也。"[1]

晚上，杜威、刘伯明、杨贤江等在徐家汇南洋公学晚餐。7时半，在该校讲演"工业与文化之关系"，由刘伯明翻译。听众除了该校全体人士外，还有复旦大学教职员和学生等共约一千人。[2] 该演讲记录稿以《杜威博士在南洋公学演讲纪》为题发表在《申报》1920年6月2日。

在该次演讲中，杜威指出："西洋的文化，比中国不过早一百年，在几千年的时间看来，不过二十四点钟的五分钟，也不算什么。诸君不要疑惑，工业影响在人的精神上也很大的；有工业的发展，然后能解放人的精神，去研究精神上的学问。诸君也不要疑惑，工业的发达，是全靠科学的应用；所以在工业学校里，所有的物理算学化学等，更是重要；但是不把他应用到工业上头去，也是没用的。"

"发明家的发明，不是因为要发财，不过因为研究科学。有坚忍的精神、有胆量、有勇气，不被古人的思想束缚，所以就能发明新理。鄙人从日本来中国，常闻人说，中国现在不但要输入西洋的科学，并且要有西洋人研究科学的精神，就是要把思想解放。但是工业发达，也有一种流弊，就是人要利用他发财，增高一己的地位，社会的贫富阶级，因此发生。中国工业正在萌芽时代，将来就要发展，我们

---

① 《杜威博士讲演新人生观》，《申报》1920年6月2日。

② 参见《杜威博士在南洋公学演讲纪》，《申报》1920年6月2日。

须要想防除这种流弊。日本现在工业发达，都是利用西洋的科学，但是他们的精神，仍旧是原来的习惯，还没有改革；所以现在中国，一方面从物质上发展，一方面就要把不合科学的遗习革除，精神物质两方并进，那是最好的。"①

6月1日，杜威在《日晷》1920年第68卷发表《美国精神与地方主义》(Americanism and Localism)。杜威在文章中写："不管怎样，强调美国精神的社论与强调地方利益的新闻栏目形成特别强烈的对比。""我们发现，地方性是唯一的普遍性。"②

6月1日，《申报》发表《皖学生来沪参观》，提到安徽学生来上海听杜威演讲："安徽省立第四师范学校四年级学生三十余人，由宣城乘轮来沪，参观小学教育，已于前日（五月二十八）抵埠，备寓上海县劝学所。二十九三十两日，参观职业学校成绩，并听杜威博士演讲。自昨日起，参观二师附属，县立各高小，及万竹、尚公等著名各小学，毕后，并定绕道南通，参观一切，再行回校云。"③

6月1日，《晨报》发表演讲记录稿《教育哲学（二十三）·杜威在南京之讲演》，倪文宙、张念祖笔记。继续讲语文的教授。④

6月2日，上午10时，在杨树浦沪江大学讲演"普通教育与职业教育之关系"。刘伯明翻译，沪江大学冯树华笔记。该演讲记录稿发表在《民国日报·觉悟》1920年6月5日。

---

① 《杜威博士在南洋公学演讲纪》，《申报》1920年6月2日。
② 《杜威全集·中期著作》第12卷，上海：华东师范大学出版社，2012年，第10—13页。
③ 《皖学生来沪参观》，《申报》1920年6月1日。
④ 《教育哲学（二十三）·杜威在南京之讲演》，《晨报》1920年6月1日。另一版本记录稿参见袁刚、孙家祥、任丙强编：《民治主义与现代社会——杜威在华讲演集》，北京：北京大学出版社，2004年，第513—515页。

在该次演讲中，杜威指出："我听见说起中国向来有学徒制度，这就是机械教育的例。但是我们不必反对他，我们想法去改良他就好了；最好设立一种补习（supplementary）学校，提倡他，发展他。此种学校，宜有写字、读书、初等算学等科，更要授以公民（citizen）应有的知识，科学的律令，远大的眼光，人生的和社会的观念。""中国向来有一种试验所得之经验（Empirical Experience），无非是相传下来的经验方法，并没有系统的知识。如果拿这种经验改良一下，发展一下，再加上科学，中国将来的希望是很大的。""从前相传下来的教育，不过注重文章方面，不去实验的，是没有用的。专门读书不去力行是贵族教育，他们以为用力是可耻的事，所以思而不行，更不从事研究种种职业和技能，所以变成抽象的贵族教育了。还有那相传下来技艺保守的人，不过有狭小的实验，并没有文章的思想。如果二者互相改良，岂不是范围扩充了吗？就是说职业教育与普通教育，要生关系，普通教育要有职业教育去帮助他，职业教育要有普通教育去救济他。""职业教育不是为了个人私人设立的，职业教育不是为了私人利益兴办的；职业教育有社会目的，职业教育是为公共利益而生的，是要免除种种经济上不改良之点，和社会上困难而起的。现在中国方才在实业发展起头时候，更宜注意有没有私人自私自利使社会受害。如果有这种私心的倾向，宜速除去之。"[①]

下午4时半，刘伯明博士在陆家浜中华职业学校讲演"东西洋人生观之比较"。[②]

晚8时，应青年会邀请，在上海殉道堂，演讲"社会进化"。由刘

① 参见《杜威博士在沪江大学演讲纪》，《申报》1920 年 6 月 3 日。
② 参见《刘伯明博士在职业学校讲演》，《申报》1920 年 6 月 3 日。

伯明翻译。"来宾千余人。"《申报》发表《杜威博士今晚在青年会演讲》:"青年会交际科演讲会,定今日(二号)晚八时,敦请杜威博士演讲,题为'社会进化'。凡渴慕博士大名、欲闻匡时伟论者,速向该会事务所索取入场券,届时务须早往,缘是日人数必众,迟则必抱向隅之憾也。"①该演讲记录稿以《杜威博士在青年会之演讲:题为社会进化》为题发表在《申报》1920 年 6 月 3 日。以《社会进化》为题发表在《民国日报·觉悟》1920 年 6 月 7 日。

在该次演讲中,杜威指出,判断社会进化的标准,也就是判断个人进化的标准,即体育(生理)、经济、交际、品性四个标准。杜威在演讲中,逐一分析这四个标准的内涵。"一国之中,国民如不注意体育,精力就有限了,萎靡不振,无坚持的毅力,无贯彻的思想,悔心失望,然后达到被动的地位。促进国家进化最妥的方法,是提倡运动,使全国的人民发生兴趣,具乐观的观念,有了精力,然后新事业自然发生了。""中国现在,在经济上是没有进步,十年以后,去度量其经济的进步,不是去计算工厂有多少、大组织有几何,而必须审察其小店铺之发达与否,和工艺上进步与否。各人都可享受其应有的财产,不为少数人垄断。经济的进步,实在看平民的生产力的,不是看少数人的生产力的。""美国从前有个为父亲的人,对他儿子解释团结的价值,以各个小木棍,令其儿一一折之,折断极易;乃捆为一束,使其折之,则不能。一国之中,无论教育实业,以及各种的事业,若恃个人独立,无互助的精神、团结的能力,则必和各个木棍之易折相同。所以无团结的精神和互助的实力,决不能得社会的进步。""只

---

① 《杜威博士今晚在青年会演讲》,《申报》1920 年 6 月 2 日。

可把一方面略讲一下,其品性有了自治的精神和自制的能力,就是他的进步。……真正德谟克拉西的国家,实现共和的精神,口头的言语,及纸上所书的宪法,都是假的;国民无品性,而国家为共和,这个共和,一定是假的,久而久之,终必为贵族所管理的。"①

6 月 2 日,《晨报》发表演讲记录稿《教育哲学(二十四)·杜威在南京之讲演》,倪文宙、张念祖笔记。讲历史的教授。②

6 月 3 日,上午 10 时,在浦东中学讲演"公民教育",由刘伯明翻译。

在这次演讲中,杜威指出:"因为学校是一个社会,学生就是社会里的公民;学生在学校里边受公民的训练,那就是公民教育。学校内容,是很复杂的,但是分析起来,亦有上列四种生活。学校中的规则,一如国家的宪法,遵守学校的规则,犹服从国家的宪法;学生与学生的交际,犹兄弟姊妹也,学生对师长犹对父兄也;学校中也有用途的,学校用途的经济,犹如国家经济也;同学间的交际,犹如社会上人与人的交际。现在有许多学生,在学校中非常关心国事,不晓得他们在学校里,养成了上列的几种习惯,将来到社会上去,就可以扶助社会了。倘然在学校里边,不曾好好的受过公民训练,将来脱离了学校,也不能够做一良好的公民,替社会服务的。店铺主人,招收学徒,学习种种工艺;学生在学校,就是要学做很好的公民,在学校里好好的培养了公民资格,那么将来到社会上去,一定是一个

① 《杜威博士在青年会之演讲:题为社会进化》,《申报》1920 年 6 月 3 日。
② 《教育哲学(二十四)·杜威在南京之讲演》,《晨报》1920 年 6 月 2 日。另一版本记录稿参见袁刚、孙家祥、任丙强编:《民治主义与现代社会——杜威在华讲演集》,北京:北京大学出版社,2004 年,第 515—516 页。

良好的公民。""现在中国正在提倡实用教育,非但中国一国提倡,全世界都在那里提倡。惟实用教育是有二种:一种为狭义的,只为个人谋生活,谋发财,那是没中用的;一种为广义的,是教人晓得他所学的同社会有关系,有价值。一般受教育的人,应该晓得他受的教育,不是为个人的,乃是为社会谋幸福,谋利益的,这方才是实用的教育。"①

下午4时半,应江苏省教育会邀请,在中华职业学校,讲演"德谟克拉西之意义"。"此题为中国国体根本问题,又为杜威博士在上海末次之演讲,故听者尤众,男女来宾到者约六七百人,以学界为多。由沈信卿主席,刘伯明口译。杜威博士此次演说,不惟将德谟克拉西之意义,发达无遗,并对于学生痛加勉励,俾知求学时代,即为真正国民之预备,实于中国大有关系者也。"②该演讲记录稿以《杜威博士讲德谟克拉西真义》为题发表在《申报》1920年6月4、5日。

在该次演讲中,杜威指出:"国民全体治理国家就是法治。法治与人治不同,法治就是用法律裁判国家,不是凭个人私意私见及一时的好恶,专制国事。真正德谟克拉西,并不是无政府,无法律,不过不是一二人或少数人的法律,是普遍的法律,人人的法律。无论男子妇子、强者弱者、官僚平民,在法律上,一切平等的。人治法治的分别,就是人治是不负责任的政治,只凭少数人一时的好恶,也不问及将来的效果,所以是不负责任的;法治的政府,是人民的代表,

① 《杜威博士在浦东中学演讲纪》,《申报》1920年6月4日。
② 参见《杜威博士昨日抵沪》,《申报》1920年5月28日;《省教育会请听讲演之两函》,《申报》1920年5月29日;《江苏省教育会讲演会变更地点通告》,《申报》1920年6月1—3日;《杜威博士讲德谟克拉西真义》,《申报》1920年6月4日;《杜威博士讲德谟克拉西真义》(续),《申报》1920年6月5日。

所制的法律,是为人民的,所以对于国民,是有责任的。所以人治是专断的,不负责的;法治是不专断的,负责的。反对法治的人,滥用政权,就从人治产生出来的;制法律的人,如不能代表全体人民的好恶,只是代表少数人民的好恶,那末这种代表,就失掉代表人民的资格,就是不忠于国家,就是犯大逆不道的罪了。"[1]

"我们所以应该明白,德谟克拉西有两种精神:一面有自由,一面就有责任。两种精神,是平均的,自由从责任上来的,但是培养人的责任心,须使他有自由。学校的组织,须与学生有自治的机会;自治的范围,须视学生自己能力程度的高低,渐渐的扩充。还有一紧要处,就是学生自己的组织或团体,以及会务的进行,都是使学生有社会同道德的训练,预备将来成一良好的国民。我今天要在诸同学前,诚恳的申明,就是学生现在所组织的会,所有宗旨、方法、精神,就可以试验自己的能力了。现在学生批评政府,自然可以批评的,但是诸君自己应该查考自己的组织,自己的进行,是不是同政府有同样的弊病呢?因为诸君现在集会的宗旨、方法、同精神,就是将来对于国家的宗旨、方法、同精神;诸君现在提倡德谟克拉西,提倡政府是人民所有的,为人民享受的,人民所治理的,就可以拿这个原理,应用到学生团体的组织上,如不能应用,那就不配提倡德谟克拉西了。"[2]

下午3时半,杜威夫人在法租界南阳桥勤业女子师范演讲"女子教育要义",以中美女子教育情状之比较为题,并开欢迎会。[3]"来宾四百余人,杜威夫人偕其女公子莅会后,即与该校教职员学生及来

① 《杜威博士讲德谟克拉西真义》,《申报》1920年6月4日。
② 《杜威博士讲德谟克拉西真义》(续),《申报》1920年6月5日。
③ 参见《杜威夫人演说预志》,《申报》1920年6月2日。

宾合摄一影,然后振铃开会。先由会长朱剑霞女士报告开会宗旨,次由学生唱欢迎歌,次由学生读欢迎词,由该校教员用英文译述,又有小学生之欢迎词,声调清越,娓娓动听。继请杜威夫人演说,由美人陆秀贞女士传译,略云:今日先须声明于诸君之前者,因四时后尚有他处之邀请,'恕今日不能多说'。承诸君开会欢迎,感激莫名,自当永志不忘。既承朱校长要求演说,不得不略贡数语,惟别无贡献,且以中美女子教育情状之比较为题。中国人民有四万万之多,而女子之读书者,不过十七万八千六百人。美国有一千万人民,而有一百万女子读书。中美之比较,可以知矣。中国人民一千人中,难得读书之女子一人,亦堪悯矣。我美之女子,不论其愿与不愿,必须令其入学,故有如是之成效。中国则不然,无怪其教育之不发达也。要知一人惰而不学,可牵及他人而至于全国,中国乃世界之大国,必愿其成世界最文明之国家也。然欲成最文明国家,非教育不可。中国女子之求学,以前极困难,一如数十年前之美国。然而为女子者,必须自动而自助,毋依赖男子。男子方无由藉口,求学于是乎不生阻力矣。除去障碍,尤须各具同情,各人能寻学问,此即有学问也。女子教育,为当今急务。惟每事之始,必有障碍,尚望忍耐做去,方可得生活之钥。最忌者为糊涂,糊涂则易受人垄断。自决自助,为女子所不可少者。望志之。继请徐季龙演说,又有学生之表演,散会,已六时矣。"①

晚7时,江苏省教育会、上海县教育会、上海县商会、寰球中国学生会、欧美同学会、基督教救国会、中华职业教育社、救火联合会、京

---

① 《勤业女师范欢迎杜威夫人》,《申报》1920年6月4日。

津益世报、华侨联合会等十团体在一品香设宴欢迎美国新任公使克兰氏,杜威一家参加欢迎宴会。①

6月3日,《晨报》发表演讲记录稿《教育哲学(二十五)·杜威在南京之讲演》,倪文宙、张念祖笔记。继续讲历史的教授。②

6月4日,下午1时,松江县劝学所、三中校暨县教育会、图书馆四团体,敦请杜威博士在劝学所讲演。"男女之到场听讲者不下千人,郭知事亦来参与。"由徐守五翻译。讲题为"学校与社会之关系"。"大致谓教育当从社会方面着想,应普及的,务使人人都受良好教育,为社会谋幸福。盖学校即社会之雏形,教育即社会之生活。我人须知共和国之精神,在人人得正当之选举权,与恪守法律。欲达此目的,非先贯以智识不可,即非广兴学校不可。而如地方上之公园、公共体育场、图书馆等,亦当次第设立,协谋社会幸福。总之,普及教育,实为社会幸福之先驱,在美已有成效,中国能注意及此,将见人人有充分之智识技能,与健康之精神,以造成健全之国家云。"③

在杜威演讲后,刘伯明继续登坛讲演,题为"近代之两大精神,一科学精神,一共和精神"。"略谓,我国当学德国之科学精神,美国之共和精神,以造成新中国云。"④

午后11时,携夫人、女儿、刘伯明乘大德轮船赴南通。武昌高等师范校长也乘同一艘船,往南通考察。当晚到埠送行者有沈信卿、

---

① 参见《十团体欢迎美公使纪》,《申报》1920年6月4日。
② 《教育哲学(二十五)·杜威在南京之讲演》,《晨报》1920年6月3日。另一版本记录稿参见袁刚、孙家祥、任丙强编:《民治主义与现代社会——杜威在华讲演集》,北京:北京大学出版社,2004年,第516—518页。
③ 《松江·杜威博士演讲纪》,《申报》1920年6月6日。
④ 《松江·杜威博士演讲纪》,《申报》1920年6月6日。

朱少屏、沈燕谋、吴敏于诸君。①

6月4日,克莱斯致信杜威,对杜威写的《宇宙》导言表示赞赏。"在我看来,它在每一个方面都异乎寻常的好。"②

6月4日,晚上,胡适在日记中写:"改杜威稿。"③

6月4日,《晨报》发表演讲记录稿《教育哲学(二十六)·杜威在南京之讲演》,郭智方、金海观笔记。讲科学的教授。④

6月5日,上午,胡适在日记中写:"改杜威稿。"⑤

6月5日,下午4时,抵南通天生港。"通邑政学各界,特遣代表赴埠迎迓。张啬老亦派其子孝若乘汽车前往欢迎。抵城后,下榻于模范马路之有菱馆。小憩片时,仍乘汽车拜会张绅,当在濠阳小筑宴会。"⑥

6月5日,《晨报》发表演讲记录稿《教育哲学(二十七)·杜威在南京之讲演》,郭智方、金海观笔记。继续讲科学的教授。⑦

6月6日,上午8时,在南通更俗剧场,演讲"教育者之责任",刘伯明翻译,实到听众两千人。下午,赴师范学校及盲哑残废两院游览。⑧ 该演讲记录稿以《教育者的责任》为题发表在《民国日报·觉

---

① 《杜威博士赴南通》,《申报》1920 年 6 月 7 日。

② 《杜威全集·中期著作》第 13 卷,上海:华东师范大学出版社,2012 年,第 440 页。

③ 《胡适全集》第 29 卷,合肥:安徽教育出版社,2003 年,第 184 页。

④ 《教育哲学(二十六)·杜威在南京之讲演》,《晨报》1920 年 6 月 4 日。另一版本记录稿参见袁刚、孙家祥、任丙强编:《民治主义与现代社会——杜威在华讲演集》,北京:北京大学出版社,2004 年,第 518—520 页。

⑤ 《胡适全集》第 29 卷,合肥:安徽教育出版社,2003 年,第 185 页。

⑥ 《南通·杜威博士莅通纪》,《申报》1920 年 6 月 7 日。

⑦ 《教育哲学(二十七)·杜威在南京之讲演》,《晨报》1920 年 6 月 5 日。另一版本记录稿参见袁刚、孙家祥、任丙强编:《民治主义与现代社会——杜威在华讲演集》,北京:北京大学出版社,2004 年,第 520—521 页。

⑧ 参见《南通·杜威博士莅通纪》,《申报》1920 年 6 月 7 日。

悟》1920年6月19日。罗鸿璇、范盖晋笔记。"中国现在的社会太腐败,改造的责任,全在学生;而师范生的责任,更加重大。将来做教员的时候,应当拿开创的精神,操纵自然的精神,来感化学生,造成一个蓬蓬勃勃的中国。……美国的提倡普及教育,不是由中央政府发动的,是由人民先自觉悟,而后去觉悟政府的。"①

6月7日,继续在南通演讲,题为"社会进化问题"。"讨论分四种:(一)注重生理;(二)发展经济;(三)互助交际;(四)培养品行。因经济问题与工业有关,留作次日唐闸演讲,故只讲生理、交际、品行三项。对于生理,首重卫生,毋使瘟疫传染,而社会受福必多。交际须视其有团结力与否,人人能团结,则国家治;有一人不团结,便呈涣散气象。而品行之培养,尤须自尊尊人;自信信人,方可自决自动,必能达最高之目的。"②

6月7日,毛泽东在致黎锦熙的信中写:"我近来功课,英文,哲学,报,只这三科。哲学从'现代三大哲学家'起,渐次进于各家。"③

6月8日,在南通唐闸公园,演讲经济问题,即"工业与教育之关系"。"中国向来工业一偏于理论,一偏于实验,以后须两方并重,非从普及教育入手不可。听者拍掌不绝。"④

6月8日,赴上海。

6月9日,《晨报》发表演讲记录稿《哲学史(十五)(续五月二十二日)·杜威在南京之讲演》。此为杜威在南京高等师范学校所作

---

① 《教育者的责任》,袁刚、孙家祥、任丙强编:《民治主义与现代社会——杜威在华讲演集》,北京:北京大学出版社,2004年,第567—571页。
② 《南通·杜威博士演讲续闻》,《申报》1920年6月11日。
③ 《毛泽东早期文稿》,长沙:湖南出版社,1990年,第479页。
④ 《南通·杜威博士演讲续闻》,《申报》1920年6月11日。

的"哲学史"第八次演讲记录稿的第一部分,刘伯明翻译,邰爽秋、施毓麒笔记。讲柏拉图的教育哲学。①

6月9日,《时事新报·学灯》发表杜威在上海松江的演讲记录稿《教育与社会的关系》。徐守五译,李曾廉等记。"以前的教育,是独善其身的教育,是没有社会观念的教育。……学校是器具,使德育、体育、智育上发达,均得享受幸福,然后可以成功健康的中国。"②

6月10日,乘早车,由沪至嘉兴。当日下午1时,在嘉兴城内公共讲演厅讲演"小学教育之设施"。"嘉邑人士之往听者不下二三千人,而以学界占多数。"至下午5时演讲结束,乘特别快车赴杭州,嘉兴教育界人士到车站送行。③

晚上,抵达杭州。浙江省教育会阮荀伯、一师姜伯韩、法校寿毅成等到站欢迎,寄寓清泰第二旅馆。④

6月10日,《晨报》发表演讲记录稿《哲学史(十六)·杜威在南京之讲演》。此为杜威在南京高等师范学校所作的"哲学史"第八次演讲记录稿的第二部分,刘伯明翻译,邰爽秋、施毓麒笔记。讲柏拉图的道德学说和亚里士多德对柏拉图的批评。⑤

6月10日,约翰·J·科斯致信杜威。"我们很遗憾还要再等一

① 《哲学史(十五)(续五月二十二日)·杜威在南京之讲演》,《晨报》1920年6月9日。另一版本记录稿参见袁刚、孙家祥、任丙强编:《民治主义与现代社会——杜威在华讲演集》,北京:北京大学出版社,2004年,第302—305页。
② 《教育与社会的关系》,《时事新报·学灯》1920年6月9日。
③ 《嘉兴·杜威博士讲演纪》,《申报》1920年6月12日。
④ 参见《杭州快信》,《申报》1920年6月12日;《杭州·杜威博士抵杭纪》,《申报》1920年6月13日。
⑤ 《哲学史(十六)·杜威在南京之讲演》,《晨报》1920年6月10日。另一版本记录稿参见袁刚、孙家祥、任丙强编:《民治主义与现代社会——杜威在华讲演集》,北京:北京大学出版社,2004年,第305—307页。

年,但同时又为您感到高兴,可以对东方古国有更深一层的了解。"①

6月11日,在杭州。午前,由杨俊夫导游葛岭、玉泉、灵隐、紫云洞各处;午后,至马坡巷公立法政专门学校讲演"社会问题之研究"。②

6月12日,《申报》报道:"杜威博士,昨(1920年6月10日——引者注)由嘉兴乘夜车抵杭。今日(十一)在公立法校讲演,十二日在省教育会,十三日一中、宗文两校,十四日第一师校,假座风舞台,请博士讲演。"③

6月12日,中午,浙江省教育会假律师公会,开会欢迎杜威,下午2时,请杜威演讲。《申报》报道:"省教育会今日(十二)敦请杜威博士午宴,并于二时讲演。讵昨夜该会房屋坍塌,临时改借律师公会举行。"④

下午4时,在杭州,借青年会屋顶花园讲演"德谟克拉西的真义"。由郑晓沧翻译。德谟克拉西主义即"为民的"、"由民的"、"被民的"政治。⑤ 该演讲记录稿发表在《民国日报·觉悟》1920年6月16日。

6月13日,在杭州第一师范学校演讲"德谟克拉西的社会分子应有的性质"。由郑晓沧翻译。该演讲记录稿发表在《民国日报》1920年6月16日6版。⑥

---

① 乔治·戴克威曾:《杜威的中国之行》,《杜威传》,单中惠编译,合肥:安徽教育出版社,2009年,第356页。
② 参见《杭州·杜威博士抵杭纪》,《申报》1920年6月13日。
③ 《杭州快信》,《申报》1920年6月12日。
④ 《杭州快信》,《申报》1920年6月13日。
⑤ 《德谟克拉西的真义》,《民国日报·觉悟》1920年6月16日。
⑥ 《杜威在浙一师之讲演》,《民国日报》1920年6月16日。

6月13日,《民国日报》发表杜威演讲记录稿《小学教育之新趋势》。郑晓沧口译。"十年或二十年后中国之强与不强,全观小学方面之趋向如何,而为判断之。"[1]

6月14日,上午7时,应浙江省立第一师范学校校友会所请,在西湖凤舞台演讲,演讲题为:(一)科学与人生之关系;(二)社会主义。由郑晓沧翻译。"男女各校生齐集听讲,无容膝地。午后,女子职业学校柬请赴西湖昭庆寺讲演。本日夜车返沪。"[2]《科学与人生之关系》演讲记录稿发表在《民国日报》1920年6月20、21日。"科学对于人生改良之方法有二:(一)人类自看能力勿使其处于被动力;(二)观念上之改良。……诸君须知西方文明,不在物质上之发明。吾人仅模仿其物质上的而不用自己之精神去研究,乃一危险之事。"[3]

6月15日,《民国日报》发表杜威夫人在嘉兴的演讲记录稿《女子教育问题》。"女子所负重大责任,即良母与良师。故愿贵处于数年之后,多增学校,多添女子教师,以适应社会之需要。"[4]

6月16日,《民国日报》发表《杜威博士赴徐州演讲》。"杜威博士在杭州演讲事毕,已于昨日偕夫人、女公子等,乘车返沪。闻因徐州学界人士敦请前往演讲,预备即由沪至宁,转乘津浦铁路火车赴徐州云。"[5]

---

① 《小学教育之新趋势》,袁刚、孙家祥、任丙强编:《民治主义与现代社会——杜威在华讲演集》,北京:北京大学出版社,2004年,第681—682页。
② 参见《杭州快信》,《申报》1920年6月15日。
③ 《科学与人生之关系》,袁刚、孙家祥、任丙强编:《民治主义与现代社会——杜威在华讲演集》,北京:北京大学出版社,2004年,第270—272页。
④ 《女子教育问题》,袁刚、孙家祥、任丙强编:《民治主义与现代社会——杜威在华讲演集》,北京:北京大学出版社,2004年,第708页。
⑤ 《杜威博士赴徐州演讲》,《民国日报》1920年6月16日。

6月16日,《申报》发表《张南通欢迎杜威氏摄影》,此系杜威访问南通时的集体照。集体照中的人员名单从右至左依次为:李敏孚,何尚平,张詧,张謇,高诚身,杜威,张孝若,杜威夫人,杜威少女公子,张謇夫人,杜威长女公子,高诚身夫人。①

6月16日,上午11时半,乘车到徐州。同行者有文学博士黄任之、哲学博士刘伯明、法学硕士王伯秋、教育硕士陈鹤琴、教育部特派考察大战后欧美女子教育张默君女士。②

6月17日,上午,演讲。刘伯明翻译。演讲后,畅游云龙山名胜。下午4时,在南关外段氏花园举行欢迎茶话会,杜威参加。

6月17—19日,杜威博士在徐州演讲题目:(1)教育的新趋势;(2)教材改组及组织;(3)学校与环境;(4)教员的天职;(5)道德教育;(6)社会进化的标准;(7)自动的真义。五位随行人士也分别讲演。③随后前往南京。

演讲记录稿《教育底新趋势》发表在《民国日报·觉悟》1920年6月30日。刘伯明口译,曹寅甫、藤仰友合记。"最近'教育底新趋势',就是要注重学生本身的动作及能力底发展;并要注重学生生活与社会生活底联络;补足旧式教育底漏缺。"④

演讲记录稿《教材底组织》发表在《民国日报·觉悟》1920年7月1日。刘伯明口译,郑梦九、徐在兹笔记。"我们有三种精神,在学校教授科目上培养,然后社会上才能有'新的人物',请分项说明如

---

① 《张南通欢迎杜威氏摄影》,《申报》1920年6月16日。
② 参见《徐州·徐州大演讲先声》,《申报》1920年6月1日。
③ 参见《徐州·徐州大演讲先声》,《申报》1920年6月1日。
④ 《教育底新趋势》,《民国日报·觉悟》1920年6月30日。

下：一、游戏。游戏就是运动，运动能发展精神、活动身体。二、手工。能使学生独出心裁，发表意匠，养成创造的能力。三、科学。能使儿童用耳、口、脑筋，去自己观察、发明、实验。"①

6月17日，《民国日报·觉悟》发表杜威演讲记录稿《造就发动的性质的教育》。造就发动的性质的方法，有三种："第一在注重游戏运动"，"第二注重手的活动"，"第三，注重天然物象的观察和实验"。②

6月18日，《民国日报·觉悟》发表署名 T. D. 的文章《评杜威底演讲》。作者对杜威在浙江第一师范学校所作演讲"科学与人生"中的观点提出批评。杜威说"中国人现在研究'共产主义'的很多，晓得社会要改革，是好现象。但不过现在中国是谋生产要紧，不是分配财产时期。如其空谈共产主义，不如研究科学谋生产较有益。例如黄河决，要研究工程学。瘟疫多，要研究医学。共产主义，是不能治河医病的"。作者认为，中国社会很多问题是财产分配不均造成的。例如治理黄河，缺的不是工程师，问题在于河工督办中饱私囊。"杜威在华仅仅一年多，是没有仔细明白中国社会的情形呢？还是因杭州地方底空气特别，所以不敢发表真义呢？"③

6月20日，《申报》发表《苏州·杜威到吴先声》。"美国杜威博士前由中西各教育团体，敦请来苏讲演，迭纪本报，兹据确讯，已承博士函允于本月二十六日莅吴，二十七日在吴县教育会讲演，二十八二十九两日，在天赐庄东吴大学校讲演，并预备俟杜威君抵境时，

---

① 《教材底组织》，《民国日报·觉悟》1920 年 7 月 1 日。
② 《造就发动的性质的教育》，《民国日报·觉悟》1920 年 6 月 17 日。
③ T. D. ：《随感录·评杜威底演讲》，《民国日报·觉悟》1920 年 6 月 18 日。

假留园开欢迎大会。"①

6月20日,《教育杂志》1920年第12卷第6号发表贾丰臻的文章《聆杜威博士讲演教育者之天职赘言》。②

6月21日,下午4时,杜威博士偕刘伯明、王伯秋君等由南京到无锡。劝学所、教育会、第三师范学校、辅仁中学四团体至车站欢迎。杜威下车后乘车径至城内第三师范大讲堂,该校校长顾述之介绍杜威到无锡讲演情形,辅仁中学杨四箴代表全体致西文欢迎辞,杜威致谢后,简单演讲。"锡地教育实业之发达,希望将来更加发达,并盼中美之日益亲密等语,历数十分钟而散。是日到校听讲者男女人士约计千余人。"③

《申报》报道,杜威一行于6月21日抵达无锡后,杜威夫人、女儿直接赴苏州,由振华女校王校长欢迎。杜威夫人参观该校并演讲。"略云,予之所最希望于诸君者,即普及中国女子教育。人有健全之肉体,始有健全之脑力。女子为国民之母,尤宜具有高尚之学问,优美之道德,教导其子女,而于普通科学,如地理算学,更宜加意研习。予遍游中国各地,家号素封者,不亚美洲,惜其坐拥厚资,于社会中之种种公益,则置之不闻,推其病原,皆不受教育之害。吾美全国国民几无一人不受教育,中国则十不得一,深望诸君,无论于社会中家庭中竭力劝人求学,并告其求学之益与无学问之苦。百年前美国女子之不受教育者,其数几与中国等,后经有志女子之苦口劝导,就学

① 《苏州·杜威到吴先声》,《申报》1920年6月20日。
② 贾丰臻:《聆杜威博士讲演教育者之天职赘言》,《教育杂志》第12卷第6号,1920年6月20日。
③ 参见《无锡·杜威博士到锡》,《申报》1920年6月23日。

者始日见其多，况学成而后，无论就何职业，凡已受教育者所得之薪金，较诸未受教育者其数且有过倍者矣，于是一般国民，皆深信不受教育之为非计，而亟亟令其子女入校。美国女子历尽千辛万苦，而其良好之结果，始见于今日。愿诸君幸勿自误，对于女学方面，竭力提倡，以达到普及女子教育之目的，则余亦深为中国前途幸云。"[1]

6月22日，上午9时半至11时，在无锡第三师范学校，讲演"试验主义"。[2] "如今要调和新旧的意见，非取折衷的方法不可，所谓折衷方法，就是'试验主义'了。不过'试验主义'，必以科学精神上的方法行之。"《试验主义》演讲记录稿发表在《民国日报·觉悟》1920年7月16日。沈同文、沈宗璜、方腾农笔述。[3]

6月22日，克莱斯致信杜威，说《宇宙》一书的第二个导言的作者约旦(David Starr Jordan)也赞赏杜威的导言，这是"出自在世的哲学家最有才能的人之手的一篇卓越的文字"。[4]

6月23日，《时事新报·学灯》发表静生的文章《对于杜威博士在南通第一日讲演词的感想》。同日，发表柏盒的文章《杭州教育界对于杜威的感想》。[5]

6月23日，《申报》发表《无锡·杜威博士到锡》。"定于二十二日上午九时半起至十一点止，演讲试验主义。二十三四五三日，亦

① 《苏州·杜威夫人演讲纪》，《申报》1920年6月27日。
② 参见《无锡·杜威博士到锡》，《申报》1920年6月23日。
③ 《试验主义》，《民国日报·觉悟》1920年7月16日。
④ 《杜威全集·中期著作》第13卷，上海：华东师范大学出版社，2012年，第440页。
⑤ 静生：《对于杜威博士在南通第一日讲演词的感想》，《时事新报·学灯》1920年6月23日。柏盒：《杭州教育界对于杜威的感想》，《时事新报·学灯》1920年6月23日。

在该校(指无锡第三师范学校——引者注)演讲。定二十六日启行,想在此数日中,定有一番盛况也。"①

6月23—25三日,在无锡第三师范学校演说。② 演讲题目是(1)学生自治。(2)学校与社会。(3)近今世界与教育思潮。杜威女儿讲演"新教育原理之实验法"。③

6月25日,《申报》发表《溧阳教育界来锡听讲》:"溧阳教育界,前请杜威博士在锡演讲后,枉道至溧演讲,博士为时间所限,未克前往。该县教育界,公推原发起人沈叔夏方伯超沈同文三君到锡,听博士演讲,以便裨益该县教育界云。"④

6月26日,由无锡乘车抵苏州。劝学所长潘起鹏、教育会长龚鼎、省医校校长蔡文森、工校校长屠镇西、农业校长王企华、师范校长王饮鹤、中学校长汪鼎丞、中学以上教职员联合会彭敏伯等至车站欢迎,下车即至铁路饭店午餐。下午假盛氏留园开欢迎会,绅学各界共六十余人参加。下午5时,欢迎博士至四面厅,先拍照,然后开会,由王饮鹤、苏州市董蒋季和先后致欢迎词,博士答谢后,入席聚餐,晚餐后散会。⑤

6月27日,上午9时,在旧皇宫吴县教育会演讲,原定讲题为"师范教育",临时变更为:(一)教育行政之目的,(二)小学教育之趋势。郑晓沧任翻译。"听讲者共有男宾五百余人,内有自吴江、常熟等处来之教育界多人;女宾一百余人。"至12时演讲毕。下午,由教

---

① 《无锡·杜威博士到锡》,《申报》1920年6月23日。
② 参见《无锡·杜威博士到锡》,《申报》1920年6月23日。
③ 参见《杜威临无锡演讲》,《民国日报》1920年6月23日。
④ 《无锡·溧阳教育界来锡听讲》,《申报》1920年6月25日。
⑤ 参见《苏州·杜威博士莅苏》,《申报》1920年6月28日。

育会长龚耕禹等陪至护龙街顾氏怡园、北街拙政园、北寺塔等处游览。① "教育行政之目的"演讲记录稿发表在《民国日报·觉悟》1920年7月9日。郑晓沧翻译，尤抬尘、张吉如笔记。"若教育行政家，则需要研究社会上的需[要]，谋学校的进步，以使社会进步。那几种是社会上的需要呢？一、人民的健康问题。……二、提高国民经济的能力。……三、利用闲暇的时候施以适当之教育。"②

6月27日，《晨报》发表演讲记录稿《哲学史（十七）·杜威在南京之讲演》。此为杜威在南京高等师范学校所作的"哲学史"第九次演讲记录稿，刘伯明翻译，邰爽秋、施毓麒笔记。讲亚里士多德解释一多和定变问题、物质与精神的问题等。③

6月28日，《申报》发表《苏州·杜威博士莅苏》。"定二十七日在旧皇宫县教育会演讲，题为师范教育，专请各校教职员听讲。二十八日在天赐庄圣约翰讲堂演讲，题为各专门学校实业教育，专请教会男女各校学生听讲。二十九日仍在天赐庄，讲题为教育行政，专请官立男女各校学生听讲云。"④

6月28日，上午9时，假在苏州天赐庄圣约翰堂演讲。讲题原为"各专门学校实业教育"，临时改为：（一）教员之责任，（二）学生自治。第一讲题由郑晓沧译述。第二讲题由东吴大学教员潘慎文译述。"听讲者，计有东吴大学、景海女子等校男女学生，都三千余

---

① 参见《苏州·杜威博士讲演纪》，《申报》1920年6月29日。
② 《教育行政之目的》，《民国日报·觉悟》1920年7月9日。
③ 《哲学史（十七）·杜威在南京之讲演》，《晨报》1920年6月27日。另一版本记录稿参见袁刚、孙家祥、任丙强编：《民治主义与现代社会——杜威在华讲演集》，北京：北京大学出版社，2004年，第307—310页。
④ 《苏州·杜威博士莅苏》，《申报》1920年6月28日。

人。"正午讲毕，由东吴大学葛校长备筵款待。下午，教育会长等雇汽船，陪博士往木渎灵岩山游览名胜。①"教育者底责任"演讲记录稿刊登在《民国日报·觉悟》1920 年 7 月 3 日。蒋石洲笔录。"教育者的责任即就是做领袖的责任。……八九年前，中国推翻了专制政体，建设共和政府，不过这样仅是形式上底推翻和改造，要有种内部底改造，才可以算是根本底改造。什么叫做内部改造呢？就是智力底改造，思想底改造。……不过内部改造，必须要明白教育是改造内部底根本方法；否则，一切都是枉然的。"②

6 月 28 日，《晨报》发表演讲记录稿《哲学史（十八）·杜威在南京之讲演》。此为杜威在南京高等师范学校所作的"哲学史"第十次演讲记录稿的第一部分，刘伯明翻译，邰爽秋、施毓麒笔记。讲亚里士多德之种类的定断。③

6 月 29 日，上午 10 时，继续在苏州天赐庄圣约翰堂演讲。讲题为：（一）教育与社会，（二）教育与实业。"听者几无容足地。""深入显出，阐发尽致，计历三小时之久，听毕各鼓掌而散。"由郑晓沧译述。④

在苏州的演讲记录稿以《教育与实业》为题发表在《民国日报·觉悟》1920 年 7 月 2 日。华润彦笔记。"教育与实业，两方面要和衷共济，不能互相抵触，那国家的进步，自然快了。"⑤

---

① 参见《苏州·杜威博士讲演续纪》，《申报》1920 年 6 月 30 日。
② 《教育者底责任》，《民国日报·觉悟》1920 年 7 月 3 日。
③ 《哲学史（十八）·杜威在南京之讲演》，《晨报》1920 年 6 月 28 日。另一版本记录稿参见袁刚、孙家祥、任丙强编：《民治主义与现代社会——杜威在华讲演集》，北京：北京大学出版社，2004 年，第 311—312 页。
④ 参见《苏州·杜威博士演讲三志》，《申报》1920 年 7 月 1 日。
⑤ 《教育与实业》，《民国日报·觉悟》1920 年 7 月 2 日。

在苏州的演讲记录稿以《学校与社会》为题发表在《民国日报·觉悟》1920 年 7 月 11 日。沈炳魁、陈旦笔记。"教育的基本观念，教育的目的、方法，都须为全社会的，合于社会的一切生活状态的。这是近今新教育的趋势。"①

6 月 29 日，《晨报》发表演讲记录稿《哲学史（十九）·杜威在南京之讲演》。此为杜威在南京高等师范学校所作的"哲学史"第十次演讲记录稿的第二部分，刘伯明翻译，邰爽秋、施毓麒笔记。讲亚里士多德的政治哲学、人生哲学、宗教思想、社会影响。②

6 月 30 日，返回上海。

6 月 30 日，杜威在《新共和》1920 年第 23 卷发表《中国的噩梦》（China's Nightmare）。杜威在文章中写："越全面研究中国近 20 年来的国际关系史，就越能清楚地看到日本承袭了俄国的目标、方法，以及大战以来俄国的成果。""如果美国充分了解俄国在东方的外交策略，了解这些策略对日本命运及其亚洲目标和方法的影响，就绝不会亲信日本对西方所做的鼓吹而沦为受骗者。""日本终归只是一个岛国，在大陆上的孤军征战史无法为日本在亚洲取得进一步胜利提供有利的预言。""日本由中国转向西伯利亚，或许标志着其对中国的影响力的极点。从历史纪年来看，最后的五年很快将是中国噩梦结束的年头，这并非不可能。"③

---

① 《学校与社会》，《民国日报·觉悟》1920 年 7 月 11 日。

② 《哲学史（十九）·杜威在南京之讲演》，《晨报》1920 年 6 月 29 日。另一版本记录稿参见袁刚、孙家祥、任丙强编：《民治主义与现代社会——杜威在华讲演集》，北京：北京大学出版社，2004 年，第 312—314 页。

③ 《杜威全集·中期著作》第 12 卷，上海：华东师范大学出版社，2012 年，第 48—51 页。

6月，北京高师《教育丛刊》第 3 集发表《教材的本质》，周学超译，翻译自杜威的《民主主义与教育》第 14 章。①

1920 年 7月

7月1日，《民国日报》报道："徐州八县教育会联合会主任刘虚舟、铜山县劝学所长杨勉斋，商准新教育共进社，特请杜威博士，来徐演讲，并请黄任之、刘伯明、陈鹤琴、王伯秋、张默君诸君，先后莅徐讲演教育上重要问题，徐属八县及第七师范第十中学校，各任招待费若干。以铜山县劝学所教育会主其事，借基督教堂为会场。讲演期，起于六月十七日，止于二十四日。八县教育界人前来听讲者，非常踊跃。每日平均一二千人。徐州教育界空气为之一新云。"②

7月7日，北京大学评议会开会通过，增设博士学位之受赠与者之资格，以世界学者为准，条件极为严格。拟赠杜威以哲学博士。③

① 杜威：《教材的本质》，周学超译，北京高师《教育丛刊》第 3 集，1920 年 6 月。
② 《教育问题地大演讲》，《民国日报》1920 年 7 月 1 日。
③ 参见《北京通信（申江）·大哲学家罗素将来北大讲学》，《申报》1920 年 7 月 11 日。

7月7日,《申报》发表《杜威输入新思想于中国》。该文系中美新闻社翻译自《密勒氏评论报》的文章。该文的中译文如下:

"中美新闻社译密勒评论报云:约翰·杜威之在中国也,已一年余矣,此实更可尊敬者。美国人士,无论在美在华,固犹不甚知杜威。如近顷某记者所谓不若白利安与都利却别林之著名也;其所成著作,不若巴拿马运河之显暴人前;其于美国政府或美国法律上未尝加以改良;且彼亦未尝发明机器也,未尝统率军队也,未尝赚得数百万金钱也,未尝为投机事业也。其生平所为,无非在学校中讨生活,演讲于课堂,著文以登杂志报章,或则著书以行世其事固皆文人学士之事也。虽然,约翰·杜威,终为一伟大人物,彼能改易教师对于教育上之心的态度,其魄力之伟,尤在美国近代诸思想家之上。彼与威廉·詹姆司等,自近代之实验科学及近代之民治主义中,别创一种哲学,使其流传国内,成为一种美国之特性。当大战期间,其能阐发美国参战之必要,与美国责任所在者,舍威尔逊总统外,端推杜威,彼于美国今日,直可谓民治思想中领袖之一矣。

"去年杜威博士曾演讲于北京大学,及北京附近诸校中,今方周游中国,足迹遍于诸名城,随处演讲。闻其所教授之哥伦比亚大学,允再给假一年,故博士尚能留华一年之久。其演讲时,请人口译,以贡诸千百之中国人士,复译为中国文字,刊诸中国有名之报纸及杂志中,一般人对于此等论文,皆已细加研究,故中国人之与彼无形接洽者,殆不下数万人也。

"美国人对于杜威之来中国,有两问题,为人人所欲问者:一曰彼以何语告中国人也?二曰彼于考察中国及远东情形之后,将以何语告美国人也？博士目光所注，首在学校。数年前曾刊一小册子，曰'吾之教育主义'。博士尝云：'吾信教育为改良社会促其进步之根本方法。'又云：'吾信教育即为生活程序之一种，并非为未来生活之准备。'其于教员方面，亦发表其意见云：'教员之授课，不仅在训练个人，亦为合法之社会生活，立一基础。'观于此等论调，则可知杜威必有极重要之语，告中国人也。

"杜威以为教育之为物，不在以习惯束缚青年如中国向日所为者，当解放青年之心志，使其自由。杜威，即欲中国施此种教育，使中国人之思想焕然一新。杜威之哲学，实由其深湛之思想中得来。彼意一国之内，无论教育习惯成例等等，总须问其适于国人之幸福安乐与否？其背于此条件者，即不适于用。彼之哲学，是否合中国之用，尚不可知，必使中国人自行考虑，博士亦从而助之，中国报纸杂志，所载博士言论甚伙，然于其合用与否，则未尝加以详确之剖析与评论，盖中国人挢谦性成，不欲妄当论列，以忤上客耳。今博士所应立时施行者，有两事：一曰使无思想之守旧派对于新学说减其畏惧心；一曰使有智识之维新派具甄别力，择其善而去其不适用者，则博士之造福于中国者大矣。"①

7月8日，《晨报》发表演讲记录稿《教育哲学（廿八）（续六月五日）·杜威在南京之讲演》，金海观、倪文宙笔记。继续讲科学的教授。②

---

① 《杜威输入新思想于中国》，《申报》1920年7月7日。
② 《教育哲学（廿八）（续六月五日）·杜威在南京之讲演》，《晨报》1920年7月8日。另一版本记录稿参见袁刚、孙家祥、任丙强编：《民治主义与现代社会——杜威在华讲演集》，北京：北京大学出版社，2004年，第521—522页。

7月8日,天津《益世报》发表《近日抵京之各外宾·杜威博士》。"杜威博士游历长江下游诸省,已于前日回京,仍寓瑞金大楼。杜夫人刻下尚在南京游览,未偕杜威同回。"①

7月9日,《晨报》发表演讲记录稿《教育哲学(廿九)(续六月五日)·杜威在南京之讲演》,金海观、倪文宙笔记。继续讲科学的教授。②

7月10日,《晨报》发表演讲记录稿《教育哲学(三十)·杜威在南京之讲演》,倪文宙、张念祖笔记。继续讲科学的教授。③

7月11日,《晨报》发表演讲记录稿《教育哲学(三一)·杜威在南京之讲演》,倪文宙、张念祖笔记。继续讲科学的教授。④

7月12日,南京高等师范学校第一届暑期学校开学,8月20日结束,为期六周。此次暑期学校第一次试行男女同校。陶行知说:"此次本校开始试办男女同校,杜威夫人冒暑留在南京,襄助指示一切。"⑤

---

① 《近日抵京之各外宾·杜威博士》,天津《益世报》1920年7月8日。

② 《教育哲学(廿九)(续六月五日)·杜威在南京之讲演》,《晨报》1920年7月9日。另一版本记录稿参见袁刚、孙家祥、任丙强编:《民治主义与现代社会——杜威在华讲演集》,北京:北京大学出版社,2004年,第522—523页。

③ 《教育哲学(三十)·杜威在南京之讲演》,《晨报》1920年7月10日。另一版本记录稿参见袁刚、孙家祥、任丙强编:《民治主义与现代社会——杜威在华讲演集》,北京:北京大学出版社,2004年,第523—525页。

④ 《教育哲学(三一)·杜威在南京之讲演》,《晨报》1920年7月11日。另一版本记录稿参见袁刚、孙家祥、任丙强编:《民治主义与现代社会——杜威在华讲演集》,北京:北京大学出版社,2004年,第525—526页。

⑤ 陶行知:《〈南京高师第一届暑期学校概况〉发刊词》,《陶行知全集》第1卷,成都:四川教育出版社,2005年,第293—295页。王文岭撰:《陶行知年谱长编》,成都:四川教育出版社,2012年,第49页。该发刊词的署名为郭秉文、陶知行,写于1920年10月。

简·杜威在《杜威传》中指出:"男女同校教育在中国刚刚开始,杜威一行在南京举行暑期讲习班时,女子第一次被允许与男子一样参加这个讲习班。杜威夫人对中国教育中的男女平等主义者运动的支持,是值得纪念的。"①

7月12日,《晨报》发表演讲记录稿《教育哲学(三二)·杜威在南京之讲演》,张念祖、郭智方笔记。讲科学教育与职业教育的关系。②

7月13日,《晨报》发表演讲记录稿《教育哲学(三三)·杜威在南京之讲演》,张念祖、郭智方笔记。讲职业教育。③

7月17日,南京高等师范学校暑期学校举行开学典礼,胡家祺、王桂林、杜威夫人、郭秉文均有演说。5时散会。④

7月20日,《教育杂志》第12卷第7号发表汪懋祖的文章《教育上实用主义之位置》。"是故实用主义非教育上之根本问题,根本问题在发展适变之能力。实用虽随时而变,而其教育方法易蹈于静的,适变则无时不为动的。此则教育家所当深究者也。"⑤

7月27日,《民国日报·觉悟》发表署名希平的文章《对于杜威

---

① 简·M.杜威:《约翰·杜威传》,《杜威传》,单中惠编译,合肥:安徽教育出版社,2009年,第41页。
② 《教育哲学(三二)·杜威在南京之讲演》,《晨报》1920年7月12日。另一版本记录稿参见袁刚、孙家祥、任丙强编:《民治主义与现代社会——杜威在华讲演集》,北京:北京大学出版社,2004年,第526—527页。
③ 《教育哲学(三三)·杜威在南京之讲演》,《晨报》1920年7月13日。另一版本记录稿参见袁刚、孙家祥、任丙强编:《民治主义与现代社会——杜威在华讲演集》,北京:北京大学出版社,2004年,第527—529页。
④ 参见《南京快信》,《申报》1920年7月18日。
⑤ 汪懋祖:《教育上实用主义之位置》,《教育杂志》第12卷第7号,1920年7月20日出版。

"试验主义"的感想》。文章作者看了杜威在无锡的演讲记录稿《试验主义》，对杜威的观点提出批评。"我想杜威来华，所住的地方，虽在北京大学久些，以后到南京，到上海，所接近的，都是省教育会和南京高师的人，从来没能和我们贫苦的同胞接近。他不是中国人，断不能知道中国社会的内容；他所谈的，只就他接近的一部分谈谈，他就据以为真，遂放言高论起来。譬之医生治病，他没有能把病人的病源看出，只听人谈谈就开起药方来。""你自己讲'试验主义'，而实际不能自己去试验，科学家的态度就是这样吗？我因此对于杜威的演讲，就抱了许多怀疑。又因此对于杜威在中国的环境，又生了许多的感想了。"①

7月31日，毛泽东在《湘潭教育促进会宣言》中写："美博士杜威东来，其新出之教育学说，颇有研究之价值。"②该宣言发表于湖南《大公报》1920年8月3、4日。

7月，北京大学请杜威下学期专任哲学及教育学教授。请杜威的女儿罗茜女士专任史学教授。③

7月，恽代英在《怎样创造少年中国？》文章中写："亦有些人，看见杜威这样受人欢迎，便要研究实验主义的哲学了。看见罗素这样受人尊敬，便要研究政治理想的学理了。"④

---

① 希平：《对于杜威"试验主义"的感想》，《民国日报·觉悟》1920年7月27日。
② 《毛泽东早期文稿》，长沙：湖南出版社，1990年，第495—496页。
③ 参见《北京通信(申江)·大哲学家罗素将来北大讲学》，《申报》1920年7月11日。
④ 恽代英：《怎样创造少年中国？》，《恽代英全集》第4卷，北京：人民出版社，2014年，第154页。

1920 年
8 月

8 月 1 日,《晨报》社发行《杜威五大演讲》,该书包括《社会哲学与政治哲学》、《教育哲学》、《思想之派别》、《现代的三个哲学家》、《伦理讲演纪略》、附录《初等教育》。胡适口译,毋忘、伏庐笔记。该书作为"晨报社丛书第三种"。1920 年 6 月 20 日印刷。

8 月 2 日,陈公博在致胡适的信中写:"我昨日见教育会内人,听说十月杜威先生已决定来,并说先生也会来,真是喜欢到了不得。因为广东实在不成话,我们对于官绅化的人,已经绝望。如果一般青年,能够得点知识,受杜威先生及先生的影响,能够觉悟,我们也是很满意的了。"①

8 月 15 日,《晨报》发表演讲记录稿《教育哲学(三四)(续七月十三日)·杜威在南京之讲演》,郭智方、张念祖笔记。讲教育目的。②

8 月 16 日,《晨报》发表演讲记录稿《教育哲学(三五)·杜威在南京之讲演》,郭智方、

---

① 《陈公博致胡适》,《胡适来往书信选》上册,北京:中华书局,1979 年,第 108 页。
② 《教育哲学(三四)(续七月十三日)·杜威在南京之讲演》,《晨报》1920 年 8 月 15 日。另一版本记录稿参见袁刚、孙家祥、任丙强编:《民治主义与现代社会——杜威在华讲演集》,北京:北京大学出版社,2004 年,第 529—530 页。

张念祖笔记。继续讲教育目的。①

8月17日,《晨报》发表演讲记录稿《教育哲学(三六)·杜威在南京之讲演》,倪文宙、金海观笔记。继续讲教育目的。②

8月18日,《晨报》发表演讲记录稿《教育哲学(三七)·杜威在南京之讲演》,倪文宙、金海观笔记。继续讲教育目的。③

8月19日,《晨报》发表演讲记录稿《教育哲学(三八)·杜威在南京之讲演》,倪文宙、张念祖笔记。继续讲教育目的。④

8月20日,《晨报》发表演讲记录稿《教育哲学(三九)·杜威在南京之讲演》,倪文宙、张念祖笔记。讲公开心(民主的基柱之一)。⑤

8月21日,《晨报》发表演讲记录稿《教育哲学(四○)·杜威在南京之讲演》,郭智方、张念祖笔记。讲有目的(民主的基柱之二)。⑥

---

① 《教育哲学(三五)·杜威在南京之讲演》,《晨报》1920年8月16日。另一版本记录稿参见袁刚、孙家祥、任丙强编:《民治主义与现代社会——杜威在华讲演集》,北京:北京大学出版社,2004年,第530—531页。

② 《教育哲学(三六)·杜威在南京之讲演》,《晨报》1920年8月17日。另一版本记录稿参见袁刚、孙家祥、任丙强编:《民治主义与现代社会——杜威在华讲演集》,北京:北京大学出版社,2004年,第532页。

③ 《教育哲学(三七)·杜威在南京之讲演》,《晨报》1920年8月18日。另一版本记录稿参见袁刚、孙家祥、任丙强编:《民治主义与现代社会——杜威在华讲演集》,北京:北京大学出版社,2004年,第532—534页。

④ 《教育哲学(三八)·杜威在南京之讲演》,《晨报》1920年8月19日。另一版本记录稿参见袁刚、孙家祥、任丙强编:《民治主义与现代社会——杜威在华讲演集》,北京:北京大学出版社,2004年,第534—536页。

⑤ 《教育哲学(三九)·杜威在南京之讲演》,《晨报》1920年8月20日。另一版本记录稿参见袁刚、孙家祥、任丙强编:《民治主义与现代社会——杜威在华讲演集》,北京:北京大学出版社,2004年,第536—538页。

⑥ 《教育哲学(四○)·杜威在南京之讲演》,《晨报》1920年8月21日。另一版本记录稿参见袁刚、孙家祥、任丙强编:《民治主义与现代社会——杜威在华讲演集》,北京:北京大学出版社,2004年,第538—539页。

8月22日,《晨报》发表演讲记录稿《教育哲学(四一)·杜威在南京之讲演》,郭智方、金海观笔记。讲责任心(民主的基柱之三)。①

8月23日,《晨报》发表演讲记录稿《教育哲学(四二)·杜威在南京之讲演》,郭智方、金海观笔记。讲普遍的欣赏习惯(民主的基柱之四),讲道德教育。本系列演讲结束。②

8月29日,《晨报》发表《我国学术界之破天荒》。"北京大学近来对于学术上之进行,几有一日千里之概。前拟设一名誉学位,授予各国有名学者,已志前报。兹闻该校已决定授……美国哥仑比亚大学兼北大教授、教育学大家杜威以哲学博士。"③

8月30日,《申报》发表《中国教育史中之创举》:"大陆报二十八日北京电云:北京大学,今日以名誉学位,授予四外人,此为中国教育史中之创举。法国班乐卫,授科学博士;美国芮恩施,授法学博士;法国里昂大学校长卓平(一说卓林,一说鲁班),文学博士;美国杜威,哲学博士。"④

8月31日,晨,北京大学举行给名誉博士学位之礼,蔡元培主席致辞。"略谓大学近决议以学位赠与法国班乐卫及卓林,美国芮恩

① 《教育哲学(四一)·杜威在南京之讲演》,《晨报》1920年8月22日。另一版本记录稿参见袁刚、孙家祥、任丙强编:《民治主义与现代社会——杜威在华讲演集》,北京:北京大学出版社,2004年,第539—540页。
② 《教育哲学(四二)·杜威在南京之讲演》,《晨报》1920年8月23日。另一版本记录稿参见袁刚、孙家祥、任丙强编:《民治主义与现代社会——杜威在华讲演集》,北京:北京大学出版社,2004年,第540—542页。
③ 《我国学术界之破天荒》,《晨报》1920年8月29日。
④ 《中国教育史中之创举》,《申报》1920年8月30日。

施及杜威,但此二美人,今皆不在京,故须另
日行之。"①

1920 年
9 月

　　9 月 1 日,杜威在《新共和》1920 年第 24
卷发表《保守派运动是如何发挥作用的》
(How Reaction Helps)。杜威在文章中写:
"可以大胆地提出一个假设,即保守势力是通
过阐明有争议的问题,展示不清楚的事实和
揭露隐藏的力量而起到促进作用的。……保
守主义的作用表现在它能唤醒人们的心灵,
使他们看到之前没有看到的东西并集中注意
力。保守势力的根源依赖于人类的愚蠢所带
来的极大的惰性。""他们确实发挥着有力的
作用。但是,他们继续发挥作用的条件是不
应该加强和集中的,而应该是分散的,因而与
许多真正理想的因素密切相关。""保守派发
挥作用的另一条途径,是无偿地为激进主义
作宣传。""保守派还通过迫使激进派放弃他
们梦想的神仙乐土而更紧密地把握现实来发

---

① 《赠与外宾学位式》,《申报》1920 年 9 月 1 日。《北京
　通信・纪北大第一次举行授予外人学位式》,《申报》
　1920 年 9 月 4 日。参见《昨日北大举行授学位之典
　礼》,《晨报》1920 年 9 月 1 日。

挥作用。""保守派由于害怕而采取的不理智的暴力行为,反而显示了劳动人民的力量就在那里。劳动人民也许从来都没有完全忘记其所受到的有关潜能的教导。正是保守派发出了预言,该预言是出于他们对劳动人民的现实运动的恐惧感。因此,他(们)反倒帮助了劳动者。他(们)努力推行愚民政策,却反倒启蒙了大众。"①该文章的中译文以《反动力怎样帮忙》为题,发表在《新青年》第8卷第4号,1920年12月1日,震瀛译。②

9月3日,《民国日报·觉悟》发表杜威夫人的文章《美国的男女同校教育》,刘国钧译。也发表在《少年世界》第1卷第8期。"至于女子教育的最良方法是什么?现时尚不能回答。若不到女子发达到能决定他们自己在社会上的地位和他们自己生活的方法与目的有同等的发言权的时候,这问题决不能解答。"③

9月16日,《北京大学日刊》第694号发表蒋梦麟的《北京大学开学演说词》。"从前严厉办学的时代,是'治而不自',现在又成了杜威先生所说的'自而不治',这都不好,我们要'治'同'自'双方并重才好。"④

9月16、17、19日,《晨报》分三次发表杜威的演讲记录稿《学生自治的组织》。该演讲由郑晓沧翻译,陈旦、沈炳魁笔记。"中国有许多学生自治团体的失败,以我个人的观察,就是为着定法律、规则

① 《杜威全集·中期著作》第12卷,上海:华东师范大学出版社,2012年,第14—17页。
② 杜威:《反动力怎样帮忙》,震瀛译,《新青年》第8卷第4号,1920年12月1日。
③ 杜威夫人:《美国的男女同校教育》,刘国钧译,《民国日报·觉悟》1920年9月3日;《少年世界》第1卷第8期。
④ 蒋梦麟:《北京大学开学演说词》,《蒋梦麟教育论著选》,北京:人民教育出版社,1995年,第203页。

的时候,未经详细的推究、得舆论的赞同的缘故。"①

9月20日,《晨报》发表演讲记录稿《试验论理学(一)》。此为杜威在南京高等师范学校所作的"试验论理学"第一次演讲记录稿的第一部分,刘伯明翻译,曹刍、夏承枫记。讲逻辑学的性质。② 试验论理学第一次演讲记录稿部分发表在《申报》1920年5月1日。李勉韶记。③

9月21日,《晨报》发表演讲记录稿《试验论理学(二)》。此为杜威在南京高等师范学校所作的"试验论理学"第一次演讲记录稿的第二部分,刘伯明翻译,曹刍、夏承枫记。讲逻辑学的重要。④

9月22日,《晨报》发表演讲记录稿《试验论理学(三)》。此为杜威在南京高等师范学校所作的"试验论理学"第二次演讲记录稿的第一部分,刘伯明翻译,曹刍、夏承枫记。讲思想的起源。⑤

9月23日,《晨报》发表演讲记录稿《试验论理学(四)》。此为杜威在南京高等师范学校所作的"试验论理学"第二次演讲记录稿的

① 《学生自治的组织》,《晨报》1920年9月16、17、19日。参见袁刚、孙家祥、任丙强编:《民治主义与现代社会——杜威在华讲演集》,北京:北京大学出版社,2004年,第114—117页。

② 《试验论理学(一)》,《晨报》1920年9月20日。另一版本记录稿参见袁刚、孙家祥、任丙强编:《民治主义与现代社会——杜威在华讲演集》,北京:北京大学出版社,2004年,第315—317页。

③ 《杜威在南京高师之讲演》(试验论理学第一次),《申报》1920年5月1日。

④ 《试验论理学(二)》,《晨报》1920年9月21日。另一版本记录稿参见袁刚、孙家祥、任丙强编:《民治主义与现代社会——杜威在华讲演集》,北京:北京大学出版社,2004年,第317—318页。

⑤ 《试验论理学(三)》,《晨报》1920年9月22日。另一版本记录稿参见袁刚、孙家祥、任丙强编:《民治主义与现代社会——杜威在华讲演集》,北京:北京大学出版社,2004年,第319—320页。

第二部分,刘伯明翻译,曹刍、夏承枫记。讲思想的历程。① "试验论理学"第二次演讲记录稿发表在《申报》1920 年 5 月 8、11 日,李勉韶记。②

9 月 24 日,《晨报》发表演讲记录稿《试验论理学(五)》。此为杜威在南京高等师范学校所作的"试验论理学"第三次演讲记录稿,刘伯明翻译,曹刍、夏承枫记。讲思想的阶段和自然思想的缺点。③

9 月 25 日,《晨报》发表演讲记录稿《试验论理学(六)》。此为杜威在南京高等师范学校所作的"试验论理学"第四次演讲记录稿的第一部分,刘伯明翻译,曹刍、夏承枫记。讲由于个人心理导致的思想缺点和补救方法。④

9 月 26 日,《晨报》发表演讲记录稿《试验论理学(七)》。此为杜威在南京高等师范学校所作的"试验论理学"第四次演讲记录稿的第二部分,刘伯明翻译,曹刍、夏承枫记。讲由于社会影响导致的思想缺点和补救方法。⑤

---

① 《试验论理学(四)》,《晨报》1920 年 9 月 23 日。另一版本记录稿参见袁刚、孙家祥、任丙强编:《民治主义与现代社会——杜威在华讲演集》,北京:北京大学出版社,2004 年,第 320—322 页。

② 《杜威在南京高师之讲演》(试验论理学第二次),《申报》1920 年 5 月 8 日;《杜威在南京高师之讲演》(试验论理学第二次续),《申报》1920 年 5 月 11 日。

③ 《试验论理学(五)》,《晨报》1920 年 9 月 24 日。另一版本记录稿参见袁刚、孙家祥、任丙强编:《民治主义与现代社会——杜威在华讲演集》,北京:北京大学出版社,2004 年,第 322—325 页。

④ 《试验论理学(六)》,《晨报》1920 年 9 月 25 日。另一版本记录稿参见袁刚、孙家祥、任丙强编:《民治主义与现代社会——杜威在华讲演集》,北京:北京大学出版社,2004 年,第 325—327 页。

⑤ 《试验论理学(七)》,《晨报》1920 年 9 月 26 日。另一版本记录稿参见袁刚、孙家祥、任丙强编:《民治主义与现代社会——杜威在华讲演集》,北京:北京大学出版社,2004 年,第 327—328 页。

9月29日,《晨报》发表演讲记录稿《试验论理学(八)》。此为杜威在南京高等师范学校所作的"试验论理学"第五次演讲记录稿的第一部分,刘伯明翻译,曹刍、夏承枫记。讲逻辑方法含有三种历程。[①]

9月30日,《晨报》发表演讲记录稿《试验论理学(九)》。此为杜威在南京高等师范学校所作的"试验论理学"第五次演讲记录稿的第二部分,刘伯明翻译,曹刍、夏承枫记。讲归纳的历程。[②]

1920年
10月

10月1日,《晨报》发表演讲记录稿《试验论理学(十)》。此为杜威在南京高等师范学校所作的"试验论理学"第六次演讲记录稿的第一部分,刘伯明翻译,曹刍、夏承枫记。

[①]《试验论理学(八)》,《晨报》1920年9月29日。另一版本记录稿参见袁刚、孙家祥、任丙强编:《民治主义与现代社会——杜威在华讲演集》,北京:北京大学出版社,2004年,第329—331页。

[②]《试验论理学(九)》,《晨报》1920年9月30日。另一版本记录稿参见袁刚、孙家祥、任丙强编:《民治主义与现代社会——杜威在华讲演集》,北京:北京大学出版社,2004年,第331—332页。

讲演绎的历程。①

10月2日,《晨报》发表演讲记录稿《试验论理学(一一)》。此为杜威在南京高等师范学校所作的"试验论理学"第六次演讲记录稿的第二部分,刘伯明翻译,曹刍、夏承枫记。继续讲演绎的历程。②

10月3日,《晨报》发表演讲记录稿《试验论理学(一二)》。此为杜威在南京高等师范学校所作的"试验论理学"第七次演讲记录稿的第一部分,刘伯明翻译,曹刍、夏承枫记。继续讲演绎的历程。③

10月4日,《晨报》发表演讲记录稿《试验论理学(一三)》。此为杜威在南京高等师范学校所作的"试验论理学"第七次演讲记录稿的第二部分,刘伯明翻译,曹刍、夏承枫记。讲证实的历程。④

10月4日,熊知白致函陈夙荒。该函发表在《大公报》1920年10月15日。"(一)杜威同其夫人赴长沙。不愿住在外国人家内,最好由教育会组织一外宾接待所,专住杜威及其夫人,并罗素诸君,同住一处。(二)房子只要洁净。最要注意者,是大小便处。既有杜威夫人同来,则大小便处,尤其十分注意。总以洁净为第一要事。以

---

① 《试验论理学(十)》,《晨报》1920年10月1日。另一版本记录稿参见袁刚、孙家祥、任丙强编:《民治主义与现代社会——杜威在华讲演集》,北京:北京大学出版社,2004年,第332—334页。

② 《试验论理学(一一)》,《晨报》1920年10月2日。另一版本记录稿参见袁刚、孙家祥、任丙强编:《民治主义与现代社会——杜威在华讲演集》,北京:北京大学出版社,2004年,第334—335页。

③ 《试验论理学(一二)》,《晨报》1920年10月3日。另一版本记录稿参见袁刚、孙家祥、任丙强编:《民治主义与现代社会——杜威在华讲演集》,北京:北京大学出版社,2004年,第335—337页。

④ 《试验论理学(一三)》,《晨报》1920年10月4日。另一版本记录稿参见袁刚、孙家祥、任丙强编:《民治主义与现代社会——杜威在华讲演集》,北京:北京大学出版社,2004年,第337—339页。

上两事,是范公请我转达者。"①

10 月 5 日,《晨报》发表演讲记录稿《试验论理学(一四)》。此为杜威在南京高等师范学校所作的"试验论理学"第八次演讲记录稿的第一部分,刘伯明翻译,曹刍、夏承枫记。讲判断的重要和判断的性质。②

10 月 6 日,《晨报》发表演讲记录稿《试验论理学(一五)》。此为杜威在南京高等师范学校所作的"试验论理学"第八次演讲记录稿的第二部分,刘伯明翻译,曹刍、夏承枫记。讲判断的用处和判断关于动作的三要素。③

10 月 6 日,《北京大学日刊》刊登通告,列出杜威、陈衡哲指定的伦理学、教育学、历史学三科参考书 31 种,参考书陈列在北京大学图书部典书课第四阅览室,备供浏览。④

10 月 6 日,杜威在《新共和》1920 年第 24 卷发表《中国的政治剧变》(A Political Upheaval in China)。该文章写于 1920 年 8 月。⑤ 杜威在文章中写:"受日本支持的安福集团之轻易瓦解居然成了日本软弱的证据,这几乎不合逻辑,但威望一直是感觉问题而不是逻辑

---

① 《熊知白致陈夙荒函一》,《大公报》1920 年 10 月 15 日。

② 《试验论理学(一四)》,《晨报》1920 年 10 月 5 日。另一版本记录稿参见袁刚、孙家祥、任丙强编:《民治主义与现代社会——杜威在华讲演集》,北京:北京大学出版社,2004 年,第 339—341 页。

③ 《试验论理学(一五)》,《晨报》1920 年 10 月 6 日。另一版本记录稿参见袁刚、孙家祥、任丙强编:《民治主义与现代社会——杜威在华讲演集》,北京:北京大学出版社,2004 年,第 341—343 页。

④ 参见《图书部典书课通告》,《北京大学日刊》1920 年 10 月 6 日 2 版;1920 年 10 月 7 日 3 版;1920 年 10 月 11 日 2 版。

⑤ 参见 John Dewey, China, Japan and the U. S. A: Present-day Conditions in the Far East and their Bearing on the Washington Conference, New York: Republic Pulishing Co. , INC. 1921.

问题。许多曾经深信日本坚不可摧而畏惧到了极点的人,如今放肆地嘲笑日本领导层的无能。当然,就此断定日本不能恢复为影响中国内外政治的一支难以低估的力量,这是极不可靠的;但是,说日本再也不能在中国维持超人形象,则准是错不了的。而这样的否定,毕竟是一个积极的结果。""每一次连续的动荡都促使建立平民权力至上的日子更近了。这一天终将到来,部分是因为军阀独裁反复显示出与中国精神的不相合,部分则是因为教育将一天天地发挥出其作用。""自由党人正在组织力量,他们几乎不指望能赢得胜利,但不管输赢,他们决心利用这个时机,进一步教导中国人民懂得什么是民主。"①

10月7日,《晨报》发表演讲记录稿《试验论理学(一六)》。此为杜威在南京高等师范学校所作的"试验论理学"第九次演讲记录稿的第一部分,刘伯明翻译,曹刍、夏承枫记。讲逻辑学上的三种命题。②

10月8日,《晨报》发表演讲记录稿《试验论理学(一七)》。此为杜威在南京高等师范学校所作的"试验论理学"第九次演讲记录稿的第二部分,刘伯明翻译,曹刍、夏承枫记。讲关于事实的属性。③

10月10日,《晨报》发表演讲记录稿《试验论理学(一八)》。此为杜威在南京高等师范学校所作的"试验论理学"第十次演讲记录稿,刘伯明翻译,曹刍、夏承枫记。讲试验在逻辑方法上所占的位置。④

---

① 《杜威全集·中期著作》第12卷,上海:华东师范大学出版社,2012年,第52—55页。

② 《试验论理学(一六)》,《晨报》1920年10月7日。另一版本记录稿参见袁刚、孙家祥、任丙强编:《民治主义与现代社会——杜威在华讲演集》,北京:北京大学出版社,2004年,第343—345页。

③ 《试验论理学(一七)》,《晨报》1920年10月8日。另一版本记录稿参见袁刚、孙家祥、任丙强编:《民治主义与现代社会——杜威在华讲演集》,北京:北京大学出版社,2004年,第345—346页。

④ 《试验论理学(一八)》,《晨报》1920年10月10日。另一版本记录稿参见袁刚、孙家祥、任丙强编:《民治主义与现代社会——杜威在华讲演集》,北京:北京大学出版社,2004年,第346—349页。

10 月 12 日,天津《益世报》发表《滇省促请杜威临滇》。"滇号山国,文化迟滞。虽日有外埠新出版品输入,终难望精神上之涵濡。近滇人士集众会商,拟请杜威博士莅滇演讲。曾由教育会专诚电请。今唐周两长亦以先生哲理名言深中时要,又特电敦促。电如下:北京大学校请转杜威先生鉴:先生辱临敝国,嘉惠学林,伟论精思,万流争仰。年来教泽涵濡全国几遍,滇处边徼,企望尤殷。前由继尧、钟岳与本省各团体会商,拟请先生来滇讲演。已由教育会长专诚电请,谅蒙鉴察。近闻先生有莅粤之说,尚希行轸南来,俾滇人士得亲聆教益,无任盼祷。谨代表全滇,再伸积悃,如蒙枉驾,当率各界拥彗郊迎。除另电敦请胡适之先生外,专此奉达,伫候明教云。"①

1920 年,胡适曾在致云南周宗岳省长的电文中写:"屡得电邀陪杜威先生来滇讲演,极愿趋赴。惟适方在病中,医禁劳动,道远难来。杜威又将往菲律宾。甚负诸公盛意。祈原宥。"②

10 月 14 日,李石岑致函熊知白。该函发表在《大公报》1920 年10 月 15 日。"大约罗素到沪后,在各处作一种市民讲演后,再邀同到湘,当无不可。在湘约一周间,即再返沪,专在中国公学讲演一二月。中国公学讲毕后再赴京。此种日期定法,北京方面如得先生与蔡胡蒋诸先生预先商量,再得其允可,当无阻碍。"③

10 月 15 日,《大公报》发表《英美两大哲学家定期来湘详志》。"省教育会陈君夙荒孔君竞存等因教育改选,各县选人皆来省,拟趁

① 《滇省促请杜威临滇》,天津《益世报》1920 年 10 月 12 日。
② 《胡适全集》第 23 卷,合肥:安徽教育出版社,2003 年,第 335 页。此信写于 1920 年前后。
③ 《李石岑致函熊知白》,湖南《大公报》1920 年 10 月 15 日。

此时机,开一演讲大会,邀请中外名人来会演讲。适杜威尚在北京,罗素将到上海,乃函商在北京之熊知白、在上海之李石岑,熊李等均甚赞成。各方交涉,均已得有圆满结果。除杜威罗素外,北京之蔡孑民、胡适之,上海之陈独秀、张东荪,南京之陶行知、刘伯明,均拟□途同来,此诚吾湘空前之盛举也。"该文章披露了迎请、住所安排、所需款项、演讲会场、演讲日期等内容。①

10 月 15 日,《大公报》发表《关于杜罗两哲学家来湘之要函》,即"熊知白致陈凤荒函一","熊知白致陈凤荒函二","李石岑致熊知白函"。②

10 月 16 日,《大公报》发表《杜罗来湘演讲筹备记》。"杜威罗素等,定期来湘讲演,已志昨报。兹闻省教育会以为时甚促,加紧筹备。就中最困难者,为演讲场所。前拟商借遵道会讲堂。昨陈君凤荒等前往察看,实只容得八百余人,且无休息之处。寻拟仍就省教育会演讲,但须预防危险。日前曾邀饶伯师察看一次,以为略加整理,尚可维持。兹拟于脱笋开坼之处,增加数柱,勉为支撑。至杜威等住所,前拟租赁任修本洋房。昨因该处已为人佃去,仍拟向明德交涉。请其让出云。"③

10 月 17 日,北京大学举行第二次授予名誉博士典礼,上午 9 时,在该校第三院大讲堂举行,院门前悬国旗两面,大讲堂门前以鲜花缀成礼堂两字,到者除该校教职员学生外,还有专门学校代表、旅京美国各界等,共千余人。授杜威以哲学博士名誉学位。"杜威先

---

① 《英美两大哲学家定期来湘详志》,湖南《大公报》1920 年 10 月 15 日。
② 《关于杜罗两哲学家来湘之要函》,湖南《大公报》1920 年 10 月 15 日。
③ 《杜罗来湘演讲筹备记》,湖南《大公报》1920 年 10 月 16 日。

生谓承授学位，又是感激，又是惭愧。此次来华结识许多新友，今又承隆礼，荣幸之至。"①

10月17日，《大公报》发表《欢迎杜威博士电》。"北京女高师熊校长转杜威博士及其夫人鉴：湘省欢迎演讲。请于马日启行为祷。湘教育会叩。"②

10月17日，《大公报》发表《杜罗来湘演讲筹备记》。"省教育会陈凤荒、孔竞存、朱剑凡、彭泉舫诸君，因杜威罗素等将来湘演讲，特组织讲演筹备会。近已开会四次。并邀请曾葆荪、余家菊、舒新城、何叔衡诸君，加入筹备。……"③

10月17日，《大公报》发表《请各县派员来省听讲记》。"各县劝学所教育会钧鉴：本会定于阳历十月二十五日至十一月五日开讲演大会，特请哲学教育大家罗素、杜威及胡适之、刘经庶等来湘，讲演哲学、教育、经济、社会各学科。即希贵县所会长或其他办学人员，按期莅会，藉聆名论。省教会叩佳。"④

10月18日，《大公报》发表《杜罗等演讲筹备续记》。"教育会演讲筹备会，业已确定，即就教育会场为演讲场所。自昨日起从事整理。……"⑤

10月18日，《申报》发表《罗素氏定期赴湘》。"英国哲学大家罗素到沪后，各省各学术团体，争相延聘。现湖南教育总会电嘱李石

---

① 参见《记北大第二次授与学位典礼》，《申报》1920年10月20日。影印本166册第864页。
② 《欢迎杜威博士电》，湖南《大公报》1920年10月17日。
③ 《杜罗来湘演讲筹备记》，湖南《大公报》1920年10月17日。
④ 《请各县派员来省听讲记》，湖南《大公报》1920年10月17日。
⑤ 《杜罗等演讲筹备续记》，湖南《大公报》1920年10月18日。

岑邀同罗素赴湘,定于二十启行。北京方面,则有杜威及其夫人,亦决于二十一日由京起程赴湘。罗素杜威,素未谋面,今将握晤于湘城,当更饶一番兴趣。而湘省此次之演讲,亦必大有一番热闹也。"①

10月19日,《大公报》发表《杜罗等演讲筹备续记》。"……杜威罗素讲演暂各定六次,听讲者以教职员、本会会员、各县代表,及政界为主体。另请杜威罗素分到各校讲演。如不能办到,则以最后二次给予中学以上学生听讲。又杜威讲演听讲者,以政界、军界及其他各界代表为主体云。……原已拟定教育会为演讲所,昨复审见新危险。一铁柱与所接木柱业已脱笋,势难支撑,仍拟商借遵道会讲堂。"②

10月22日,《大公报》发表《杜罗等演讲筹备续记》。"(一)演讲所决借遵道会讲堂。前已由赵君运文交涉妥当。筹备会昨复派黄君绍琼持函前去。略谓讲演拟自本月二十五日起至十一月四日止,为期甚促,特派黄君前来接洽,以便预备一切云。(一)函告颜医生福庆。略谓杜威及其夫人来湘讲演,留止约两星期。前已由赵君运文商借寄居。业承俞允,兹再函告,请为照料。又函告任修本牧师,谓罗素及勃内克女士寄居该家。请为照料。辞旨略如前函。(一)公推李君戌如赴汉欢迎。……"③

10月22日,由易礼容、彭璜、毛泽东署名的《文化书社第一次营业报告》指出,从9月9日到10月20日的营业期内销售《杜威五大讲演》5份。④

① 《罗素氏定期赴湘》,《申报》1920年10月18日。
② 《杜罗等演讲筹备续记》,湖南《大公报》1920年10月19日。
③ 《杜罗等演讲筹备续记》,湖南《大公报》1920年10月22日。
④ 参见《毛泽东早期文稿》,长沙:湖南出版社,1990年,第537页。

10 月 23 日,《大公报》发表《杜罗等演讲筹备续记》。"(一)讲演所现虽商借遵道会讲堂,然仅容人百余。现教育会会员与各县代表共四五百人。各校教职员之报告者,已及千人,是皆基本听讲员,非可排除者。以外则各界及各县之来省者,尚难计数,似亦不能一概谢绝。经各筹备员商量结果,拟预将杜威罗素听讲人数,均匀分配。罗素长于政治与社会学,规定各界占三分之二,学界占三分之一。杜威长于教育,规定学界占三分之二,各界占三分之一。至各校学生不能容纳,拟抽出两日专为讲演云。(一)讲演题目亦未决之事。前次筹备会所定实不恰当,因讲演不过数日,何能讲完一部完全哲学,如政治哲学教育哲学之类。后由舒君新城等提议,不如单提出各种问题,如'地方自治问题'、'人生观'可请罗素讲演。如'学生自治问题'、'男女同校问题'、'学科制问题'可请杜威讲演。该会甚然其说。拟预先编制各种问题,候杜罗等到省,与之商量,再作决定云。(一)商请翻译亦甚困难。罗素同来三人,以杨端六学问为佳。然闻人云,杨氏语言稍为欠火。至赵傅两人不能供翻译学术之役。然罗素方面有此,犹可将就。惟杜威方面甚为困难。胡适之因病未愈,不能南来,以外猝难得一相当翻译。闻关于此事,熊知白已有电报告云。"①

10 月 24 日,《大公报》发表《关于杜罗演讲之要闻》。刊发李石岑致陈夙荒、方竹雅的函。"……杜威到湘,弟意请其讲教育哲学。罗素到湘则请其讲社会哲学。盖杜罗各有所长。杜威之教育哲学罗素之社会哲学,在方今世界,实居首要位置。又此次之讲演,要使将来可以编译成书者,如詹姆士之实验主义,及罗素之哲学的科学

---

① 《杜罗等演讲筹备续记》,湖南《大公报》1920 年 10 月 23 日。

方法,皆系讲演之稿,今已成世界之名著。(罗素赴华讲演在长沙为第一次,各地极为注目。故尤不可不慎重出之也)如此则讲者听者,皆有莫大益处矣。不知两先生以为如何。又杜威到湘,不知已定若干日。若亦只定一周,则讲演分配之法,弟意不如定一周同讲演时间。大致以上午四时定为杜罗讲演时间。(杜罗各二时)在一定处所讲演。(最好定教育会)下午一二时或二三时定为[其]他讲演员讲演时间,不限处所。(或教育会或他校)。如此分配,不知可行否。一切容面话。……"①

10月25日,《大公报》发表《演讲会筹备要闻》。公布各校听讲学生的分组名单。公布各位演讲者的演讲时间表。例如,在正会场,预计杜威演讲的时间为:10月26—30日,11月1日下午2时半至4时。在分会场,预计杜威演讲的时间为:10月27、29日上午9时半至11时。②

10月25日,湖南省教育会于10月25日—11月4日举行盛大的讲演会。邀请国内外著名学者人士杜威、罗素、蔡元培、章太炎、胡适、张东荪、李石岑、吴稚晖、杨端六等人到湘讲演。胡适因病没应邀南下。杜威夫妇10月25日上午11时乘火车抵长沙。下车后,下榻颜克卿医生家。在颜宅午餐。午后,拜访谭延闿省长。晚宿颜宅。③

10月26日,《大公报》发表署名蕴琼的文章《杜威与土偶》。④

10月26日,湖南省教育会会长陈夙荒与朱剑凡、舒新城同往颜

① 《关于杜罗演讲之要闻》,湖南《大公报》1920年10月24日。
② 参见《演讲会筹备要闻》,湖南《大公报》1920年10月25日。
③ 参见《昨日欢迎杜威博士记》,湖南《大公报》1920年10月26日。
④ 蕴琼:《杜威与土偶》,湖南《大公报》1920年10月26日。

宅拜访杜威。①

下午2时半至4时半,在遵道会开始讲演"教育哲学"。由明德学校教员刘树梅翻译。谭延闿亲临会场,并任会议主席。

10月27日,上午11时,杜威在西长街遵道会,出席湖南中华工会成立大会,由曾约农翻译。会后演说。②

下午2时,雅礼会与湘雅医学会在湘雅医院欢迎杜威、罗素、章太炎诸名人,在医院三层楼聚会。"会中章太炎先生与罗素先生请译员谈话。章先生主张各省分权,即外交权亦应归之各省,不应由中央独揽。如山东问题,尽可由山东人自己向外人交涉,较之中央代谋,当胜一筹。罗素先生谓先生之言甚有兴味,鄙人领教甚多。但初到中国,情形未谙,尚不能置答。章先生又谓北京空气甚坏,此次晋京,幸勿为其所惑。罗素先生答谓幸希望北京教师不同,北京各界空气一样。"③

下午2时半至4时,杜威在第一师范讲演"学生自治"。由刘树梅翻译。"听讲者为各中等以上学校学生代表。"④第一师范学校校长易寅村为主席。⑤ 该演讲记录稿以《学生自治》为题发表在《大公报增刊名人讲演录》1920年10月28、29日,唐汉三笔记。

下午2时半,杜威夫人在长沙福湘女校讲演"男女同学与中国教育"。曾宝荪女士任翻译。"听讲为省垣各女校学生。亦到千数百

---

① 《杜威博士今日开始讲演》,湖南《大公报》1920年10月26日。
② 参见《昨日杜罗讲演纪略》,湖南《大公报》1920年10月27日。
③ 《雅礼会与湘雅医学会欢迎中外名人纪事》,湖南《大公报》1920年10月28日。
④ 《本日演讲之分配》,湖南《大公报》1920年10月27日。
⑤ 参见《昨日各处演讲纪略》,湖南《大公报》1920年10月28日。

人。"①该讲演记录稿以《男女同校》为题发表在《大公报增刊名人讲演录》1920 年 10 月 28—30 日,张平子笔述。发表在《民国日报·觉悟》1920 年 11 月 16 日。

午后 6 时,教育会在该会西偏楼上公宴各讲演名人,尚有军政两界高级官员参加。杜威及其夫人在宴席上作简短演讲。②"列席者四五十人。"杜威在欢迎宴会上演说,刘树梅翻译。"博士略谓湖南现在适为中国之瑞士。以后甚望于教育方面注意,以求真正幸福。寻于教育方法多所成说,甚可引为圭臬。"③

罗素也在欢迎宴上演说,杨端六翻译。"于军阀痛加抨击。谓吾生平为最恶军阀之人。在英反对武力,为政府剥夺自由,然此志仍未尝已。湖南于此时注意民治,可见人民皆爱和平。甚望以后力底于成。又谓吾来中国,为日虽浅,然所交多爱自由喜活泼之人。可见中国人皆有和平天性。吾此次承各处特别欢迎,至以为感。同时有一感想,即中国人待予如此殷渥,虽欲不为尽力襄助,实有所不能云云。(按抨击军阀一段,翻译员大半略去)"④

杜威夫人也在欢迎宴上演说,曾葆荪翻译。"主张男女同校。谓渠于五十年来即尽力于此,深知其中利益。甚望湖南政府及各教育家赶急推行。"⑤

勃勒(拉,内)克女士也接着演说,曾葆荪翻译。"亦对于男女同

---

① 参见《昨日各处演讲纪略》,湖南《大公报》1920 年 10 月 28 日。

② 参见《演讲会今晚之欢宴》,湖南《大公报》1920 年 10 月 27 日。

③《教育会欢宴各讲演名人记》,湖南《大公报》1920 年 10 月 28 日。

④《教育会欢宴各讲演名人记》,湖南《大公报》1920 年 10 月 28 日。

⑤《教育会欢宴各讲演名人记》,湖南《大公报》1920 年 10 月 28 日。

校问题多所敷陈,其言甚为恳切。"①

罗素一行于晚宴后,离开湖南长沙。罗素携勃内克、傅铜、赵元任、刘树梅,搭沅江轮北上。湖南省教育会送罗素的礼物是湘绣靠枕一对,植物绣屏几副。送勃女士者为湘绣靠枕及手套各一对,又各送几披数副。②

罗素回忆说:"我与杜威教授及其夫人第一次见面是在湖南长沙由督军招待的宴会上。在饭后的发言中,杜威夫人对督军说,湖南必须采取男女同校的制度。督军以颇似政治家的口吻答复道:此事要认真考虑,但湖南的情况还不成熟。"③

10月27日,吴虞在日记中写:"夜阅《杜威讲演集》。"④

10月28日,上午8时,杜威和蔡元培往岳云中学参加北大同学举行的欢迎会。杜威未作演说,蔡元培演说"中学生求学之要点"。⑤

上午9时,赴遵道会继续讲演"教育哲学"。由曾约农翻译。下午2时半至4时半,继续讲演"教育哲学",由曾约农翻译。⑥

下午2时,杜威夫人在长沙周南女中学校讲演"美国女子在社会上之地位"。⑦ 朱剑帆校长致欢迎词和致谢词。该讲演记录稿以《美国女子在社会上之地位》为题发表在《大公报增刊名人讲演录》1920年10月29、30日,李廉方口译,赵闲云笔记。

① 《教育会欢宴各讲演名人记》,湖南《大公报》1920年10月28日。
② 参见《昨晚欢送罗素先生记》,《大公报》1920年10月28日。参见江丽萍:《1920年名人学术讲演会述论》,湘潭大学硕士论文,2010年,第19页。
③ 罗素:《中国问题》,秦悦译,上海:学林出版社,1996年,第178页。
④ 《吴虞日记》上册,成都:四川人民出版社,1984年,第562页。
⑤ 参见《北大同学邀请名人演讲》,湖南《大公报》1920年10月29日。
⑥ 参见《昨日讲演会讲演纪略》,湖南《大公报》1920年10月29日。
⑦ 参见《昨日代用女中校之演讲》,湖南《大公报》1920年10月29日。

10 月 28 日,张平子在湖南《大公报》发表《我对于杜威讲演的感想》。"杜威先生到我们湖南后,初次讲演教育哲学,即谓中国的教育家,宜重视于小学。(见昨报)我听了那一番议论,对于湖南的教育,不觉就有无穷的感慨。湖南人所办的教育,无论公私那一方面,都是自上一级办起,先有高等专门中学等,然后再把余力来办小学,从没有首先即知注意于小学的。所以办了许久的学校,教育的事业,虽日日发达,毕业的人数,虽日日增加,但是讲到普及知识,和提高国民程度这两层上面,可说是全没有影响……我希望我们湖南的教育界,对于杜威先生的讲演,确能领悟。从今日后,都去讲究小学教育,向各属各乡分途进行。"①

10 月 28 日,湖南《大公报》发表《编辑部特别启事》。"此次国内外名人来湘讲演,于学术改进、文化宣传所关甚巨。本报为谋各界快睹起见,特请北京大学哲学士李君济民、北京大学文学士杨君文冕,专纪杜威罗素两先生演辞。唐君汉三、金君缄三、毛君泽东分纪蔡章张吴诸先生演辞。务期记载翔实,刊布迅速,以副阅者雅意,此启。"②

10 月 29 日,上午 9 时半,杜威夫人第二次到周南女中学校讲演。李镇南翻译。"所演为男女教育平等,教育经费及自由结婚诸问题。"演讲约一个半小时。女学生彰琴瑗以英语答谢。③ 该讲演记录稿以《婚姻问题与教育》为题发表在《大公报增刊名人讲演录》1920 年 10 月 30 日,11 月 2 日。

下午 2 时半至 4 时半,杜威继续在遵道会讲演"教育哲学",由曾

---

① 张平子:《我对于杜威讲演的感想》,湖南《大公报》1920 年 10 月 28 日。

②《编辑部特别启事》,湖南《大公报》1920 年 10 月 28 日。

③《昨日各处讲演纪略·周南女校》,湖南《大公报》1920 年 10 月 30 日。

约农翻译。①

晚间 8 时，湖南学生联合会举行欢迎演讲名人的聚会。杜威夫妇参加聚会。同会的还有国内著名学者蔡元培、张东荪等。各校学生代表数十人参会。"会场备有音乐茶点。由学生徐庆玉主席，致词。杜威博士杜威夫人均有答词。其余各人俱有演说。"②

10 月 29 日，上午，李石岑在第一师范学校演讲"詹姆斯与柏格森学说"，听讲者为中学第一组，约 1400 人。③

10 月 30 日，上午 9 时半，杜威在第一师范讲演"教师乃指导者"，听讲者为各师范学生，约 800 多人。由曾约农翻译。④ 该讲演记录稿以《教员是领袖或指导者》为题发表在《大公报增刊名人讲演录》1920 年 10 月 31 日，1 月 4、5 日，唐汉三笔记。

下午 2 时半至 4 时半，杜威在遵道会讲演"科学与近世文化之关系"。由曾约农翻译。朱剑帆任主席。⑤

下午 6 时，湖南省农会、总商会、长沙县教育会、报界联合会、律师公会、青年会、实业协会、中华公会八团体在总商会举行欢迎各演讲名人的宴会。杜威夫妇、蔡元培、章太炎、张溥泉、李石岑、杨端六等参加宴会。"到会者八十余人，用中餐宴会。席间商会左会长代表各团体致欢迎词。"席间，杜威演说，赵运文翻译。"今日承各位欢迎，感谢之至。自来中国，一年有余。多承各处欢迎，但不如今日之

---

① 参见《昨日讲演会讲演纪略》，湖南《大公报》1920 年 10 月 30 日。
② 《昨日各处讲演纪略·学生联合会》，湖南《大公报》1920 年 10 月 30 日。
③ 参见《昨日讲演会讲演纪略》，湖南《大公报》1920 年 10 月 30 日。参见江丽萍：《1920 年名人学术讲演会述论》，湘潭大学硕士论文，2010 年，第 17—19 页。
④ 参见《昨日讲演会讲演纪略》，湖南《大公报》1920 年 10 月 31 日。
⑤ 参见《昨日讲演会讲演纪略》，湖南《大公报》1920 年 10 月 31 日。

盛,尤为感谢。太平洋两岸,两大共和国,有此两大国旗,可以表亲两国之邦交。此种邦交,并非外交上及表面上一种虚伪表现,在骨子里实彼此有密切之关系。鄙人离美来华,见此情形,与在美无异。前次美公使来华之时,受美总统威尔逊训示,谓须尽力辅助中国人民。此语于两国邦交甚有关系。来华美人,不论何界,不仅为自己利益计,俱愿为中国人民尽辅助之力。此种情形足为两国联络最好之现象云。"①

接着由杜威夫人演说,曾葆荪翻译。"中国有八样东西最宝贵,谓之八宝。我对之观念最深。今日承八团体欢迎,且来湘又受有八次之欢迎,更增八宝之观念。并钦佩各位对于教育之热心,中国愿再送有学生到美国,美人甚表欢迎。以后甚希望送八倍八十倍八百倍学生到美为幸。"②

10月30日,上午,李石岑在湖南遵道会演讲"杜威与罗素之批评"。③

10月31日,杜威与蔡元培、章太炎、吴稚晖,在谭延闿、黄一欧等陪同下,游览岳麓山,并瞻黄兴、蔡锷墓。杜威在岳麓工业专门学校进餐并讲演。

10月31日,下午,湖南省城绅界欢宴杜威等演讲名人。《大公报》1920年11月1日报道:"省垣绅界沈让溪、王心田、曹子谷等联合四十八人,乘杜威博士及诸名人于昨日(指1920年10月31日)

① 《各公团欢迎名人记》,湖南《大公报》1920年10月31日。
② 《各公团欢迎名人记》,湖南《大公报》1920年10月31日。
③ 参见《昨日讲演会讲演纪略》,湖南《大公报》1920年10月31日。参见江丽萍:《1920年名人学术讲演会述论》,湘潭大学硕士论文,2010年,第17—19页。

下午岳麓游山归来后,即在南门外黄乘齐君公馆内,设席欢宴,以尽地主之义。觥筹交错,极一时之盛。"①

1920 年 10 月,《英文杂志》第 6 卷第 10 期发表中英文对照文章《约翰杜威与中国》(Current Leterature: John Dewey in China),作者 C. F. Remer,倪灏森翻译。

**1920 年
11 月**

11 月 1 日,上午 8 时至 9 时,杜威参加湖南省议会举行的欢迎会,由议长招待。②

11 时,杜威参加湖南中华工会的成立大会。杜威在大会上演讲。演讲大意如下:"略谓今日极感谢诸君盛意,但对于贵国情形,不甚熟习,且将欧洲状况,略为贡献,诸君幸为垂察。欧洲各国,各行同业工会,专为解决困难事宜,与贵国各行同业之结合情形,似相仿佛。后来蒸汽机械发达,各行同业之效力,因以打破。盖非大结合,不足以抵抗资本家之缚束。一百三十年前,法国革命时,同业工会,

① 《昨晚绅界欢宴名人》,湖南《大公报》1920 年 11 月 1 日。
② 参见《杜威博士今晚离湘》,湖南《大公报》1920 年 11 月 1 日。参见《昨日之欢迎会·省议会》,湖南《大公报》1920 年 11 月 2 日。

即行取消，其原因在限制过严，多所阻滞，不利进行。迨后雇主自相结合，取缔劳工。劳工为势所逼，团结益坚而相冲突，迄今未决，是亦为世界重大问题。今日各国工人，更力图结合，对于政治经济，各方面多所研究，其为交通经过所冲动，因以成其知识，及生活上的进步。现在中国，亦将入此潮流漩涡中，但望中国作雇主劳工双方进步之进化，不蹈阶级战争之覆辙，则尽善矣。总之资本家对于劳工，互相提携，以增进其幸福，庶为上策。但就工人方面言，亦不可自弃，专赖雇主挟持，自应努力前进，勿使他人代庖。而资本家亦应少于阻力，任其发展为妙。余对于此事，绝少研究……"①

上午，杜威夫人在稻田女校讲演"男女同校问题"。② 另一说法是杜威夫人演讲"美国师范教育的情形"。该演讲记录稿以《美国师范教育底情形》为题发表在《晨报》1920 年 11 月 12 日、《民国日报·觉悟》1920 年 11 月 26 日。以《美国师范教育的情形——杜威夫人在湘之讲演》为题发表在《教育公报》第八年第一期。③

下午 2 时，杜威在遵道会讲演"教育哲学"，由曾约农翻译。"于管理法教授法敷陈一番，以为当有民治教育的精神，处处不离社会关系。教育界中人，应当猛□。"④此为在湘最后一次讲演。谭延闿到会。该系列演讲记录稿以《教育哲学》为题发表在《大公报增刊名人讲演录》1920 年 10 月 27、29、30 日，11 月 1—10 日，李济民、杨文冕记。

① 《杜威等在湖南工会之演说》，《晨报》1920 年 11 月 9 日。参见《昨日之欢迎会·中华工会》，湖南《大公报》1920 年 11 月 2 日。
② 参见《昨日各处讲演纪略·周南女校》，湖南《大公报》1920 年 10 月 30 日。
③ 《美国师范教育的情形》，袁刚、孙家祥、任丙强编：《民治主义与现代社会——杜威在华讲演集》，北京：北京大学出版社，2004 年，第 709—711 页。
④ 《昨日讲演会讲演纪略》，湖南《大公报》1920 年 11 月 2 日。

下午4时至6时,杜威到长沙总商会参加湖南报界联合会举行的欢迎座谈会。"设备茶点欢迎"。[1] 谭延闿参加。主席包道平说有湖南自治问题请教各位先生,提出三个问题:第一,美国的联邦制度,"行之已久,利弊若何"。第二,"湖南宪法内容,应如何制定"。第三,"湖南宪法应用如何方法产生"。[2]

杜威起立答复。"关于第一项,专就美国言。美国名为合众国(United States),顾名思义,即知美国之为联邦。再看壁间所悬美国国旗,红白相间之十三条纹,即系代表最初组成国家之十三州。旗上左角之四十六点,即系代表继续加入之各州。新加一〔州〕国旗上即加一点。国玺文意为'联络起来成一个'。关于第二项,美国制宪。当初系由各州组织一制宪委员团。草案成立,委员团解散。以后每二十年,由各州组织审查委员团,审查应修改之意见,提交人民研究此制推行便利。因美国各下级自治机关,组织完备,故制宪较易。中国则较为困难。既欲制省宪,又欲制国宪。而现在各城镇乡自治机关,尚多未能成立。且当战乱之后元气凋丧。先要注重教育实业,与民休养。不可因制宪问题,再起纠纷。我意先定一临时宪法,暂行若干年,再正式制定。关于第三项,不能答复。因我系教育专家,政治知识亦浅,且系外人,不熟习中国情形。诸君如有具体意见,可详细拟订,交我带回北京,俟我询之友人或将参考书籍研究有得,再以书而答复,或须俟归国答复,亦未可定。至投票选举权美国亦有教育财产之限制此,行之三十年,因人民反对,始行放松。妇女投票选举权,从前只数州有之,至最近三月以前,始准全国妇女有此

---

① 参见《杜威博士今晚离湘》,湖南《大公报》1920年11月1日。
② 《昨晚报界欢迎名人大演讲》,湖南《大公报》1920年11月2日。

权。尚有一种意见,欲为诸君告者,西方各国,近为救济个人投票流弊起见,特采用团体投票。此等团体系指有历史上之渊源自然发生者所投之票,又确能代表某一团体共同之利益。但应注意预防临时发生之团体妨碍选举之利益。近北京有几个固定慈善团体,欲组合为总团体。一日选举总经理未有结果,间日选举忽临时发生十一个团体出来操纵选举,果能如愿以去,所举之人,我亦详其姓氏,大庭广众之中,未便宣布。今晚我以外国人得与闻贵国内治,非常荣幸。可惜政治学问缺少,不能多所贡献。但现在各省眼光皆注目湖南。尚愿努力发展自治,供各省之采择。"①

傍晚 6 时,湖南省教育会举行宴会,招待来湘中外学者:杜威、蔡元培、章太炎等人。会后众人演说,谭延闿致感谢之词。

晚 8 时至 9 时,军警学三界在教育会设席为杜威夫妇饯行。"大约上轮之时,在十一点钟以后云。"②

当晚因各公司无船开往汉口。杜威未能成行前往湖北。"预备在鄂演讲四日。现有鄂人来湘欢迎。"③

11 月 1 日,《大公报》发表《杜威博士尚须过鄂讲演》。"湖北王督军,因美国杜威博士与我国名流蔡孑民、吴稚晖、李石岑、杨端六、张东荪诸氏均来湘演讲各种新学说,备受湘中官绅暨各团体之欢迎,特亦派外交顾问刘明钊君来湘代表欢迎杜蔡诸氏赴鄂演讲。并有专致杜威博士书函。昨刘代表分谒杜蔡诸氏,敬致欢迎之意。杜

---

① 《昨晚报界欢迎名人大演讲》,湖南《大公报》1920 年 11 月 2 日。
② 参见《杜威博士今晚离湘》,湖南《大公报》1920 年 11 月 1 日。
③ 参见《杜威昨晚未能成行》,湖南《大公报》1920 年 11 月 2 日。

威氏因意不可却,已允便道过鄂,讲演数日。杜威夫人亦同行。"①

11月1日,上午,李石岑在长沙遵道会继续演讲"杜威与罗素之批评"。②"须知哲学是叫我们人生的行路的,不可不有所选择,杜罗两哲到中国来演讲,他们的思想,影响于中国的,必非常伟大;但他们俩的思想,是根本相反的,倘若杜威叫我们向左走,罗素又叫我们向右走,那么我们究竟听哪一个呢?""至于他们两人学说的短处,我觉得杜威太偏于功利,不免把人生说得太无意义了。罗素太偏于图式化,不免把人生说得太无价值了。况且杜威的长处,并不在哲学,乃在教育,他的教育学说,也不见得有多大的发明,不过糅合旧时各种学说,做一个调和人罢了。罗素虽发明二冲动说,但二冲动说,乃是脱胎于斯宾挪莎的二感情说——能动的感情,受动的感情,也不见得发前人所未发。所以我对于他们两人的学说,都不十分赞成。我比较赞成且加上佩服的,便是法国柏格森的哲学。柏格森的哲学,可谓取杜罗两人的长处,去掉他们的短处。"③该讲演记录稿以《杜威与罗素之批评的介绍》为题发表在《大公报增刊名人讲演录》1920年10月31日,11月3日。

11月2日,《大公报增刊名人讲演录》发表杜威在雅礼大学演讲的记录稿《讨论学生毁偶像事》。④

11月2日,下午4时,杜威一行乘沙市轮船往湖北汉口,预备讲演4日。教育会送菊花石岩及湘绣等种礼物。由陈夙荒、赵运文、李

---

① 《杜威博士尚须过鄂讲演》,湖南《大公报》1920年11月1日。
② 参见江丽萍:《1920年名人学术讲演会述论》,湘潭大学硕士论文,2010年,第17—19页。
③ 李石岑:《李石岑讲演集》,桂林:广西师范大学出版社,2004年,第36、40—41页。
④ 杜威:《讨论学生毁偶像事》,《大公报增刊名人讲演录》1920年11月2日。

戊如等送至江边。①

11 月 3 日,杜威、蔡元培等于午后抵鄂寓（汉口），午即开始演讲。共演讲四日。②

11 月 4 日,上午 10 点 10 分,在湖北高师讲演"教育与社会进步",林卓然译。"美国富强之原,是渐渐以教育造就的。他的发达,是两方面：一、对于政治社会各个人都能负责；二、对于教育能尽力使其发达。……我常同蔡子民君谈,教育如架屋然,政府如梁顶,国民如基础,必须基础坚固,屋才能巩固云云,也就是这个道理。"该演讲记录稿以《杜威博士在鄂讲演记·教育与社会之进步》为题发表在《民国日报》1920 年 11 月 8 日。③

11 月 6 日,杜威抵达汉口。《英文杂志》1920 年第 6 卷第 12 期发表英文消息《杜威博士在汉口》（Dr. John Dewey in Hankow）。该报道说,杜威 11 月 6 日抵达汉口。之前在武昌演讲两日。11 月 4 日在国立学校演讲,11 月 5 日在文华大学和学生联合会演讲。④

11 月 7 日,杜威致信科斯（John Jacob Coss）。中国之行"是最有意义的,同时也是我学术生涯中所做过的最有价值的事情之一"。⑤

11 月 8 日,杜威在湖北国立高等师范学校演讲。杜威夫人在湖北省立女子师范学校演讲,题目为"女子教育问题",由梅经言译述,由沈克寰、黄问歧、张斌、徐登瀛等笔记。该演讲记录稿发表在《晨

---

① 参见《杜威博士昨日离湘》,湖南《大公报》1920 年 11 月 3 日。
② 参见《专电·汉口电》,《申报》1920 年 11 月 5 日。
③ 《杜威博士在鄂讲演记·教育与社会之进步》,《民国日报》1920 年 11 月 8 日。
④ "Dr. John Dewey in Hankow",《英文杂志》1920 年第 6 卷第 12 期。
⑤ 乔治·戴克威曾：《杜威的中国之行》,《杜威传》,单中惠编译,合肥：安徽教育出版社,2009 年,第 362 页。

报》1920 年 11 月 18—20 日。① "中国应当和各国商量怎样可以普及中国女子的教育,如同中国和各国商量山东问题一样注意才好。但是今天我所要讲的不是山东问题,中国想要做真正的共和国,而在世界占一位置和英美法各国差不多,那么我们应该尽力去求发达女子教育的方法才好。"②

下午,出汉口抵浔(九江),旋乘专车晋省。③ 船抵九江时,九江教育界代表在码头欢迎杜威一行,"请赴同文书院休息。而杜威博士以时间尚早,不肯延搁,比即偕同黄顾两校长及省欢迎代表等乘车赴省"。④ 在南昌,"学界欢迎者不下数百人。可惜罗素蔡孑民诸君没有同来。会话的时候,都是青年会干事周泰瀛翻译"。⑤

11 月 9 日,星期二,上午 10 时,江西省教育会开欢迎大会,教育厅长夫妇及全省各教职员(每校推荐学生 2 人听讲)参加。"到数百人,为江西从来未有之盛会。"⑥

下午 2 时至 5 时,在顺直会馆,演讲"国民教育"。"大抵以中美现在教育互相引证,意味浓厚,听者忘倦,是日倾盆大雨,众皆满意而归。"⑦

11 月 10 日,星期三,上午 10 时至下午 1 时,在江西南昌演讲"教育与实业之关系"。⑧

---

① 《杜威夫人在鄂之讲演》,《晨报》1920 年 11 月 18—20 日。
② 《女子教育问题》,袁刚、孙家祥、任丙强编:《民治主义与现代社会——杜威在华讲演集》,北京:北京大学出版社,2004 年,第 703 页。
③ 参见《专电·九江电》,《申报》1920 年 11 月 9 日。
④ 《过浔时之情形》,湖南《大公报》1920 年 11 月 16 日。
⑤ 《南昌学界欢迎杜威情形》,《晨报》1920 年 11 月 16 日。
⑥ 参见《欢迎会之布置》,湖南《大公报》1920 年 11 月 16 日。
⑦ 《杜威博士在赣之演讲》,《申报》1920 年 11 月 14 日 7 版。
⑧ 参见《讲演之程序》,湖南《大公报》1920 年 11 月 16 日。

下午 2 时至 5 时，杜威夫人演讲"女子教育"。① "演说浅显，意在劝告吾人实行其已知改进之教育耳。"11 月 9、10 两日，教育厅许厅长携夫人，赴会听讲，并肩坐于博士夫妇之侧，亦为江西官员未有之先例。②

11 月 10 日，上海泰东图书局出版《杜威三大演讲》，内容包括《教育哲学》、《试验论理学》、《哲学史》。

11 月 10 日，《文化书社通告好学诸君》列出所售的书单，包括杜威五大讲演、实验主义、杜威现代新[教]育的趋势、杜威美国民治的发展等。③

11 月 11 日，星期四，上午 10 时至下午 1 时，在江西南昌演讲"教育之发展"；下午，在江西教育界职员陪同下，"赴各街市游览"。④

11 月 11 日，《民国日报》发表杜威演讲记录稿《社会进步之标准》。"第一须能牺牲一己之利益，以谋公共之利益。第二须能内应各国之学理，以迎合社会之情势。"⑤

11 月 12 日，晨，启程返浔。⑥

11 月 12 日，《时报》发表《杜威讲演中之趣闻》。"此次杜威过鄂讲演，在杜威为情不可却，而在鄂人方面，亦以各省皆请演讲，鄂省不能独异，故有此循例之举，实非真欲听杜威之讲演也，以是此次杜威讲

———————————

① 参见《讲演之程序》，湖南《大公报》1920 年 11 月 16 日。
② 《杜威博士在赣之演讲》，《申报》1920 年 11 月 14 日 7 版。
③ 参见《毛泽东早期文稿》，长沙：湖南出版社，1990 年，第 541—542 页。
④ 参见《杜威博士在赣之演讲》，《申报》1920 年 11 月 14 日 7 版。参见《讲演之程序》，湖南《大公报》1920 年 11 月 16 日。
⑤ 袁刚、孙家祥、任丙强编：《民治主义与现代社会——杜威在华讲演集》，北京：北京大学出版社，2004 年，第 121—122 页。
⑥ 参见《杜威博士在赣之演讲》，《申报》1920 年 11 月 14 日。

演时,颇有趣闻发生。""杜威连日所讲,皆'教育上之德谟克拉西',叫学生自动自治,注重平民教育,实行社会服务。某教员听之,大不谓然,当谓其同伴曰:请他演讲,是请他劝学生用心读书,听我们的教训;那晓得他总在叫学生革我们的命,真是岂有此理!遂逃席而去。"①

11月15日,到安徽,受省长聂宪藩邀请讲演。

11月16日,《大公报》发表《杜威夫人致陶斯泳函》。"……我到中国来了十八个月。这几个月中间,我已经看见了许多对教育捐款的事。……我的意思,中国欲解决这类的问题,要依赖在大学校出大学校的学生的好品行好能力,表明这才叫人了解高深教育在社会上的价值。美国愿意捐款,因为美国相信了教育的人,能替社会造益。经了锻炼的人,较未经锻炼的人,所作的工,优美的多。这种信用,在中国也可创造出来。若是受了高教育的人,所作的工,真是十分优美,但是没有证如是不能的。……第二件就是要劝导教育界以外的人,使他明白,帮助教育发达,是于社会有益的。于社会有益,就是于他个人有益的。……"②

11月17日,杜威到京,18日起在北大照常上课。③

11月17日,《晨报》发表杜威演讲记录稿《杜威博士在湖北学生会之讲演》。杜威在湖北访问期间(1920年11月3—8日)做过一次演讲,即"在湖北学生会之讲演",商榷该会宗旨与办法。"像这次安福系失败,不是舆论推翻的么? 由此可以推想到武汉学生联合会,

---

① 《杜威讲演中之趣闻》,《时报》1920年11月12日。
② 《杜威夫人致陶斯泳函》,湖南《大公报》1920年11月16日。
③ 参见《注册部通告:杜威先生已于昨日到京十八日起照常上课》,《北京大学日刊》1920年11月18日第一版。

只要所作的合乎舆论,凡反对这舆论的人,不久也要像安福系那样被人推翻。现在的时局,是很用得着学生联合会来解决的,所以这会的责任重大,应即着手改组,好达到诸君起初组织学生会之志向。"①

11月17日,《北京大学日刊》发表《东西文化及其哲学》(续),梁漱溟讲,陈政记。梁漱溟说:"记得杜威先生在哲学研究会欢迎席上曾说'差不多的哲学家都很愿意将其哲学组成科学的哲学'。……杜威先生的教育讲演中有很长的一段,论科[学]的影响于西方化而未及于东方化,其结论谓'东西文化的区别即在于此'。虽然我尚不以为'即在于此',然也可见科学的影响总是此中一个大条件了。"②

1920年
12月

12月1日,杜威完成调查报告《布尔什维克主义在中国》(Bolshevism in China),美

---

① 《杜威博士在湖北学生会之讲演》,《晨报》1920年11月17日。袁刚、孙家祥、任丙强编:《民治主义与现代社会——杜威在华讲演集》,北京:北京大学出版社,2004年,第118—120页。

② 梁漱溟:《东西文化及其哲学》(续),《北京大学日刊》1920年11月17日。《梁漱溟全集》第4卷,济南:山东人民出版社,1991年,第599—600页。

国驻中国大使馆武官缀斯代尔（Colonel Alexander Drysdale）于 12 月 2 日收到。缀斯代尔把该报告提交给美国国务院，他在备忘录中写："杜威先生……具有非同寻常的机会接触中国可以被认为是激进的元素。我不知道还有谁——无论何处——比杜威先生更具有条件报告这件重要的事情。"[1]该报告在 1960 年 7 月 22 日由美国国务院解密。

杜威在该报告中写："我没有看到布尔什维克主义（Bolshevism）在中国的直接证据。……我确信，布尔什维克主义在中国是不存在的，因为我与那些有时被称作布尔什维克主义者的教师、作家和学生一直保持着密切的联系，尽管他们的社会与经济观念事实上也的确是相当激进的。""所有这些事情都使得学生们非常倾向于新观念，倾向于社会和经济的变化方案。虽然他们几乎没有什么经验背景，但他们欢迎任何观念，只要是新的，与事实上已经存在的不同就行。他们实际上都是社会主义者，有时也自称共产主义者。……两个月前，在北京有一个学生因为传播'布尔什维克主义'文学而被捕。我调查发现，他实际上是无政府主义的，而不是布尔什维克主义的，因为他倡导废除政府和家庭。"

"几周前在长沙，我受邀参加一个组织劳工联合会支部的会议。会议上，实际没有一个散工、劳工，主要是商人，还有一些学生。这更像是国内的某些市民福利或者慈善机构，而不是什么劳工党，虽然这个会议是由一个从上海来的代表国家的组织者召集的。因而学生即使想要开始一个实际的运动，也没有工作的对象。他们也仍

---

① 《杜威全集·中期著作》第 12 卷，上海：华东师范大学出版社，2012 年，第 220 页。

然太过理论化,不能成功地从事实际的运动。"

"知识阶层在信念上是激进的,对所有社会改革的计划也都很感兴趣。但它毕竟是一个规模较小的阶层,产生的实际影响很小,而且也不大注重自我组织以获得更大的影响。作为一个对实际还在进行着的事情的关注,布尔什维克主义的整个社会与经济的背景还是贫乏的。……许多人希望来一场政治革命,以推翻当前的官僚阶层,从而有一个新的开端。可能有这种剧变,那些不喜欢它的人称之为布尔什维克主义者的剧变。但是,恐怕它不会很快到来,而且一旦它真的到来,也将局限于重做那些在 1911 年宣称要做的事情。"①

12 月 4 日,范源廉在北京法政大学预科大讲堂演讲"常识与专长"。演讲稿发表于 1921 年 1 月 15 日《法政学报》第 2 卷第 9 期。"试观外国学者,如杜威、班乐卫、罗素等之来吾国讲学,东西南北四处奔驰,毫无疲困,其身体之强健如何!"②

12 月 5 日,杜威在致巴恩斯(Albert C. Barnes)的信中说,他收到《亚细亚》的请求,请他为回应濮兰德(J. O. P. Bland)的激烈言辞而写一些文章。③

12 月 5 日,《学生杂志》第 7 卷第 12 号发表杨贤江的文章《自学的成功》。该文提到一个自学成才者叶菊生的例子。"他并未受过正式的学校教育,并未听过英文教员的教授,他只是自修,居然在中文上做过报馆的编辑,在英文上译成杜威著的《我们如何思想》(How

---

① 《杜威全集·中期著作》第 12 卷,上海:华东师范大学出版社,2012 年,第 191—193 页。
② 范源廉:《常识与专长》,《范源廉集》,长沙:湖南教育出版社,2010 年,第 191 页。
③ 参见《杜威全集·中期著作》第 13 卷,上海:华东师范大学出版社,2012 年,第 436 页。

We Think),现在又着手翻译杜威和他女儿爱佛令共著的《新学校代旧而兴记》(New Schools for Old)。"①1920 年 12 月 13 日写就《愁城生活录》一文，又提到叶菊生自学英语，翻译杜威《我们如何思想》。②

12 月 8 日，杜威在《新共和》1920 年第 25 卷发表《工业中国》(Industrial China)。该文发表在 *Chung Hwa English Weekly* 1921 年 1 月 22、29 日，2 月 5、26 日，3 月 5 日。中美新闻社翻译该文，该文的中译文以《杜威博士论中国工业》为题发表在《民国日报》1921 年 1 月 18、19 日。

杜威在文章中写："世界中殆无一国，其勤勉与工业相差之远，有如中国者。中国人之勤勉素著，见诸谚语。以言工业，则尚在改革之幼稚时代。由家庭手工而改为机器制造，其运输则由男子之肩颈（妇人小儿亦有之）以至于运货汽车。中国中部货物，大半固可以水道船只往来运输，然有时风力不合，则以男子及妇孺等络绳于肩，索舟以进。在大运河中，每能见十岁以上之人四十人曳一笨重之沙船，徐徐前进，亦奇观也。"

"前六星期中，予曾偏游江苏省。上海之坐落，在此省中，其工业与商业发达为中国冠，其间所有工厂铁路与外国贸易最多。读者欲知其详，可与领事署报告及商业杂志中得之。予所历十五城镇，自省之极北至于极南。此等城镇可分为四类：第一类为通商口岸，外国商人即由此而入，外国之资本集中于此，凡事皆尚西国方法。

---

① 杨贤江:《自学的成功》,《杨贤江全集》第 1 卷,郑州：河南教育出版社,1995 年,第 240 页。

② 杨贤江:《愁城生活录》,《杨贤江全集》第 1 卷,郑州：河南教育出版社,1995 年,第 250 页。

其中以上海居最重要地位。东西方之文明，在此会合，而其目的则一，曰弄钱而已。"

"第二类城镇，则与进步发达绝端相反，不特非通商口岸，凡事似亦刚受接触。省之北部，其陈古似在五百年前。自造一铁路后，遂有面粉厂数家成立。自欧洲大战后，则蛋厂亦成一新市面。常日每蛋售三小钱者，今已三倍于此，故养鸡生蛋之家，所获颇多云。在此等守旧之城镇中，往往人烟稠密，而数年前尚无公共学校、无报纸、无邮局，其他便利公众之事业，尤为缺少。其所以如此者，盖为盗匪活动所致。"

"中国各地官吏，几无一不滥使职权，而以兵为根据，用作需索地步。对于工厂破产，往往诈取金钱，复把持铁路，强扣车辆，以供兵用，实亦含有索诈臭味。彼等搜括所得，则投资于典肆银行及其他金融机关中，以图自肥。武力与资本俱相得益彰，此实一种新封建制度也。"

"第三类城镇，亦为代表旧中国者，惟属于旧中国兴盛文明之方面，此等城镇皆怠惰奢侈，与贫苦愚昧并进，其精神及物质上均徐徐退化。"

"第四类城镇，则为注重工业者。……中国之工业进步，其将蹈英吉利、美利坚、日本之覆辙，同取放任主义，而致引起劳工运动与阶级战争乎？……中国为一问题繁多之国，此等问题，皆纠纷不可了解，令人恍忆儿时所猜之中国谜语。然以中国及全世界论，则此工业上之问题，实为极重要者。……对于西方工业革命上最恶之一步，视若无观。中国迄今未有工厂法律。即使有之，而政府亦无施行之力也。……工厂情形不能改良，则前途尚少乐观也。"[1]

---

[1] 《杜威博士论中国工业》，《民国日报》1921 年 1 月 18、19 日。另一版本中译文，请参见《杜威全集·中期著作》第 12 卷，上海：华东师范大学出版社，2012 年，第 56—60 页。

12 月 29 日,吴虞在日记中写:"予与香初各取《杜威五大讲演》一本。"①

12 月 30、31 日,《时事新报·学灯》发表俞人元的文章《杜威的"德育原理"》。②

12 月 31 日,冯友兰在致梁漱溟的信中写:"这个大学的哲学系果然没有'旧'哲学家。教授中间有实用主义者,也有新实在主义者,我的哲学思想也就是在这两派中间,倒过来倒过去。不过在我到哥伦比亚大学的最初一年左右,我所喜的还不是实用主义或新实在主义,而是柏格森的哲学。"③

1920 年,《杜威三大讲演》,刘伯明口译,沈振动笔记,上海泰东图书馆出版。

1920 年,福建省教育厅编辑出版《杜威在闽演讲》。

1920 年,《复旦》(*The Fuh Tan Students' Quarterly*)第 10 期发表傅耀诚(Y. C. FOO)的英文文章《从杜威的教育演讲中学习什么》(What I Learn from Dr. Dewey's Lectures on Education)。④

1920 年,《约翰声》第 31 卷第 1 期发表杜威的《哲学归元论》。该文系岑德彰摘译自杜威的文章 The Need of Rescovery of Philosophy。

① 《吴虞日记》上册,成都:四川人民出版社,1984 年,第 573 页。
② 俞人元:《杜威的"德育原理"》,《时事新报·学灯》1920 年 12 月 30、31 日。
③ 蔡仲德编撰:《冯友兰先生年谱长编》上,北京:中华书局,2014 年,第 56 页。
④ 《复旦》第 10 期,1920 年。

1921年

1921 年
1 月

1 月 1 日,《申报》发表《皖省之重要问题》:"皖省教育会,定于新历元旦日起,敦请国内外教育界名流,莅皖讲演。原拟请者为北京胡适之先生,杜威、罗素两博士,南京高师陶知行先生等。昨接胡适之自京来电,因病未痊,兼以时期太迫,阳历年假内,杜威、罗素两博士,均须在京讲演,势非展期,明春不克来皖,云云。刻仅陶知行约同南高诸教授,准于新历元旦日前莅皖,自元旦起开始讲演。"[1]

1 月 1 日,毛泽东出席新民学会会员新年大会。毛泽东主张:"规定研究的对象,宜提出几种主义(如共产主义,无政府主义,实

---

[1] 《皖省之重要问题》,《申报》1921 年 1 月 1 日。

验主义等)定期逐一加以研究,较之随便泛泛看书,有益得多。"①

1月3日,《广东群报》发表陈独秀的演讲稿《新教育是什么?》。《新青年》1921年4月1日第八卷第六号转载。"现代欧美各国底教育也还是教训式的居多;就是实验心理学新教授法最发达的美国,杜威式纯粹的启发教授法也只有一部分人在那里试办。""杜威先生曾说,中国底教育比日本更有希望,因为中国底教育方才着手,可以采用最新的方法,不象日本底教育制度已凝固不易改用新法。杜威先生这话是中国主持教育的人都应该十分注意的!"②

1月10日,《时事新报·学灯》发表石岑的文章《杜威与罗素》。③

1月10日,吴虞在日记中写:"饭后阅《杜威讲演》。"④

1月11日,吴虞在日记中写:"阅《杜威讲演》。"⑤

1月12日,杜威在《新共和》1921年第25卷发表《中国是一个国家吗》(Is China A Nation)。该文章是杜威为答复瑞士的赫尔白(J. W. Helburn,或译赫尔本)的信中提出的问题而作。赫尔白的信和杜威的答复文章的中译文以《杜威论中国现象》、《杜威论中国现状》(续)为题,发表在《晨报》1921年2月22、24日。

杜威在文章中写:"中国之国家,决非如吾人所知之欧洲国家。""中国所有之公共精神,今尚甚少。中国素重家族主义与部落思想,故对于国际的或时代的关系,为力绝薄的。即在政治家间,亦党派思想

---

① 中共中央文献研究室编:《毛泽东年谱》(1893—1949)修订本上卷,北京:中央文献出版社,2013年,第76页。
② 陈独秀:《新教育是什么?》,《陈独秀著作选》第2卷,上海:上海人民出版社,1993年,第237页。
③ 石岑:《杜威与罗素》,《时事新报·学灯》1921年1月10日。
④ 《吴虞日记》上册,成都:四川人民出版社,1984年,第576页。
⑤ 《吴虞日记》上册,成都:四川人民出版社,1984年,第576页。

强于国家观念。"①"近来中国人国家思想之发展,大半因外国侵略之反动力所造成。此种国家思想,在沿海一带最为强固。此其原因,不但因此等之工业最为发达,盖因外国人之侵害,在此处感触最多耳。……就历史上观之,一民族为外力所压迫而形成团结之国家者,其例至多,则中国亦未必为例外。中国今虽未成国家,然正在转变之中;外力苟加以阻止,则其转变也益猛,其成为国家也亦益易。""中国大多数之乡村人民,虽仍未脱其惰性,然中国实已在变动之中。其社会间因与西方接触,发生无数之小变化;此无数小变化之总结果,则使其教育界中人形成一种新思想。此项事实,较之外界任何大变动,尤为重要。"②

1月19日,杜威在《新共和》1921年第25卷发表《西伯利亚共和国》(Siberian Republic)。杜威在文章中写:"最适合于这种状况和最能确保明确了解的措施,应当是不仅欢迎一个贸易代表团从远东共和国来到美国,而且同时派遣一个由官员组成的调查团去西伯利亚。如果这个使团能跳出由谣言和小道消息所构成的氛围,这种氛围在某些外交官的圈子里确实代替了对事实的责任,那么,它就能为一种明确的政策打下基础。这样一种政策,会促进美国各种正当的贸易活动。但重要的是:它也许不仅能帮助中国挡开一个新的威胁,而且通过阻止一个或早或晚导致血流成河的局面的出现,而为世界和平作出贡献。"③

---

① 《杜威论中国现象》,《晨报》1921年2月22日。
② 《杜威论中国现状》(续),《晨报》1921年2月24日。该文章的另一个译文,参见《杜威全集·中期著作》第13卷,上海:华东师范大学出版社,2012年,第64—69页。
③ 《杜威全集·中期著作》第13卷,上海:华东师范大学出版社,2012年,第204—209页。

1月，上海中华书局出版杜威的著作《思维术》，列入新文化丛书，刘伯明翻译。该书曾于1918年9月印刷，由国立南京高等师范学校发行。

**1921年
2月**

2月9日，杜威在《新共和》1921年第25卷发表《社会绝对主义》(Social Absolutism)。杜威在文章中写："换句话说，虽然在美国不存在转变成布尔什维主义的迹象，但是存在着民主的衰落和对某种形式的社会绝对主义无意识采纳的迹象。这是因为，如果相信民主，我们就应该相信那作为俄国人而为我们所知的一大群人有自己进行实验、并以自己的方式吸取教训的权利。"①

2月10日，《东方杂志》1921年第18卷第3号发表关素人的文章《实验主义的哲学》。②

2月23日，《申报》发表《福州·杜威博士将来闽》："客岁经学会会长吴微鳌等，曾倡议请杜威博士来闽讲演哲学，莘莘学子，咸渴

---

① 《杜威全集·中期著作》第13卷，上海：华东师范大学出版社，2012年，第270—275页。
② 关素人：《实验主义的哲学》，《东方杂志》第18卷第3号，1921年2月10日。

望焉,嗣以无欵中止。兹闻厦门大学特聘该博士,于四月一日该校举行开学式之日到校讲演,已得博士同意,并拟到厦后便道来省讲演,到省之期,大约在四月之三四日左右,目下教育厅及经学会两方面,已筹备招待矣。"①

2 月 25 日,亨利·霍尔特出版公司(Henry Holt and Company)的林肯·麦克威夫(Lincoln Mac Veagh)致信伊夫琳·杜威(Evelyn Dewey)。《哲学的改造》"目前已经售出了 1 500 本……此外,我们还将英国(英语)的版权卖给了伦敦大学出版社,并给他们提供一套复制图版……我们获得了极高的称赞评论"。之前(2 月份),伊夫琳·杜威因父亲杜威的要求,曾致信霍尔特出版公司,询问《哲学的改造》一书的销售情况和计划。②

1921 年
3 月

3 月 6 日,杜威在北京高师美术研究会所作的演讲的记录稿《论中国美术》发表在《晨

---

① 《福州·杜威博士将来闽》,《申报》1921 年 2 月 23 日。
② 《杜威全集·中期著作》第 12 卷,上海:华东师范大学出版社,2012 年,第 216 页。

报》。王迥波译，曹配言记。"在一个社会变迁的时代，而且当西方的文明初进来的时期，中国旧的美术受有很危险的震荡。有三种事情，为我们研究美术的人不可不注意的：第一，就是中国的美术，尤甚的是建筑方面，现在渐趋于毁灭的境遇或遗失的情形。因此我希望大家要努力的保存。""第二，就是教员要有美术的陶冶，由此可以唤起学生及一般人对于保护美术的注意力。""第三，在师范学校或高等师范学校受过教育的人，将来在各学校当了教员，可以训练自己所教的学生，使对于美术有极大的兴味，养成他们一种美感化。"①

3月12日，冯友兰在纽约写对柏格森的专著《心力》(卡尔译)的书评。该书评说："从前有些人，如培根之类，过于把演绎归纳的界限划清了。其实我们思想的时候，二者并用，杜威如此说，柏氏也如此说。"②该书评发表于《新潮》第三卷第二期，1922年3月。

3月16日，杜威在《新共和》1921年第26卷发表《远东的僵局》(The Far Eastern Deadlock)。杜威在文章中写："目前远东地区和平的钥匙掌握在美国的手中，这是十分确定的。但是，是否有谁知道该到哪里去找这把钥匙，并对它是什么样子知道得足够清楚，以便万一偶然发现它时能够辨认出来，这是有疑问的。然而，这把锁却是明摆着的，它就是日本与美国的关系。""打破现存僵局的第一个动作，是去除与《二十一条》相关的这些条约。……与《二十一条》有关的一切东西的取消，是把日本与中国的关系放在一个友好的立足点上的唯一途径。确保这两个东方国家之间的友好关系，应当成为

---

① 《论中国美术》，《晨报》1921年3月6日。
② 冯友兰：《三松堂全集》第11卷，郑州：河南人民出版社，2001年，第25页。

美国人的舆论与行为的激励目标。然后，这把锁就开始松动了。"①

3月20日，《评论之评论》1921年第1卷第2号发表费觉天的文章《评杜威底社会哲学与政治哲学》。②

3月20日，《申报》发表罗素的文章《旅行中国的快乐》。此文原发表于伦敦 Nation 周报，赵元任译。"湖南的督军，好像是各省督军的最有德行的了。他昨天晚上设一个很大的筵席请我们，在坐亦有杜威教授和夫人，这是我第一次见他们。那位督军不会什么欧洲的言语，所以虽然我挨着他坐，我们只能借一个翻译的帮助来谈话。但是我觉得看他人还不错，他是的确说要促进教育的，这可不是中国的最紧急的需求么。要是没有教育而要想有好政府，这是恐怕必不能希望的事情。可是有一层，中国情形与欧西不同的，就是坏政府在中国的害处，没有像欧西那没利害，这亦不过是一种表面的感想，日久也许为阅历所改正的。"③

3月23日，《晨报》发表《杜威赴闽有期》。杜威夫妇"已定本月二十八日由京出发，先到厦门，参与厦门大学开校式，并讲演三日，即往福州。大约返京须在一个月以后云"。④

3月25日，冯友兰在纽约写对乔治·桑戴延纳（George Santayana）的专著《美国人的品性和意见》的书评。该书评说："从来到中国的外国人，不知有多少，唯杜威、罗素，说过中肯的话；其余都

---

① 《杜威全集·中期著作》第13卷，上海：华东师范大学出版社，2012年，第70—76页。

② 费觉天：《评杜威底社会哲学与政治哲学》，《评论之评论》第1卷第2号，1921年3月20日。

③ 罗素：《旅行中国的快乐》，赵元任译，《申报》1921年3月20日。

④ 《杜威赴闽有期》，《晨报》1921年3月23日。

是'隔靴搔痒'之谈。如杜威说中国处世的方法是互相忍耐（见《亚细亚杂志》）；罗素说中国人是合理的快乐派（Rational Hedenistic）（见伦敦《国家》杂志 London *Nation*）；我以为都有独见。"①该书评发表于《新潮》第三卷第二期，1922 年 3 月。

3 月 26 日，罗素病危，朋友建议罗素发委托书给勃拉克，杜威为他拟好了草稿，他在委托书上签字。他叫杜威的名字说："我希望所有我的朋友不离开我。"②

3 月 28 日，杜威夫妇和女儿从北京起程，前往厦门。③

3 月 28 日，杜威在致巴恩斯的信中写："我得到了一个发表它们并获得满意报酬的机会，除此之外，我别无所求。再说《新共和》本身做得比任何其他美国刊物都好，这或许不是很重要，但确实有一点儿关系。"④

3 月 29 日，《申报》发表《罗素病势甚重》。罗素病情加重，杜威前往医院探视。"英国哲学大家罗素，自去年到中国，迄今不及半年，各种演讲，中国人极为欢迎。日前患肺炎病，在寓中延医诊治，迄无效果。前日（二十五）迁入德国医院就医，勃拉克女士及赵元任随同到院侍病。不料入院后，病势日趋危急，至昨晚九时，气息渐弱，精神仿佛，几至不能认识亲友。据医生言，罗素病已绝望，今晚或将与吾人永诀矣。闻杜威博士及某英人等闻讯，昨夜九时亲到德国医院，为罗素办理遗嘱书，并亲自署名作证，预将一切身后事宜，

---

① 冯友兰：《三松堂全集》第 11 卷，郑州：河南人民出版社，2001 年，第 27—28 页。
② 参见赵元任：《为罗素任翻译的日子》，袁刚、孙家祥、仁丙强编：《中国到自由之路——罗素在华讲演集》，北京：北京大学出版社，2004 年，第 322—323 页。
③ 参见《杜威赴闽有期》，《晨报》1921 年 3 月 23 日。
④ 《杜威全集·中期著作》第 13 卷，上海：华东师范大学出版社，2012 年，第 436 页。

交与勃拉克女士办理。至十二时,某报向德国医院打电话,据接电话人言,所有医生及罗素之亲友,皆已外出,罗素住室业已关闭,医生嘱咐,无论何人,不许向罗素住室叫人云云。查罗素生于一千八百七十二年五月十八,现年四十九岁,生平著书极富。此次应聘来中国讲演,游历各省,与我国人士感情极厚。现在在北京各种讲演尚未完毕,而忽有此不起之症,京人对此甚为皇皇也。"①

3月30日,下午2时,福建省教育厅召开杜威博士招待会第一次筹备会议,到者50人。"此次欢迎杜威博士首由官厅筹款,次由官绅学教各界人士共同组织杜威博士招待会。"李兼省长为名誉会长,王教育厅长为会长。确定总务部、招待部、编译部主任干事和干事人选、速记员等。②

3月,杜威在日本《改造》发表《科学与当今工业体系》(Science and the Present Industrial System)。杜威在文章中写:"第一,各种不同的社会改革或社会革命计划的成败有赖于它们与科学进展所具有的关系。没有科学的支持,这些计划无法避免失败。第二,科学事业迄今为止仅仅触及对自然界的洞察。与人类或社会有关的科学尚处在最初阶段。第三,既然人类与社会科学的发展及应用将会威胁到那些在工业和国家中掌权的人的控制,那么科学就将面临巨大的阻力,但是有理由相信,它会战胜这种阻力获得成功。"③

---

① 《罗素病势甚重》,《申报》1921年3月29日。
② 参见《美国杜威博士偕夫人女公子莅闽讲演纪事》,《福建教育月刊》1921年第4期,第2—3页。
③ 《杜威全集·中期著作》第13卷,上海:华东师范大学出版社,2012年,第378—379页。

1921 年
4 月

4 月 4 日,福建杜威博士招待会第一次职员会在福州召开,议定讲演办法。①

4 月 5 日,抵达厦门,福建省教育厅先期派科长冯守愚等到厦门迎接。是日即在集美学校会宴,席间演说后,植树以为纪念。②

在厦门集美学校讲演"现代教育的趋势"。"今天所讲的要旨,有两种原理:第一种是关于自动的,第二种是关于社会的。这两种原理,就可算做现代教育的趋势。""自动的原理,乃是发展社会目的底目的。"该演讲记录稿《现代教育的趋势》发表在《民国日报·觉悟》1921 年 4 月 27 日。③

4 月 6 日,上午,在集美举行厦门大学开校仪式。校董陈嘉庚、厦门大学校长邓芝围等出席并演说,杜威也在开校仪式上演说。"略谓,鄙人到此,有三种希望:(一)望在学人数日多,人材辈出,如太阳经天,光照世界,我美国亦不胜欣慕;(二)希望学术发达,为富国之根本,私立与国立,当一同进行;(三)望到会诸君,须景仰陈君,中国人多自私自利之

① 参见《美国杜威博士偕夫人女公子莅闽讲演纪事》,《福建教育月刊》1921 年第 4 期,第 3—4 页。
② 《福州欢迎杜威博士纪》,《申报》1921 年 4 月 18 日。
③ 《现代教育的趋势》,《民国日报·觉悟》1921 年 4 月 27 日。

心,惟陈能公而忘私,中国人人能效陈君之公,则救国何难之有。"①

下午2时,在厦门大学,演讲"大学之旨趣"。"略谓,我今所说,为中国大学之问题,即是发达学者之能力,中国天然物产甚丰富,或货弃于地,而不知采取,或以天然物品,售诸外人,待其制成有用之物,转售中国,此为一种大漏卮,皆因无能力之故。譬如中国煤炭甚富,若尽行开采,可供全世界之用,无人开采,即千百年仍蕴藏于地;又如乡间沙漠之地,无人灌溉,无人种植,虽千百年仍无生产;中国人如无人教导,则永不能发达其固有之能方[力],以厦门观之,中国人非无能力,如菲律宾、新加坡、槟榔屿、泗水、苏门答腊、仰光以及美洲、欧洲、日本之华侨,以闽粤为最多,亦有经营许多大事业,以援助祖国者。中国之不强,皆因能力不发达,欲发达其能力,必自教育始。学校养成之人材,对于国家之关系有二:一是道德,一是工商业。工商业之发达,即由学问而来,现在中国人之学问,较前清大有进步,如电线、铁路、飞机等项,中国皆有。有智识而后能发达工业,欲发达其知识,必先研究科学,中国人之勤苦,为世界所公认,今中国人所少者,惟新科学。欲以新科学发明新事业,即在此大学研究,尚有一层,中国人之通病,在界限太分明,南北已分界限,又有各省各地方之界限,大学当捐除此等畛域。中国人尚有两种病:一病在不用功,一病在用功过勤。不用功之病固不待言;即用功时间太多,对于世界潮流,不知应付,仍是不完全之人。外国人有智识,尤知智识之作用处,若专用功以求智识,而不能用于国家社会,何益之有。现今欲驱逐腐败之人,必先有驱逐之能力,智育体育之外,尚有许多

---

① 《纪厦门大学开校式》,《申报》1921年4月16日。

要务,望学生自家研究。就中尤以养成公共之能力为最要,愿学生于功课之余,练习此公共能力,以养成完全之人材,是则鄙人所厚望也云云。"①该演讲记录稿《大学的旨趣——杜威在厦门大学讲演》发表在《晨报》1921 年 4 月 25、26 日。②

接着,杜威夫人演说,题为"女子教育之必要"。

4 月 7、8 日,在厦门讲演。

4 月 9 日,福建杜威博士招待会得冯、聂两视学从厦门打来的电报。"称杜威博士及夫人女公子真日乘海澄赴省。夫人注重女学,请亦预排讲演日程等语。"李兼省长和王教育厅长先期派冯、聂两视学赴厦门代表欢迎杜威博士一行。③

4 月 11 日,上午 9 时,福建杜威博士招待会续开职员会,确定接待事项,如杜威一家的住处等。④

4 月 12 日,上午 11 时,杜威偕其夫人、女儿由厦门海澄轮安抵马江。下午 2 时半,到台江汛,当即导往顺记菜馆午餐。3 时半,到乌石山锡师姑住宅,此处为杜威一家在福州的住处。⑤

下午,往督军府访李督军,李督军以此来辛苦为言,杜威答称:"余自去年游中国,迄今足迹遍二十省,不特丝毫不觉辛苦,且实饶种种之趣味,盖余游行欧洲,只见其新文化之日益发展,今至中国,

---

① 《纪厦门大学开校式》,《申报》1921 年 4 月 16 日。
② 《大学的旨趣——杜威在厦门大学讲演》,《晨报》1921 年 4 月 25、26 日。
③ 参见《美国杜威博士偕夫人女公子莅闽讲演纪事》,《福建教育月刊》1921 年第 4 期,第 4 页。
④ 参见《美国杜威博士偕夫人女公子莅闽讲演纪事》,《福建教育月刊》1921 年第 4 期,第 4 页。
⑤ 参见《美国杜威博士偕夫人女公子莅闽讲演纪事》,《福建教育月刊》1921 年第 4 期,第 4 页。

则见新旧文化,正在互相接触孵化之时代,颇足耐人研究,故此次余所贡献于中国者,其分量实较中国之所饷余者为少耳。""时福州已多日不雨,午后忽雨滂沱,李因谓博士云:'吾福建农民之望雨,正与教育界之望博士相等,今博士莅止,而时雨亦适至,令人不胜忻忭。'""博士谦让者再,又云曩者余游山西,见该省教育甚发达,一切文治亦次第设施,人称之为模范省信然。李答以闽省历年,均在用兵期中,致一切或多未遑兼及之处,今者秩序已完全恢复,当注意文治。"①

晚 7 时,杜威至西公园紫薇厅,参加各界为他举行的欢迎大会,李督军就席致欢迎辞,随后杜威及夫人均发言。宴会至晚上 11 时才结束。"傍晚适值大雨,到者仍复不少。"②

"博士即致答词,略谓今日承督军教育厅长及各界人士热诚招待,鄙人极为感谢。鄙人于去年即接到此间电报,邀令来闽,彼时适牵于他务,未获如愿,然此心则无时不悬系闽中。鄙人到中国以来,历游各省,今合福建,为省已十有二矣,其中气候物产,虽各不同,但有一共通之点,即鄙人所至,无不备承招待是也。中国目下最切要者,实为教育问题。欲使国家太平强盛富足,舍教育不为功。今观督军教育厅长招待之盛意,可为注意教育之表征,前途发达,真堪预卜。太平洋两方面,有二大国焉,一为中国,一为美国,国体既同,邦交素睦。美国人在中国者,不仅经营商业而已,即对于慈善及社会事业,亦颇尽力。国际之间,往往口说亲善,而其心实大谬不然者。

---

① 《福州欢迎杜威博士纪》,《申报》1921 年 4 月 18 日。
② 参见《美国杜威博士偕夫人女公子莅闽讲演纪事》,《福建教育月刊》1921 年第 4 期,第 5 页。

唯中美两国，鄙人则深信其断断不出此者，甚望于道德上精神上力谋联络，则其亲切当更有进也云云。"①

"博士之夫人继致答词。略谓鄙人此次来闽，有三种感想。第一觉得福州山水实胜过各省。第二觉得福州道路平坦清洁，交通上颇有利便之点，因此可推定，第三人才必极清秀。夫人才之盛衰及国基能否巩固，国家能否富强，民治精神能否尽量发挥，全视乎教育。当时战时美国能派出许多军队，援助协约国，博得最终胜利者，即赖美国人民通常均受相当教育。不然，美国向未行征兵制，人民素未习当兵，国家每岁军费支出又至少，何以得此良果，以是知谋国者不如移养兵之费，用之教育。教育果能发达，一旦有事，奚患无兵，且人人受过教育，其识解在水平线上，自能协一心力，以谋国是。不仅男子视教育为必要，即妇女教育，亦必再三注意，大家皆知儿女当少小时，必由母氏提携保抱，故母教良则儿女有所成就，妇女教育之关系，即此可见。美国当大战之际，妇女常尽看护及其他职务，亦以其素有教育之故。今晚于会场中见中美国旗，临风飘飏，想见中美二国在太平洋两方面，平日邦交甚笃，彼此人士感情亦甚融洽。苟中国再于教育力图改善扩张，则精神上必更见联络，以有几千年历史之中国，与新起之美国，在国际上互相提携，此诚鄙人所至为快慰者也。"②

"博士此来，本只有一星期之勾留，而各界敦请讲演者甚多，实有日不暇给之势。适前日接到北京教职员总辞职之电，博士无赶回

---

① 《福州欢迎杜威博士纪》，《申报》1921 年 4 月 18 日。另一版本的杜威演说词，参见《美国杜威博士偕夫人女公子莅闽讲演纪事》，《福建教育月刊》1921 年第 4 期，第 6 页。

② 《福州欢迎杜威博士纪》，《申报》1921 年 4 月 18 日。另一版本的杜威夫人演说词，参见《美国杜威博士偕夫人女公子莅闽讲演纪事》，《福建教育月刊》1921 年第 4 期，第 7—8 页。

北大教授之必要,赴粤之期,因而亦可稍缓。"①

4月13日,下午2时至5时,在福建省立第一师范学校讲演"教育者为社会之领袖"。由青年会干事王淦和翻译。"讲演亘三小时之久,博士毫无倦容。"②教育者作为社会领袖,有三种特别任务:"须以学问灌输学生","须制造学生人格","须指导社会"。该次演讲记录稿以《教育者为社会领袖》为题发表在《晨报》1921年4月30日,5月2日。③ 该次演讲的另一版本记录稿以《教员为社会的指导者》为题发表在《福建教育月刊》1921年第9期。

晚上,杜威夫人在福建省立第一师范学校演讲"中国妇女教育之必要"。④ 一说杜威夫人在华南女学演讲。⑤

4月13日,杜威在《新共和》1921年第26卷发表《银行团在中国》(The Consortium in China)。杜威在文章中写:"银行团的前景并不光明。然而,它的明显失败,却可能标志着一种真正的成功,只要目前的政策不变。如果能在中国封锁或禁止外国的掠夺性贷款,即便在这五年的时间里,而与此同时,银行团什么也不做,那么也许就开了一个先例,使这类贷款在今后即便不是不可能,至少也变得困难了。这种效应也许会迫使中国不得不重新依赖其自身。中国能够发生的最好情形将是:在一段时间内经受饥饿疗法,并凭借自身

---

① 《福州欢迎杜威博士纪》,《申报》1921年4月18日。

② 《杜威在闽热心讲演》,《晨报》1921年4月23日。

③ 《教育者为社会领袖》,《晨报》1921年4月30日,5月2日。

④ 《杜威在闽热心讲演》,《晨报》1921年4月23日。

⑤ 参见《美国杜威博士偕夫人女公子莅闽讲演纪事》,《福建教育月刊》1921年第4
期,第9页。

的能力来面对自身的问题。"①

4 月 14 日,下午 2 时至 5 时,在福州城青年会讲演"自动的研究"。此为中小学校教员演讲。王淦和翻译。"故解剖自动之内容,实不出于定目的求实验之二作用也。……故中国今日急务,应于各地方建设公共游戏场。"该演讲记录稿以《自动的研究》为题发表在《晨报》1921 年 6 月 22 日。② 另一版本记录稿同题发表在《福建教育月刊》1921 年第 4 期。

晚上 7 时至 9 时,赴协和大学欢迎宴会。在宴会上作短篇讲演,林和美译。"诸君要知道今日中国是要改造,不是要破坏;所以今日最要紧的问题,就是这新旧两派的调和。这责任就在大学的学生。""但是大学设立的目的,不是单只为着个人生活上的利益,对于国家社会,还有极大的利益。若使大学学生不能将这大学里头所学的,去改造现在的社会,就是大失大学教育的本旨。"③该演讲大意的记录稿发表在《福建教育月刊》1921 年第 12 期。

下午 3 时至 5 时,杜威夫人和女儿在福建省立女子师范各有一次演讲,主题分别为"女子教育之诸问题","美国女学略况"。④ 孙世华翻译。杜威夫人的演讲记录稿《女子教育之诸问题》发表在《晨报》1921 年 7 月 5、6 日。⑤ 杜威女儿的演讲记录稿《美国女学略况》发表在《晨报》1921 年 7 月 7 日。"学校中各种活动,既由学生分门

---

① 《杜威全集·中期著作》第 13 卷,上海:华东师范大学出版社,2012 年,第 77—82 页。
② 《自动的研究》,《晨报》1921 年 6 月 22 日。
③ 《在协和大学讲演者》,《福建教育月刊》1921 年第 12 期。
④ 参见《美国杜威博士偕夫人女公子莅闽讲演纪事》,《福建教育月刊》1921 年第 4 期,第 9 页。参见《杜威在闽热心讲演》,《晨报》1921 年 4 月 23 日。
⑤ 杜威夫人:《女子教育之诸问题》,《晨报》1921 年 7 月 5、6 日。

担任,则人人自各有处理事务之能力。夫所谓自立自由各名词,在有实在能力,非可徒托空言。学生有自立自由之能力,而后学校方可谓为活动之学校。"①

4月15日,下午2时至5时,在福州城青年会演讲"教育与实业"。王淦和翻译。"教育与实业"演讲记录稿发表在《晨报》5月13、14日。"国之有教育与实业,如人之有两足焉。……无论施教育者与受教育者,不可徒重模仿教育。今所需者,自动教育,即创造教育也。"②另一版本记录稿以《实业和教育》为题发表在《福建教育月刊》1921年第6期。

晚上7时至9时,在福建尚友堂讲演"民治的意义"。王淦和翻译。"中国果实行真正民治,必自人人知助人即以自助始。中国人口占世界四分之一,为各国冠,且人民有勤勉耐劳之特长,胡国势之弱至是?其病即在人民不明互助之理,犹之人人各持一小竹竿,分而不合,宜其易于摧折也。"该演讲大意的记录稿发表在《福建教育月刊》1921年第12期;发表在《晨报》1921年7月8日。③

4月16、17日,偕夫人、女儿前往福州名胜鼓山、洪山游览,参观工艺传习所及各工厂,往汤门试浴温泉。当地教育科长等人陪同前往。④

4月18日,下午2时至5时,在福州城青年会讲演"习惯与思想"。王淦和翻译。"窃以为中国无论改革复辟及行世界之最新政

---

① 杜威女儿:《美国女学略况》,《晨报》1921年7月7日。《美国女学略观》,袁刚、孙家祥、任丙强编:《民治主义与现代社会——杜威在华讲演集》,北京:北京大学出版社,2004年,第737页。

② 《教育与实业》,《晨报》1921年5月13、14日。

③ 《民治的意义》,《晨报》1921年7月8日。

④ 参见《美国杜威博士偕夫人女公子莅闽讲演纪事》,《福建教育月刊》1921年第4期,第10页。

治,苟不洗涤国民旧染,终必徒劳无功。今日欲使中国由旧而新,第一须排习惯,重思想。……故根本改革,端在教育;而所谓教育者,要为自动的而非被动的。"该演讲记录稿以《习惯与思想》为题发表在《晨报》1921 年 6 月 30 日,7 月 1 日。① 另一版本演讲记录稿同题发表在《福建教育月刊》1921 年第 5 期。

晚上 7 时至 9 时,在福建私立法政专门学校讲演"民本政治之基本"。孙世华翻译。"平民政治上最大问题,是为保护自己权利。""中国自易民国迄今,已十年矣。顷所言三大自由权及选举权,名义上似已获得。然以实际言之,尚在若有若无之间。"该演讲记录稿以《民本政治之基本》为题发表在《晨报》1921 年 6 月 23 日。② 另一版本演讲记录稿同题发表在《福建教育月刊》1921 年第 11 期。杜威夫人在法政学校演讲"英美女子要求参政权之经过情形"。该演讲记录稿以《英美女子要求参政权之经过情形》为题发表在《晨报》1921年 7 月 3 日。③ 另发表在《教育公报》第八年第十期。

下午 3 时至 5 时,杜威夫人在福建女子职业学校演讲。孙世华翻译。"现刻诸位是中国妇女中受过教育的;中国女界要革新,一定要借大家提倡,叫一般妇女,晓得我们的地位,应该用思想跟世界新潮,应世界的需要,在社会上和男子应同等的地位。因为有这么大的责任,所以在学校受教育的时候,更要使思想力强盛,注意工作教育;由工作生经验,由思想生进步,始达完全的目的。"④

---

① 《习惯与思想》,《晨报》1921 年 6 月 30 日,7 月 1 日。
② 《民本政治之基本》,《晨报》1921 年 6 月 23 日。
③ 《英美女子要求参政权之经过情形》,《晨报》1921 年 7 月 3 日。
④ 参见《美国杜威博士偕夫人女公子莅闽讲演纪事》,《福建教育月刊》1921 年第 4 期,第 9 页。

4月18日,《申报》发表《福州欢迎杜威博士纪》,披露杜威及其夫人的讲演日程:每日分为午后2时至5时、晚间7时至9时两次,13日午后在第一师范学校;14日午后在城青年会,晚间在协和大学;15日午后在城青年会,晚间在尚友堂;16、17两日休息;18日午后在城青年会,晚间在私立法政学校;19日午后在城青年会,晚间在台青年会;20日午后在第一中学校,晚间在城青年会;21日午后在第一中学校,晚间在省教育会。其夫人讲演日程分为4日,每日定为午后4时至5时或3时至5时,13日在华南女学青年会,14日在女子师范学校,18日在女子职业学校,20日在女青年会,16、17日休息,杜威全家赴鼓山等旅行。①

4月19日,下午2时至5时,在福州城青年会演讲"天然环境、社会环境与人生之关系"。土淦和翻译。"故称为完全无憾之教育者,须具备下之四条件:一,须有自信力;二,须有大胆量;三,于各地方之天然环境、社会环境确有把握;四,须能本其所知教人。""天然环境、社会环境与人生之关系"的演讲记录稿发表在《晨报》1921年6月28、29日。② 另一版本记录稿同题发表在《福建教育月刊》1921年第6期。

晚上7时至9时,在南台青年会演讲"教育与国家之关系"。朱立德翻译。"中国之弱,即在国民无粘合力,果有粘合力纵无武备,列强亦不敢觊觎。……强国之道,在于国民之有团结力,使国民有团结力,不在武人政客,而在教育家。"该演讲记录稿发表在《晨报》1921年5月8、9日。另发表在《福建教育月刊》1921年第12期。③

① 参见《福州欢迎杜威博士纪》,《申报》1921年4月18日。
② 《天然环境、社会环境与人生之关系》,《晨报》1921年6月28、29日。
③ 《教育与国家之关系》,《晨报》1921年5月8、9日。

4月20日，署名养平的文章《杜威旅行中之热心讲演》发表在《晨报》1921年4月30日，该文章末注明4月20日。该文章指出："每日均往城内外各处讲演，日来各界请求博士讲演者日多，博士不忍过拂人意，本拟一一答应。唯因日昨北京大学学生有电到闽，请求保全博士健康，谓每日只可讲演二小时，且须常往郊外游览云云。故福州教育界中人特为博士制限讲演时间，每日日夜只限二次，每次一小时或二小时为限。且十七十八两日，由教育科科长及招待员传译等特邀博士及其夫人女公子，同往城东鼓山（闽中名胜）游览。博士为游，殊有兴致。闽人有询其鼓山与北京西山比较，孰为胜。博士云南方山水自是清秀，西山实比鼓山不上。唯鼓山涌泉寺大门，用西洋建筑，转觉不称，实为缺点云云。"①

4月20日，下午2时至5时，在福建第一中校讲演"自动与自治"（一）。倪耿光翻译。此讲题连续讲演三天，此为第一次。"中国国民道德有二大缺点，一无信用，二好互相倾轧。"该次演讲记录稿发表在《晨报》1921年5月3日。② 另发表在《福建教育月刊》1921年第7期。

晚上7时至9时，在福州城青年会演讲"国民教育与国家之关系"。孙世华翻译。"设有问鄙人者曰：汝至中国两年，其教育上有何乐观？鄙人必答之曰：各处义务学校之多，实最足乐观者。闻福州城厢义务学校已达至二十所，推之他省，想无不然。惟以人口比例之，尚嫌不足以应社会之需要。"该次演讲记录稿发表在《晨报》1921年6月20、21日。③

---

① 养平：《杜威旅行中之热心讲演》，《晨报》1921年4月30日。
② 《自动与自治（一）》，《晨报》1921年5月3日。
③ 《国民教育与国家之关系》，《晨报》1921年6月20、21日。

下午 3 时至 5 时,杜威夫人在福州女青年会演讲。林女士翻译。"就是女子的责任,不仅单在家庭服务,还要在社会服务。……男女做事不能有一定的界限,社会的事,不是男子包办的,也不是男子能够包办的;须要男女互相帮助,才办得起。……若我们女界不知求学,不知贡献社会,那就实在不能算个爱国。"①

4 月 21 日,上午 9 时至 12 时,杜威及其夫人均在福建甲种蚕业学校演讲。② 杜威在演讲中指出:"大凡世界上教育最大的仇敌,就是读书与工作分途,这样的人所主张的,是只用读书,可以使脑力进步,专偏于脑的教育,不注重手的教育。并且看做工的人很轻,由是有好多人,以为手的教育,是不能帮助脑的发达,所以都不肯工作。我今天看见大家都是在实在方面用工夫,所得养蚕知识、原理、技能,能够一天一天的发达。大家能够从此切实下手做去,自有绝大的希望。故此希望中国教育者,对实地练习方面,要十分注意;不但实业学校要这样,就是别的学校也要这样。"③该演讲记录稿发表在《福建教育月刊》1921 年第 12 期。

下午 2 时至 5 时,在福建第一中校讲演"自动与自治"(二)。倪耿光翻译。"第一,能使学生联合而组织一坚固团体。""第二,能使脑与手相联络,换言之,即能使理想与实行一致。""第三,能使吾人习知将来在社会上应如何进行。"该次演讲记录稿发表在《晨报》1921 年 5 月 5 日。④ 另发表在《福建教育月刊》1921 年第 8 期。

---

① 参见《美国杜威博士偕夫人女公子莅闽讲演纪事》,《福建教育月刊》1921 年第 4 期,第 9 页。
② 参见《美国杜威博士偕夫人女公子莅闽讲演纪事》,《福建教育月刊》1921 年第 4 期。
③ 杜威:《在省立蚕业学校的讲演》,袁刚、孙家祥、任丙强编:《民治主义与现代社会——杜威在华讲演集》,北京:北京大学出版社,2004 年,第 595 页。
④ 《自动与自治(二)》,《晨报》1921 年 5 月 5 日。

晚上 7 时至 9 时，在福建省教育会作"美国教育会之组织及其影响于社会"的演讲。朱立德翻译。"惟自信中国之有益于美国者有三。美国教育会乃自由结合，中国教育会为教育者组织，一面又能联结政府教育机关，甚为有益。此其一。美国之教育会无特设之机关，开会时每假于礼拜堂或学校，中国则有之，亦甚有补。此其二。中国教育会会员笃于礼文，对于外国人之以游历至者，欢迎而优待之，又为美国所宜取法。此其三。"该次演讲记录稿发表在《晨报》1921 年 5 月 7 日。另一版本记录稿以《美国教育会之组织和影响于社会的情形》发表在《福建教育月刊》1921 年第 10 期。①

4 月 22 日，在福建第一中校讲演"自动与自治"(三)。"教育者苟能于儿童心理，力为启发，已足以富中国。中国年来新状况新问题层出不穷，虽使世界最有学识经验之人，亦难谋解决应付之方。窃以为欲切实解决应付，非中国人之均用其自动力不可。"该次演讲记录稿发表在《晨报》1921 年 5 月 6 日。② 另发表在《福建教育月刊》1921 年第 8 期。

晚上，福州各界人士设宴欢送杜威离闽赴粤演讲。杜威从厦门来到福州，已经有约 10 天，即从 4 月 12 日至 22 日，除休息两日，其余时间均在各校或各社会讲演，"甚得闽人之欢迎"。"招待会除馈以沈绍安漆器，及女子职业学校之刺绣鼓山风景，林文忠墨迹之联对，并工艺传习所之木刻马江罗星塔模型外，并派员送赴马江。"③

---

① 《美国教育会之组织及其影响于社会》，《晨报》1921 年 5 月 7 日。
② 《自动与自治(三)》，《晨报》1921 年 5 月 6 日。
③ 参见《福州通信》，《申报》1921 年 4 月 29 日。参见《美国杜威博士偕夫人女公子莅闽讲演纪事》，《福建教育月刊》1921 年第 4 期，第 10—11 页。

此次在福州，杜威及夫人、女儿共作讲演 23 次。其中杜威讲演 15 次，分别为：为教员讲演 4 次，为学生讲演 3 次，为公众讲演 3 次，为教育会讲演 1 次，应各学校欢迎特别讲演 4 次；欢迎会答词 1 次。此外，杜威夫人讲演 5 次，欢迎会答词 1 次，杜威女儿讲演 1 次。[①]

4 月 23 日，早上，之前因粤教育委员会汪精卫复致电来催，同夫人、女儿前往广东。闽教育厅派科长等 3 人护送杜威夫妇及女儿登轮，自马尾搭海澄轮船前往广东。送行时赠送许多物品，拍照留念。杜威预备途中在厦门、汕头两埠登陆游览。[②]

署名养平的文章《杜威博士已由闽赴粤》发表在《晨报》1921 年 5 月 2 日。该文章末注明 4 月 23 日。该文章介绍杜威接受广东教育界邀请和离开福建的大致经过。[③]

4 月 25 日，《东方杂志》1921 年第 18 卷第 8 号发表衡如的文章《杜威论哲学改造》。[④]

4 月 28 日，抵广州。下榻亚洲酒店 4 楼 111、115 号。到后即偕美国领事入谒陈炯明省长。

4 月 29 日，赴陈炯明宴，学界拟分日欢迎。[⑤]

4 月 30 日，下午 2 时至 4 时，在广州九曜坊教育会礼堂讲演"学校与社会"。听讲者为全省中学校职员学生。

---

① 参见《美国杜威博士偕夫人女公子莅闽讲演纪事》，《福建教育月刊》1921 年第 4 期，第 9 页。

② 参见《福州通信》，《申报》1921 年 4 月 29 日。参见《美国杜威博士偕夫人女公子莅闽讲演纪事》，《福建教育月刊》1921 年第 4 期，第 11 页。

③ 养平：《杜威博士已由闽赴粤》，《晨报》1921 年 5 月 2 日。

④ 衡如：《杜威论哲学改造》，《东方杂志》第 18 卷第 8 号，1921 年 4 月 25 日。

⑤ 参见《专电·香港电》，《申报》1921 年 4 月 30 日。

4月30日,胡适在日记中写:"八点,上火车,去天津。八点二十五分,车开行。车中我重读杜威的《哲学的改造》第一章,改译为《正统哲学的缘起》,似胜英文原篇名。"①

4月,杜威在日本《改造》发表《自然科学中的理想主义》(Idealism in National Science)。杜威在文章中写:"科学因素作为一种思想因素,有三个构成要素。第一个是公正的判断。……思想上的个体主义是科学方法的第二个重要贡献。……科学精神的第三个道德要素是对公布研究的要求;也就是说,要求把自己的发现告知他人,并把它交给他人去观察、实验和探究。……这些因素既不是东方的,也不是西方的;而不如说是跨民族的,是人类所共有的。"②

1921 年
5 月

5月1日,杜威在《亚细亚》1921年第21卷发表《老中国与新中国》(Old China and New)。杜威在文章中写:"认为仅仅通过引

---

① 《胡适全集》第 29 卷,合肥:安徽教育出版社,2003年,第 222—223 页。
② 《杜威全集·中期著作》第 13 卷,上海:华东师范大学出版社,2012年,第 377—378 页。

进西方经济,中国就能得到'拯救',同时保留它的旧道德、老观念、古老的儒家精神——或者说,真正的儒家精神已经僵化成为的那个东西——以及旧的家庭体系,这种观点是感伤的理想主义最具乌托邦色彩的想法。经济与财政改革,除非伴随着新的文化理念、伦理,以及家庭生活(这些构成如今所谓学生运动的这场运动的真实意义)的成长,否则就如同隔靴搔痒。""铁路与工厂系统正在从根基上削弱家庭体系。""财政改革只有伴随着像中国的学生运动所热切关注的那样一个思想与文化上的更新,才能补救这些罪恶和危险,并且通过在真正的进步那一边重重地加码而构成平衡。"①

5月2日,上午,杜威夫人在广州教育会向广东女界作讲演。

下午2时,杜威在广东高师讲演"动作道德重要的原因"。《民国日报》的报道说:"下午二时,杜威博士在高师演讲。到场听讲者千余人,座无隙地。二时一刻开会,首由陈君独秀将杜威略历宣布,并请听讲诸君虚心领受。旋介绍杜威博士演讲。韦珏君为翻译。讲题为'动作道德重要的原因'。发挥透致,听者亦极肃穆。直至四时许,始演毕。"②"什么是动的道德呢? 就是创造的冒险的建设的能力,亦即是公民自行负责的,不肯让长者去负责的。"该演讲记录稿以《杜威在粤高师讲演录·讲题"动作道德重要的原因"》、《杜威在粤高师讲演录(续)·题为"动作道德重要的原因"》为题发表在《民国日报》1921年5月9、10日。③

---

① 《杜威全集·中期著作》第13卷,上海:华东师范大学出版社,2012年,第83—95页。

② 《杜威在粤高师讲演录》,《民国日报》1921年5月9日。

③ 《杜威在粤高师讲演录》,《民国日报》1921年5月9—日。

下午 2 时至 4 时,杜威在广州教育会礼堂讲演,首先由汪精卫介绍,此次题目为"西洋人对于东洋人之贡献"。

5 月 6 日,胡适在日记中写:"七时半,到高等师范演说,他们给我的题目是:'哲学与人生的关系,及研究的方法'。我的讲演略采杜威先生《哲学改造》第一篇的大意。"①

5 月 10 日,杜威离开广东,北上回京。②

5 月 10、11 日,《晨报》发表《教授青年底教育原理》。此为杜威在女子高师演讲记录稿,福音记。"教授青年底教育原理不外下列数点:(1)学校附近状况。(2)儿童家庭状况。(3)儿童身心状态。(4)其他一切普通知识,与儿童需要相合的。(5)怎样使儿童的环境与儿童发生关系。"③

5 月 11 日,《申报》发表香港专电:"杜威博士拟即北上。"④

5 月 12 日,星期四,胡适在日记中写:"译杜威先生的《哲学改造》('Dewey:Reconstruction in Philosophy')两页。"⑤

5 月 13 日,星期五,上午,胡适在日记中写:"译杜威《哲学改造》两页。"⑥

5 月 24 日,杜威从北京寄出《中国内地》(Hinterlands in China),该文章发表于《新共和》1921 年第 27 卷,1921 年 7 月 6 日。杜威在文章中写:"英国当局不断重复:无论在任何情况下,这个同盟都不

---

① 《胡适全集》第 29 卷,合肥:安徽教育出版社,2003 年,第 237 页。
② 《杜威博士离粤回京》,《晨报》1921 年 5 月 14 日。
③ 《教授青年底教育原理》,《晨报》1921 年 5 月 10、11 日。
④ 《国内专电二·香港电》,《申报》1921 年 5 月 11 日。
⑤ 《胡适全集》第 29 卷,合肥:安徽教育出版社,2003 年,第 245 页。
⑥ 《胡适全集》第 29 卷,合肥:安徽教育出版社,2003 年,第 245 页。

意味着大不列颠会在一场日本与美国进行的战争中支持日本。这是愚蠢的——除非这经过了算计。这个同盟恢复之日,日本的军国主义者们将会更加有力,而自由主义者们的力量——已经够虚弱的了——还会进一步削弱。结果是,美国与日本之间在中国的一切冲突之源都会加剧。"①

5月28日,《学校与社会》周刊(*School and Society*)发表但顿(George H. Danton)的文章《中国学生运动》(The Student Movemrnt in China)。但顿是清华学校派到纽约大学的交换教授。杨贤江翻译该文。该中译文以《美国人底中国学生运动观》为题发表在《学生杂志》第8卷第10号,1921年10月5日。该文说:"同时杜威到中国来。他是胡适和别个参与学生运动底人底先生,到了中国以后的影响非常伟大。他在山西讲演以后,便有许多山西大学底学生到北京来跟他研究;在山东也有一样大的势力;而在北京讲演时,听者终是满座。"②

5月,杜威在日本《改造》1921年第3期发表《国家之间相互理解中的一些因素》(Some Factors in Mutual National Understanding)。杜威在文章中写:"我的意思不是否认物质性主导文明这个指责的正当性。但即使在这个物质方面的内部,也存在着通常受到忽视、而西方的各种文化成就却与之紧密相联的理想的或精神的一面。我指的是自然科学的精神与方法,区别于各种技术应用的科学精

---

① 《杜威全集·中期著作》第13卷,上海:华东师范大学出版社,2012年,第107—111页。

② 杨贤江:《〈美国人底中国学生运动观〉引言及附白》,《杨贤江全集》第1卷,郑州:河南教育出版社,1995年,第441页。

神,以及工业与商业的社会方面,它在培养公益精神和产生真正的社会服务方面的运用。……对我来说,它们似乎表达着东方最需要从西方学习的东西,标志着一些贡献。相比之下,借鉴科学与工业的专门技术应用,尤其如果后者与科学精神和社会服务相分离的话,甚至可能是有害的,而在西方家园中,它们确确实实是联系在一起的。"①

1921 年
6 月

6 月 5 日,星期日,自西山回北京。胡适在日记中写:"是夜杜威先生自西山回来,我托他转告美国各医院,请他们去首善医院设法把夷初移出来。他答应去办。"②

6 月 6 日,星期一,胡适拜访杜威。胡适在日记中写:"访杜威先生,略谈。他说,这一次使军阀与教育的不相容格外明显。这话是不错的。"③

6 月 10 日,张太雷撰写《致共产国际第三

① 《杜威全集·中期著作》第 13 卷,上海:华东师范大学出版社,2012 年,第 229—236 页。
② 《胡适全集》第 29 卷,合肥:安徽教育出版社,2003 年,第 290 页。
③ 《胡适全集》第 29 卷,合肥:安徽教育出版社,2003 年,第 293 页。

次代表大会的书面报告》，该报告的第三部分"知识分子"中，提到：
"著名学者约翰·杜威也被邀请来校讲课。"①

6月11日，星期六，杜威夫人与女儿去胡适家。胡适在日记中写："杜威夫人与杜威露雪女士来谈。"②

6月11日，就教职员罢教索薪问题给北京各高等学校联席会议写信。大意说："据私信和公报的材料推测，我觉得政府的计谋是想愚弄教职员，使教职员自取不智的下策，他好趁此挽回从前对于教育问题处置的悖谬，并离间学生和公众对于教职员的同情。……我大胆奉劝诸位，若是政府和你们讲和，你们须把学校的利益放在第一，把个人的痛苦放在第二。就是说，你们须先要求政府发还积欠，保障从前力争的各校未来经费和开支。只要政府实行公布了他的方法，教员诸君就可以表示自己对于教育和学生的诚意，从速开讲。但是一面又要宣言：学校一开，政府便当赔偿各受伤教员的损失。而且对于教职员任何人都不再追究。若是政府有不守信的形迹，诸君可取一种行动，表示你们对于马叙伦君和各位负伤代表的共同责任。"③

6月11日，杜威英文文章《广东印象记》发表在上海《密勒氏评论报》(Weekly Review of the Far East)第17期。系杜威游粤后所作。该文章的中译文发表在《晨报》1921年6月16—18日。杜威在文章中写："和许多新运动当中之政治的、官吏的、知识阶级的领袖

---

① 张太雷：《致共产国际第三次代表大会的书面报告》，《张太雷文集》，北京：人民出版社，2013年，第11页。

② 《胡适全集》第29卷，合肥：安徽教育出版社，2003年，第302页。

③ 耿云志：《胡适年谱》，成都：四川人民出版社1989年，第97页。

们谈话。这些谈话,既不是形式上会面的客套,而所说的话本来不愿意把他宣布出来的。但是他们对于那些事件,仿佛很有一个公正的见解。一切的事情和谈话,完全给我一个不同的印象,与我初到广东去的时候心中所有的完全两样。""第一个值得注意的印象,就是从当地的外国人那里得来的,这是公平而且有得到知识的大好机会的。据我所知,他们对于北方最流行的态度,实在异口同声的表示一种愤恨的感情。他们说,我们有了错误的见解,而且上了有作用的党派的当了。""总而言之,广州的地方政府与省政府,是受中国无论那[哪]一个热心的人所辅助的。所谓'国家'的政府,至少总得要有一种合理的仁慈的中立性才对。从这个观点看来,我对于北方政府用军阀的势力去压人,未免要皱眉了。……倘若南方各省,继广东之后,有好的省自治制度建设起来,将来必定能互相联合,那才是真正的统一。"①

6月12日,星期日,下午2时,杜威在科学社演说"科学的教授"。胡适在日记中写:"他希望学校教授科学的人、科学家、工业中人三方面彼此接近,交换知识,使科学的教授法与教材都有进步。他对于现行的教授法很不满意。他说,中国现在有许多手艺与家庭工业还存在,工业尚简单,又与人生最切近,故用这种工艺来做教材,最便于初级教育,又可因此谋工艺的改良。他举福州蚕桑学校做一个例,说那个学校是中国最好的学校。"②

6月12日,张申府从巴黎给陈独秀写信,信末写"张崧年寄于巴

① 《广东印象记》,《晨报》1921年6月16—18日。另一版本参见《广东印象》,《杜威全集·晚期著作》第17卷,上海:华东师范大学出版社,2015年,第23—26页。
② 《胡适全集》第29卷,合肥:安徽教育出版社,2003年,第302页。

黎　六月十二日"。该信发表于 1921 年 7 月 1 日的《新青年》第九卷第三号，标题为《英法共产党——中国改造》。该信说："现代西洋哲学家最懂得科学方法最能用他的，要数罗素第一，杜威也知重之，便差远了。"①

6 月 13 日，星期一，午后 1 时，胡适到杜威家吃饭。②

6 月 14 日，星期二，胡适在日记中写："与梦麟同访克兰公使。克兰说，他最佩服杜威先生，杜威是一个真急进派（A true radical），他深信进步是一步一步得来的，而不主张平地推翻一切。这是真正的美国主义。"③

6 月 14 日，沃尔特·李普曼（Walter Lippmann）在致杜威的信中写："在我看来，你为《新共和》所写……的内容，是政治报告所应是的模板。而宣传家们之前所写的东西，使美国人对远东的态度日益变得困惑和缺乏耐心。"④

6 月 17 日，星期五，胡适翻译杜威《哲学改造》三页。⑤

6 月 17—19 日，《晨报》发表杜威的演讲记录稿《南游心影》，淑兰记。此为杜威在北京高师所作的演讲。该演讲记录稿另发表在《民国日报·觉悟》1921 年 6 月 22 日。"此次南游感想中的第一样，就是中国交通的不便。""诸君中若有能将各省的军费和教育费的数目，加番精密的考察、研究，造成有系统的表，发散于全国，真是一桩

① 张申府：《英法共产党——中国改造》，《张申府文集》第 1 卷，石家庄：河北人民出版社，2005 年，第 22 页。
② 参见《胡适全集》第 29 卷，合肥：安徽教育出版社，2003 年，第 303 页。
③ 《胡适全集》第 29 卷，合肥：安徽教育出版社，2003 年，第 306 页。
④ 《杜威全集·晚期著作》第 2 卷，上海：华东师范大学出版社，2015 年，第 338 页。
⑤ 参见《胡适全集》第 29 卷，合肥：安徽教育出版社，2003 年，第 310 页。

极爱国的事业！"①

6 月 18 日，星期六，中午，杜威夫妇、加州大学教授 Stratton、胡适、蒋梦麟、陶孟和等人一起吃饭。②

6 月 20 日，《晨报》发布《杜威博士在京末次讲演通告》（北京高师学生自治会启事）。"现杜威博士归国在即，本会因特请博士为最末次的讲演，其讲题原文为 The Present Oppourtunity of the Teachers' Profession。博士对中国教育，夙具极大热心，值此首都无教育之时，其临别赠言，定能与吾人精神以莫大之助力。本会甚望各界人士，前来听讲，更望教育界人士，幸勿失此机会。"③

6 月 21 日，《申报》发布北京专电："杜威定七月初回国，将于二十二在京高师为末次演讲。"④

6 月 22 日，上午 9 时，应北京高师学生自治会之请，参加高师学生自治会座谈会，杜威以 50 元赞助并赠以图书。之后在北京厂甸高等师范礼堂作归国之前的最后讲演，讲题是"教师职业的现在机会"。"杜威昨在高师为末次讲演，对年来中国教育界，有所针砭。"⑤"不过于所学的知识外，最重要的，不要忘记的，就是对于教育要有信仰心，然后心才可专。这种职业的精神，和为教育而牺牲自己的毅力，较你们所学的知识，格外可贵。"该演讲记录稿以《教育职业的现在机会》为题发表在《晨报》1921 年 6 月 24—27 日，淑兰笔记。发

---

① 《南游心影》，《晨报》1921 年 6 月 17—19 日。《民国日报·觉悟》1921 年 6 月 22 日。

② 参见《胡适全集》第 29 卷，合肥：安徽教育出版社，2003 年，第 312—313 页。

③ 《杜威博士在京末次讲演通告》，《晨报》1921 年 6 月 20 日。

④ 参见《专电二·北京电》，《申报》1921 年 6 月 21 日。

⑤ 参见《专电·北京电》，《申报》1921 年 6 月 24 日。

表在《民国日报·觉悟》1921 年 6 月 26、27 日，王卓然译。① 该演讲记录稿以《杜威博士之临别讲演》为题发表在《教育公报》第八年第七期。

6 月 24 日，星期五，10 点半，胡适去看杜威，给他看英国教育家 R. F. Scott 拟的英国辅助中国教育发展计划书，征求其意见。胡适在日记中写，杜威"很不赞成这种计划，他的意见有许多和我相同"②。

6 月 24 日，杜威在北京致信亨利·霍尔特出版公司的约翰·麦克维(John MacVeagh)，其中写："前几天，我收到了这本书(指《人性与行为》——引者注)三部分的毛条校样，但没有导论的毛条校样。我现在正忙着整理它们，很快将着手校对，然后把校好的返还给你。"③杜威在北京收到《人性与行为》的校样稿。

6 月 26 日，星期日，杜威一家在北京饭店屋顶花园请胡适夫妇吃饭，同席有陶行知、蒋梦麟、丁文江等。胡适在日记中写："夜间，杜威先生一家在北京饭店的屋顶花园请我们夫妇吃饭，同座的有陶、蒋、丁诸位。"④

6 月 28 日，《时事新报·学灯》发表《杜威博士临别赠言》，刘孝基记。⑤

6 月 29 日，星期三，胡适在日记中写："到升平园洗浴，看了

---

① 《教师职业的现在机会》，《晨报》1921 年 6 月 24—27 日。
② 《胡适全集》第 29 卷，合肥：安徽教育出版社，2003 年，第 319 页。计划书内容可参见该书第 315—317 页。
③ 《杜威全集·中期著作》第 14 卷，上海：华东师范大学出版社，2012 年，第 210 页。
④ 《胡适全集》第 29 卷，合肥：安徽教育出版社，2003 年，第 323 页。
⑤ 《杜威博士临别赠言》，刘孝基记，《时事新报·学灯》1921 年 6 月 28 日。

刘伯明先生（经庶）译的杜威先生的《思维术》（'How We Think'），仍是错误甚多。此书前经印出一次，中有许多错误，我曾指出几处，托知行转告译者，今此等处仍没有改正。"①胡适举一个例子说明。

杜威夫妇请一班朋友喝茶，胡适帮着定座。胡适在日记中写："三时许，到公园。杜威先生夫妇今日邀了一班朋友吃茶，我替他们定座，故到那里帮他们一点忙。"②

6月30日，星期四，胡适在日记中写："早起为北大作欢送杜威的演说。大意谓杜威不曾给我们什么关于特别问题的特别结论，——如公产、自由恋爱之类，——他只给了我们一个方法，使我们自己去解决一切特别问题。"杜威的方法分两步，（1）历史的方法。"他从来不把一个制度或学说看作一个孤立的东西，总把他看作一个中段：一头是他所以发生的原因，一头是他自己发生的效果；上头有他的祖父，下面有他的子孙。捉住了这两头，他再也逃不出去了！"（2）实验的方法。"实验的方法至少注重三件事：（一）从具体的事实与境地下手；（二）一切学说思想，一切知识，都只是待证的假设，并非天经地义；（三）一切学说与理想都须用实行来试验过；实验是真理的唯一试金石。""特别的主张的应用是有限的，方法的应用是无穷的。杜威先生虽去，而他的方法的影响永永存在，将来效果之大，恐怕我们最大胆的梦想也还推测不完呢！"③

---

① 《胡适全集》第 29 卷，合肥：安徽教育出版社，2003 年，第 327 页。
② 《胡适全集》第 29 卷，合肥：安徽教育出版社，2003 年，第 327 页。
③ 《胡适全集》第 29 卷，合肥：安徽教育出版社，2003 年，第 327—329 页。

6月30日，中午12时，北京大学、男女两高师、尚志学会、新学会等五团体在中央公园来今雨轩为杜威夫妇举行饯别宴会，到会者约80人。范源濂作为尚志学会主席致辞，"略谓中国学术界，自杜威博士来华后，大放光明，且博士朝夕向国人演讲之学术，皆切中中国弊害，而又适合于中国之国情。此次教潮发生，各学校罢课，而杜威博士独继续演讲，尤见博士精神之所在云云。（范氏此说盖所以歌颂杜威博士，然据教职员中某君之批评，杜威博士在学校中之演讲，自罢课后，确已停辍，对于此次罢课倾囊助捐，深表同情，又尝与罢课教职员作深长之讨论，可知范君所云，究非真相也。）"①

次为梁启超代表尚志学会演说。"略云，昔印度有一学者来华讲学，斯时交通不便，往返不易，该学者遂终为中国之人。今杜威博士之来华也，于吾国学界之裨益，自不待言。惟吾人颇恨今日交通之便，不转瞬而杜威博士离华之期近矣。虽然，交通便者离华易，重来亦易，吾人于是当复庆交通之便，使杜威博士得复有重来之机会云。"接着，胡适代表北大演说，女高师刘吴卓生女士代表女高师演说，男高师教员邓芝园代表男高师演说。毕后，杜威夫人和杜威分别致答辞，最后杜威女儿演说。至下午4时尽欢而散。②

杜威致辞："我近来在中国人方面受了二种印象，一种是学生和青年的方面，一种是教员和成人知识阶级的方面，都有很可爱的纪

---

① 参见《京学界饯别杜威博士》，《申报》1921年7月3日
② 参见《京学界饯别杜威博士》，《申报》1921年7月3日；《胡适全集》第29卷，合肥：安徽教育出版社，2003年，第329—335页。

念。青年方面呢,都渴望新思想,对于学理只是虚心的公开的去研究,毫无守旧的态度,全世界无论那一国里要找这一群青年恐是很难的。就是年长的人,也很肯容纳新的思想,与青年有一样的态度。这是新时代的精神,科学的精神,并不只是西方的精神。这两种人既有此精神,如果进一步想,就是还要希望有活动的能力,实行的精神。倘没有这个两层,那么有了前面的精神也是无用的。理想方面,常常有不能解决的问题……要想解决,只有下手去实行。这个两年,是我生活中最有兴味的时期,学得也比什么时候都多。中国是一个教育的国家,外面来的人能在知识上引起好奇心,感情上引起好理想,并且也能引起同情心,故到中国来旅行者很是有益。我向来主张东西文化的汇合,中国就是东西文化的交点,我相信将来一定有使两方文化汇合的机会。"①

胡适在日记中写:"这是孙伏园记的,杜威先生注意实行的精神,这是他的临别赠言,我们应该纪念。我从前解惠施'连环可解也'一句,曾引齐君王后用槌打碎玉连环的故事,来说这种永永无法解决的问题只有一个实际的解决法,即是这个道理。"②

6月30日,晚8时,胡适与丁在君为杜威一家、罗素和勃拉克饯行,因罗素病后不能远出,在罗素寓处设席。陪客的有庄士敦、康桥大学教授 Miss Power、赵元任夫妇。③

---

① 《五团体公饯杜威席上之言论》,《胡适全集》第 29 卷,合肥:安徽教育出版社,2003 年,第 334—335 页。《晨报》1921 年 7 月 1 日。
② 《胡适全集》第 29 卷,合肥:安徽教育出版社,2003 年,第 335 页。
③ 《胡适全集》第 29 卷,合肥:安徽教育出版社,2003 年,第 335—336 页。

1921 年
7 月

7 月 1 日,杜威在《亚细亚》1921 年第 21 卷发表《中国的新文化》(New Culture in China)。杜威在文章中写:"中国必须通过一场建立在观念变革基础上的社会变革而得到改变。政治革命是一个失败,因为它是外在的、形式上的,它触及了社会行为的机制,但并未影响到生活的构想,正是生活构想实际上控制着社会。""西方的真正优势不是建立在任何西方特有的、有待于借鉴和模仿的东西之上,而是建立在某种普遍的东西之上,这种东西是一种研究与检验知识的方法;西方偶然发现了它,并早于东方几个世纪开始使用它。""尽管有着各种不成熟与摇摆不定之处,新文化运动对中国未来的希望提供了最牢靠的基础之一。它无法取代更好的交通手段——铁路与公路——没有这些,这个国家无法统一起来,因而就不会强大;但是,在中国也存在对统一起来的精神的需求,而如若没有这场新的思想运动,则是不可能达到的。"①

7 月 1 日,星期五,哥伦比亚大学同学会在今雨轩给杜威一家饯行。胡适在日记中写:"竟闹出争主席的笑话来! 天下总有这种

---

① 《杜威全集·中期著作》第 13 卷,上海:华东师范大学出版社,2012 年,第 96—106 页。

在针孔里打斥斗的人，真是可笑！散后，我到杜威先生家小坐。"①

7月4日，星期一，胡适在日记中写："校改了《实验主义》七篇。我当初本想不把《实验主义》全部抄入，现在仔细看来，这几篇确有存在的价值。恐怕现在英文的论'实验主义'的书，如 Murray 'Pragmatism'之类——没有一部能比我这一本小册子的简要而精彩。这又是'戏台里喝彩'了！"②

7月5日，《学生杂志》第8卷第7号发表杜威的《哲学的起源》，杨贤江译。"当杜威博士还未到我国之前，——距今两年前——先在日本东京帝国大学开讲，讲题为《哲学中之改造》（*Reconstruction in Philosophy*），现在已有专书出版。这篇就从书中第一讲的前半撮译的。本年第三号和第八号的《东方杂志》，曾有介绍那本书的文章，读者可以参看。"③

7月5日，星期二，胡适看望杜威，与江冬秀、胡祖望一起在杜威家吃中饭。④

7月5日，《晨报》发表《济南将开夏期讲习会》。"杜威博士本定于本月初旬首途归国，嗣因说教育厅特别函请其来济，作留别讲演，现已允准三号由京南来，倘因事耽误，三号不克成行，亦必于六号以前到济。在济继续讲演三日，讲演地点已借定省议会大会场，至讲题及时间，须俟杜威博士到后，方能规定宣布云。"⑤

---

① 《胡适全集》第29卷，合肥：安徽教育出版社，2003年，第339页。
② 《胡适全集》第29卷，合肥：安徽教育出版社，2003年，第343页。
③ 杜威：《哲学的起源》，杨贤江译，《杨贤江全集》第6卷，郑州：河南教育出版社，1995年，第119页。
④ 参见《胡适全集》第29卷，合肥：安徽教育出版社，2003年，第344页。
⑤ 《济南将开夏期讲习会》，《晨报》1921年7月5日。

7月6日,星期三,胡适在日记中写:"罗素长于讲演,杜威先生称他为生平所见最完美的讲演者之一人。杜威不长于口才,每说话时,字字句句皆似用气力想出来的。他若有演稿,尚可作有力的演说;若不先写出,则演说时甚不能动听。"①

7月9日,《晨报》发表《两起新人物的新式结婚》。该报道指出,陆志韦和刘文端、徐淑希和刘文庄在燕京大学的礼堂举行婚礼,时间分别是1921年的7月6日和7日。杜威为证婚人之一。②

7月10日,星期日,杜威与胡适到容光照相馆照相。晚上,胡适作送行文章给《晨报》。胡适日记中写:"杜威先生明日要走了。我本想郑重做一篇文章送他的行。连日太忙,遂不能如愿。今晚九时,孙伏园打电话来,说罗素先生明日下午行,《晨报》已请赵元任做一篇送行的义;杜威明日上午行,我不可不作一篇送行的文。时间已迫,我匆匆拿了上月三十日的演说辞的一部分,凑成了一篇短文;送到时,已半夜了。"③

7月11日,星期一,上午,杜威离开北京赴山东。下午,罗素也回国。胡适等到车站送行。胡适在日记中写:"杜威先生今天走了。车站上送别的人甚多。我带了祖儿去送他们。我心里很有惜别的情感。杜威先生这个人的人格真可做我们的模范!他生平不说一句不由衷的话,不说一句没有思索过的话。只此一端,我生平未见第二人可比他。""这篇文章就是昨晚匆匆的做的,但我觉得这一篇还不算十分坏。中国真懂得杜威先生的哲学的人,实在不多,故我

---

① 《胡适全集》第29卷,合肥:安徽教育出版社,2003年,第348页。

② 《两起新人物的新式结婚》,《晨报》1921年7月9日。

③ 《胡适全集》第29卷,合肥:安徽教育出版社,2003年,第355页。

很想使大家注重这一个真正有益的一点——方法。"①

胡适在《晨报》发表《杜威先生与中国》。此文又发表在《民国日报·觉悟》1921年7月13日。②

《晨报》发表杜威的照片,系正面半身照,照片右边注"今日上午出京之杜威先生"。照片下方有杜威的英文签名。③

《晨报》发表署名伏庐的文章《杜威博士今日去了》。"各人脑筋中的杜威博士既然不同,真正的杜威博士却是许许多人脑筋中的印象和许许多照相机上的影子的集合体,那么所谓'今日去了'的物质的杜威博士,究竟当得起真正的杜威博士底几分之几呢?""但这样为题目的关系在心里先打了一仗,于我也并不是没有好处,就是将离别的情绪打下了,并且隐隐约约的仿佛有'杜威博士依然不去'的一个观念起来代替原有的'杜威博士今日去了'。"④

7月12日,抵达济南,北京高师的王卓然陪同。⑤ 为杜威举行公宴。

7月12日,《晨报》发表《昨日吾国走去两大哲学家》。"杜威先生一家已于昨日上午十时十五分由东站出京,拟先赴山东,游泰山,谒孔陵,再在济南讲演四日,然后南下,由上海登轮归国。……博士精神壮健,其上车下车,照顾行李,应酬送者等等活泼的气象,即吾国二三十岁之青年亦恐有所不及,诚共和国民之好模范也。"⑥

---

① 《胡适全集》第29卷,合肥:安徽教育出版社,2003年,第355页。参见《杜威先生与中国》一文,《民国日报·觉悟》1921年7月13日。

② 《杜威先生与中国》,《晨报》1921年7月11日。

③ 《杜威先生与中国》,《晨报》1921年7月11日。

④ 伏庐:《杜威博士今日去了》,《晨报》1921年7月11日。

⑤ 参见王卓然:《中国教育一瞥录》,上海:商务印书馆,1923年,第340页。

⑥ 《昨日吾国走去两大哲学家》,《晨报》1921年7月12日。

7月13日,到曲阜,并讲演。

7月14日,游览孔林、孔庙。

7月15日,到泰安。

7月16日,登泰山。①

7月17日,晚,从泰安返回到济南。②

7月18至23日,杜威在济南开始演讲,每天一讲,分六天讲完。杜威夫人作了2次讲演。③

7月18日,下午,杜威在济南演讲"教育者的工作",假教育会会场。"教师永远不能忘了他的职务是要作一个导者,还要永远不能放弃他作引导者的职务。他的职务并不是发号施令,只要能知道目的地所在,和达到目的的方法,永远在前作一个引导者,那就是教师的职务了。"该次演讲记录稿《教育者的工作》发表在《晨报》1921年7月22、23日。以《教育者底工作》为题发表在《民国日报·觉悟》1921年7月27日。④

7月19日,杜威在济南演讲"教育之社会的要素"。"现在这个时代,若不是国家全体的人民都能读、能写、能知国家各方面的情形,是必不能团结的,必不能强盛的。"该次演讲记录稿《教育之社会的要素》发表在《晨报》1921年7月24—27日。以《社会的要素》为

---

① 离开北京后行程据袁刚、孙家祥、任丙强编:《民治主义与现代社会——杜威在华讲演集》(北京:北京大学出版社,2004年)附录三"杜威在华活动年表"。

② 参见《杜威在山东之讲演》,《大公报》1921年7月27日。

③ 参见袁刚、孙家祥、任丙强编:《民治主义与现代社会——杜威在华讲演集》,北京:北京大学出版社,2004年,第782、786—787页。

④ 参见《杜威在山东之讲演》,《大公报》1921年7月27日。《教育者的工作》,《晨报》1921年7月22日;《教育者的工作(续)》,《晨报》1921年7月23日。

题发表在《民国日报·觉悟》1921 年 8 月 12 日。①

7 月 20 日,杜威在济南演讲"学校科目与社会之关系"。"我在中国越久,越知道中国所以闹的这个样子的原故,都由于官吏无知识,不知道社会的情形,若想叫政治优良,不必仅仅去学政治,必要实地去考查[察]政治的情形,叫学生知道种种公益事业和实际问题,比抽象的教他诚实,结果一定还好。"演讲记录稿《学校科目与社会之关系》发表在《晨报》1921 年 8 月 3、4、7 日。以《社会的要素(二)》为题发表在《民国日报·觉悟》1921 年 8 月 18 日。②

7 月 20 日,杜威在《新共和》1921 年第 27 卷发表《分裂的中国》(Divided China)。该文章写于 1921 年 5 月。③ 杜威在文章中写:"事实上,每一次'统一'的举动,都是中国分裂状况的一个象征,这是一种表达着语言、气候、历史和政策以及地理、人群和派系的差异的分裂。""比其他人更为开诚,孙博士承认和确信南方新政府代表着中国一种分裂的状况。他坚持认为,如果不是因为南方在 1917 年的脱离,如今日本就会在实质上控制整个中国,一个统一的中国意味着一个很容易被日本整个吞掉的中国。""在我看来,对中国局势观察了两年得出的结论是:中国与美国的真正利益都能得到照顾,首先,如果由美国带头得到在北京的外交人员的承诺,确保他们会代为表

---

① 《教育之社会的要素》,《晨报》1921 年 7 月 24 日;《教育之社会的要素(续)》,《晨报》1921 年 7 月 25 日;《教育之社会的要素(续)》,《晨报》1921 年 7 月 26 日;《教育之社会的要素(续)》,《晨报》1921 年 7 月 27 日。

② 《学校科目与社会之关系》,《晨报》1921 年 8 月 3 日;《学校科目与社会之关系(1)》,《晨报》1921 年 8 月 4 日;《学校科目与社会之关系(续)》,《晨报》1921 年 8 月 7 日。

③ 参见 John Dewey, China, Japan and the U. S. A: Present—day Conditions in the Far East and their Bearing on the Washington Conference, New York: Republic Pulishing Co. , INC. 1921。

达对北京政府的提醒,即无论如何,列强都不会认可一个帝制王朝的复辟。在美国,这听起来似乎是对一个外国的国内事务的随意干涉,但实际上,这种干涉已经是一个事实了,目前的这个政府仅仅是靠了外国列强的支持才得以维持着。"①

7月21日,杜威在济南演讲"学校的行政和组织与社会之关系"。"中国教育在原理上采取中央集权制度,其实并没有何等的效果,要去整顿必须使各地方人办各地方的学校,须适应各地方的情形,不然,是无济于事的。"该次演讲记录稿《学校的行政和组织与社会之关系》发表在《晨报》1921年8月8—10日。以《社会的要素(三)》为题发表在《民国日报·觉悟》1921年8月21日。②

7月21日,山东各界联合会公饯杜威夫妇和女公子,约计四十余人。杜威博士致答词。"杜威博士答辞云:今天承六团体盛筵相招,得与会长会员诸君欢聚一堂。非常荣幸。鄙人此次来东,系承教育邀请,尤特别感激。而报界诸君能以极迅速之方法,将鄙人的讲演,刷印传播,更感念不忘。此次鄙人及眷属承各界厚待,若就个人人论,关系尤小,但鄙人系从美国来的,诸君之厚待鄙人,即为中美两国国民,益加亲善之表征。将来中美两国国交必愈加牢固。可以断言,此后两国教育界、商界、政界、知识界必然是互相提携,互相辅助,日见亲密。中美两国为太平洋沿岸之两大共和国,物产丰富,人口繁多,于太平洋的和平及全世界的和平,均是很有关系。两国既负如此重大的责任,所以

---

① 《杜威全集·中期著作》第13卷,上海:华东师范大学出版社,2012年,第112—120页。
② 《学校的行政和组织与社会之关系》,《晨报》1921年8月8日;《学校的行政和组织与社会之关系(续)》,《晨报》1921年8月9日;《学校的行政和组织与社会之关系(续)》,《晨报》1921年8月10日。

复应该结合起来,共图世界的和平,谋人类的幸福。美国对于中国很愿联合,也复愿辅助,所以就历史上考起来,美国对于中国,从未有侵略的事实。这是很可相信的。山东问题,在巴黎和会讨论时,大家也很希望有一种公平正当的裁判。俾国中收一种良好的效果,不幸因种种牵涉,竟未能公平解决,不免令人失望,但大家不能认为完全失败。以我看来,还是有点成功。因为中国从前的外交失败的时候很多,而各国知道者甚少,此次竟无一国不知道的,竟无一国不替中国抱不平的。是非曲直,得以大白于世界,这就是失败之中,还收入效果。再此次太平洋会议,更有极大的关系。诸君到此宜抱乐观极力赞成,万勿抱悲观。因此会议,如能本公理公法,解决东亚一切问题,保持世界永久和平,固属甚幸。即不然,亦以造成一种有力之舆论,使世界各国咸明了东亚的实在情形,于将来也是极有利益。更有进者,中国欲求发展非国民自助不可。我看中国社会的分子,前途发达是很有希望的。但望诸君努力奋斗。将来各国也一定可以帮助中国之自助。我想美国对于中国,也就是用这种方法来帮助中国。今日备承诸君厚待,特致谢并祝诸君的健康。"①

7 月 22 日,杜威在济南演讲"教育之心理的要素"。王卓然口译。"知道学生的天性、生活、希望,在什么地方,然后使学校的科目去适应他的天性、生活、希望。""作教师的要知道游戏是利用儿童天性的最好的方法。""教育的原理,就是学行合一,依着行去学,再用所学的去行,使这两样合而为一,以成完全学行合一的教育。"该次演讲记录稿《教育之心理的要素》发表在《晨报》1921 年 9 月 19—21 日。②

---

① 《杜威在山东临别赠言》,湖南《大公报》1921 年 8 月 6 日。
② 《教育之心理的要素》,《晨报》1921 年 9 月 19 日;《教育之心理的要素(续)》,《晨报》1921 年 9 月 20 日;《教育之心理的要素(续)》,《晨报》1921 年 9 月 21 日。

7月23日,杜威在济南演讲"学校与社会的关系"。"从前已经说过,中国所以贫弱到这样,不是人民没有知识,或是物产不丰富的缘故,主要的原因,是人人没有团结力、组织力、互助力的习惯和能力,不知道国家一切的事项,和自己有什么关系。学校和社会一样,也就是社会一个试验室,去试验儿童的创造力、组织力、互助力,养成了这种能力,好去给社会服务。"该次演讲记录稿《学校与社会的关系》发表在《晨报》1921年9月22—24日。[①]

杜威夫人在济南第一次演讲"女子教育提高的必要"。该演讲记录稿发表在《晨报》1921年9月25—27日。发表在《民国日报·觉悟》1921年10月6日。"现在有一个证据,就是中国自从五四运动以来,女生都能与男生一致进行,无论在那国里,在那时期,那个事件,只要女子能够尽力帮忙,各界都没有不欢迎的,可见中国女学生所作的已经有这样的成绩了。"[②]

杜威夫人在济南第二次演讲"女子教育之过去、现在和将来"。该演讲记录稿发表在《晨报》1921年9月28—30日,10月1—2日。发表在《民国日报·觉悟》1921年10月7、9日。"我未到中国以前,听说中国人的知识很发达,进步也很快,及至北京一看,政界的许多人均以学生运动为胡闹、男女合校是不对,未免叫我很失望的。""我以为现在中国女子,应注意普通基本的知识,和世界的眼光,也很可以挽救中国了。要想去求这普通的知识,须先有好的体格,因为要

[①] 《学校与社会的关系》,《晨报》1921年9月22日;《学校与社会的关系(续)》,《晨报》1921年9月23日;《学校与社会的关系(续)》,《晨报》1921年9月24日。

[②] 《女子教育提高的必要》,《晨报》1921年9月25日;《女子教育提高的必要(续)》,《晨报》1921年9月26日;《女子教育提高的必要(续)》,《晨报》1921年9月27日。

去求学,必须动作自由,缠足一事,是万万要不得的。"①

7 月 25 日,离开济南。下午 6 点半到青岛,住青岛大饭店。②

7 月 26 日,晚 5 点半,杜威一家去山东银行,赴各界晚餐欢迎会。"各界到会者三十余人。先摄影,继开宴。""博士答词。向来我就觉着青岛是中国的,是山东的。今晚这次盛会,一切都是中国式的。观诸位这种热诚,我想青岛实在是中国人的。要讲到教育,贵国历来尊崇学者,实在佩服。但是那种教育是只限于一部分受高等教育的人,是不行的。所以现在各国里没有不知道注重普通教育、小学教育的。我多谢到会诸君,并多谢山东省的人。我们受了这种热诚的款待,实在是永远不能忘。山东为圣人产生之地,青岛又为山东的重地,希望诸君在青岛多设学校,并将此种美风推及到全山东,和全中国。更希望中美两国携手并进,格外亲密,恭祝诸君健康,并祝中华民国全体国民健康。博士演说毕,杜威夫人又讲女子教育的必要。至九点,宾主尽欢而散。"③

7 月 27 日,星期三,胡适在日记中写:"今天苏州第一师范校长王饮鹤先生(朝阳)与汪仲周(北大毕业生)来看我,坚邀往苏州讲演。我因杜威先生曾说第一师范为中国一个最好的学校,故也想去参观,并想见颉刚等,故答应了他。"④

① 《女子教育之过去、现在和将来》,《晨报》1921 年 9 月 28 日;《女子教育之过去、现在和将来(续)》,《晨报》1921 年 9 月 29 日;《女子教育之过去、现在和将来(续)》,《晨报》1921 年 9 月 30 日;《女子教育之过去、现在和将来(续)》,《晨报》1921 年 10 月 1 日;《女子教育之过去、现在和将来(续)》,《晨报》1921 年 10 月 2 日。
② 参见《杜威博士之青岛游》,湖南《大公报》1921 年 8 月 9 日。
③ 《杜威博士之青岛游》,湖南《大公报》1921 年 8 月 9 日。
④ 《胡适全集》第 29 卷,合肥:安徽教育出版社,2003 年,第 388 页。

7月28—31日，8月1日，《晨报》发表《中国之新文化》。"一个中国朋友，于我有极大的影响，我说必有人叫他来把我捉去认为知识之窃贼的，对我述说中国受外国影响的阶段。"①

7月29日，鲁迅在致宫竹心的信中写："只是杜威博士的讲演，却有从《教育公报》拆出的散页，内容大约较《五大讲演》更多，现〔检〕出寄上，请看后寄还，但不拘多少时日。"②

7月30日，上午9点半，胡适在苏州第一师范演讲"实验主义"。③

7月30日，杜威夫妇和女公子"作劳山之游"④。

1921年
8月

8月2日，离开青岛，取道日本回国。湖南《大公报》报道："八月二号再乘西京丸东行。十九号由横滨乘船回美。博士等到纽约时，大约须八九月中旬云。"⑤

① 杜威：《中国之新文化》，《晨报》1921年7月28—31日，8月1日。
②《鲁迅全集》第11卷，北京：人民文学出版社，2005年，第399页。
③ 参见《胡适全集》第29卷，合肥：安徽教育出版社，2003年，第390页。
④《杜威博士之青岛游》，湖南《大公报》1921年8月9日。
⑤《杜威博士之青岛游》，湖南《大公报》1921年8月9日。

8月3日,上午8时到9时,胡适在安庆第一中学演讲"实验主义"。①

8月3日,午前,胡适演讲"实验主义及科学人生观"。胡适于1921年8月2日到安徽,参加安徽暑期讲演会,共讲演三日。②

8月4日,《明日之学校》译稿开始在《民国日报·觉悟》连载,由李小峰、潘梓年译。连载从1921年8月4日起,至10月20日结束。《民国日报·觉悟》连载的具体日期为:1921年8月4、5、7、8、9、11、12、15、16、18、19、21、22、23、25、26、28、29日,9月1、2、4、5、6、7、8、9、11、12、13、15、16、18、19、20、22、23、25、26、27、29、30日,10月2、3、4、5、6、7、9、13、14、16、17、18、20日。

8月14日,《晨报》发表《山东教育界之佳象》。"这次山东所组织的夏期讲习会,先请杜威及其夫人来济讲演,一星期,这次的讲演与民国八年杜威第一次来济的讲演,实在有四个特点,(一)杜威及其夫人第一次的讲演是注重教育的理想。这次的讲演,对于我国事实上的调查,也加一番研究了。(二)第一次讲演对于我国人的批评,不免有一点客气。这次的讲演,老老实实直言无隐,对于我国人感情的亲密,非言语所能形容。(三)在这暑假期内,学生大半回家,居然每天总有三五百人听讲,很足以表示山东人对于求知上已有诚挚的态度。(四)第一次讲演虽也有人担任笔记,但是始终没有以文学发布。这次讲演大东报民治报都有许多新闻记者担任笔记,讲演的次日就可将讲演稿印出分送给大众,办理得异常迅速,非常完善。"③

8月28日,《申报》发表《杜威博士之意见》。杜威从中国返回美

---

① 参见《胡适全集》第29卷,合肥:安徽教育出版社,2003年,第396页。
② 参见《皖省近事》,《申报》1921年8月6日。
③ 《山东教育界之佳象》,《晨报》1921年8月14日。

国,途径日本东京。在东京期间,英文广智报记录杜威对于远东问题的意见。"其大旨云,中国对于华盛顿会议,不可抱过大之希望。若取消领事裁判权等,可无容虑及。彼果善于筹备者,当竭力搜集关于破坏门户开放政策、侵犯其领土主权,详尽而准确之报告,编制成册,提出于大会,请各国代表宣示对此二端将抱之态度。开放中国门户,保全领土主权,尝经各国明白承认,散见于中外条约中。然自该两项主义宣布以来,列强违约破坏之举,已数见不鲜。今中国大可乘太平洋会议之机会,请各国明示其态度。中国如能遵此而行,其收效谅可较诸斤斤于无关大旨之问题,若要求取消领事裁判等为宏大也,中国若专以空泛之说,争辩于会议席上,则亦非计之长者,盖泛论虽或能动世人之情感,然难以收实效于樽俎之间也。"

"博士复谓破坏上述二主义者,不仅为日本一国,然近年以来,日本固为摧残开放门户领土完全主义之健将,惟开其端者,亦并非日本也。据近来自美传至日本之电音,中有国际共管中国之议,日本报界对此所持之反对态度,博士颇赞同之。盖博士以为此种政策,万万不能实行,即或实行,亦惟徒伤中国之感情,而不能有补于日本也。"

"中国之赴华盛顿会议,是否若赴法庭提起控诉者然,博士不能预测。然彼谓中国统一之局未成,北京政府积弱不足有为,各省督军拥重兵为中国累,是其赴会实无佳状足为列强称道,如欲处于原告的地位而诉其委屈,盖亦难矣。故中国在会议中所可恃之为后援者只美国耳。博士信中国代表之在会议中,对于南北两政府,当有正式或非正式之陈述。博士近尝游历中国南方,据彼之意,广州政府中人员,皆颇忠诚,办事亦甚认真,该政府所留于博士之影像良佳。博士复谓中国各省政府,比较的缺少腐败之气象,其改革之实力精神与诚意亦颇强云。"①

该文章内容的另一版本中译文以《杜威论太平洋会议与中国》为题,发表在天津《益世报》1921 年 8 月 25 日。

8 月,杜威在日本《改造》发表《种族偏见的一个哲学解释》(A Philosophical Interpretation of Racial Prejudice)。杜威在文章中写:"种族偏见的基础是对陌生事物的本能性厌恶与惧怕。这种敌意通过文化差异,比如语言、习俗和宗教;通过偶然的生理差异,比如肤色;通过伴随着的政治与经济竞争而变成持久的偏见。""种族偏见是件坏事。……它根本不是种族的问题,而是不同文明之间相互协调的问题。"②

1921 年
9 月

9 月 10 日,上海泰东图书局出版《杜威罗素演讲录合刊》,张静庐编。

9 月 11 日,下午 2 时,杜威在日本所搭乘的迪古早号轮船抵达旧金山第四十六号码头,回到美国。北大同学代表康白情、林士模

---

① 《杜威博士之意见》,《申报》1921 年 8 月 28 日。
② 《杜威全集·中期著作》第 13 卷,上海:华东师范大学出版社,2012 年,第 380—382 页。

等在码头迎接。"其所携行李,计有十八件,税关检查,极费周折。有教育部某君所赠明代古画一轴,竟被扣留,谓须得中国教育部公函证明,方可放行。而杜威女士购置衣物值三百余元,亦须纳税。左右转旋,乃得无税通过,而费时已达三四时,幸中国友人皆努力相助,乃于傍晚竣事,即由中国人方面往迎者备摩托车送寓其女友加利尔夫人之家。杜威与其夫人并云:'吾等离上海后,以为将久与中国人别矣,不意方抵母国,即复得诸君子之惠助如此,中国人诚多情也。'"①

晚上,北大同学在旧金山远东楼宴请杜威夫妇。"北大同学与会者,有孟寿椿、傅振烈、李光忠、吕平登诸君及王启润女士等七人,与中西新闻记者数人,中菜而西吃,宾主皆极尽欢,席间讨论中国实际问题至多,特择尤记之。"②

"傅振烈君问曰:教育原理,以令学生自思为尚,是矣。然现在中国之社会经济与个人经济俱极困难,最多数之成年人,均无从得教育,亦无余暇自思,而欲民治主义之实现,又非增高最多数之智识不可。吾人于此,将令群众随有智识者之后而为教育,可乎? 杜威博士答曰:吾人但须徐图,终令受教育者自思,群众受教育者既多,则民治主义自能实现矣。杜威夫人则以中国学生运动及大都市之平民教育为证,以维护其说,谓积之既久,自有自思之事实发现。傅君曰:现在中国人民之智识如此,若令其人人自思,则大多数宁愿复辟无疑,况以现在有特殊情形之需要乎。杜威夫人曰:现在不在,时间之变迁,如水之流,又安能定现在之特殊情形乎? 且中国妇女,从

---

① 《美国特约通信》,《申报》1921 年 10 月 16 日。
② 《美国特约通信》,《申报》1921 年 10 月 16 日。

来少受教育，然今日之曾受教育者，其思想之透澈，辄驾欧美妇女而上之，又安能必其不自思乎？傅君尚以此皆为最少数之情形，与最多数之教育无与相质难，卒以众人之滑稽谈笑而罢。"

"康白情君问曰：今日为改造中国之说者，约有二派。缓进者主张国会制度，急进者主张苏维埃制度，其说何如？杜威博士答曰：吾人必须从历史上求其经验，而后能定将来之方略。康君曰：中国自有其四千余年之经验，不与世界同也。杜威博士曰：诚然，但中国素以宽柔为教，必不采激烈手段也。康君曰：中国人善于应变，平日本极平和，然如周秦魏宋诸代，中国政治经济之激变，皆有不世之才出而主张之，以显其应变之精神，则求速亦未始不可能。然则综采各国之所长可乎？杜威博士曰：是化合也，何如创造？康君曰：化合即创造也。杜威博士曰：然。"

"傅君问曰：中国社会政治经济种种情形，较类美国乎？抑较类俄国乎？杜威博士答曰：有类美国者，亦有类俄国者。孟寿椿君问曰：中国今日实以发达实业为必要，而发达实业有二途：一为资本主义，一为国家社会主义，二者以孰为最适宜于中国？杜威博士答曰：中国有其特殊情形，中国之实业发达，当以中国人自己之能力，用第三种方法实现之，无取乎蹈袭。康君曰：此正中国大多数青年之所存想者也。众大笑，畅谈至十时始散。"

9月12日，晚上6时，旧金山华侨学界在远东楼宴请杜威夫妇和女儿，列座者百余人。李绍昌致欢迎辞，随后杜威演说。"杜威博士演说云，中国人实为世界上最有友谊与感情之民族，又曰，予未到中国以前，与许多欧美人游中国而不知中国者无异，完全不知中国之历史、地理、社会、风俗为何物。彼欧美人之道及中国者，辄谓其为数千年无变迁之古国,至今犹无变迁,即有变迁,亦为几种同样循环之变迁,而未尝有进步之变迁。及予到中国,乃知予从前对于中国之愚昧。盖从前之所闻者,皆属大谬也。又曰,主席适命予指摘中国之弊病,予果早言之,则予且早系于囹圄矣。如今日言之,或且有谓予介绍暗杀于中国人者,故予不欲言,予仅以一言蔽之,使中国而死数人,则前途不胜爽捷之至矣。(记者按,杜威博士初至北京时,正当五四运动甚烈。一日在教育部会场讲演后,有叩以何种学说最宜介绍入中国者,即戏答曰:皆无用,予意将炸药制造法多介绍入中国,或较为切实耳云云。此言盖与前意相同。)又曰,中国之督军制不废,武人不划除,则真正民治,无由实现。今日中国较健全而有希望之现象,为各省自治运动,此种运动,即等于从前美国各邦之主治权运动,实将为救中国之真途经。惟恐各省有各省之偏见,驯至不顾及全国之利害,则甚危险耳。予实非常感谢,且非常爱中国,除予所生长之美国为予所最爱者外,世未有何国为予所爱如中国者也云云。"①

9 月 14 日,杜威已经东归纽约。

9 月 16 日,《申报》发表《美国特约通信》,报道杜威到达美国旧金山后与中国人酬酢的情况,杜威宣言"除美国外所最爱者为中国"。同时配发集体合照一张:"旧金山欢迎杜威之摄影",中立者为杜威,其右为北大同学代表康白情,其左为杜威夫人。②

9 月 28 日,杜威在《新共和》1921 年第 28 卷发表《再访山东》(Shantung Again)。杜威在文章中写:"在青岛,在与工业区分开的

---

① 《美国特约通信》,《申报》1921 年 10 月 16 日。
② 《美国特约通信》,《申报》1921 年 10 月 16 日。

居住区中，给人留下印象的与其说是日本，不如说是德国。而无论一个人对德国占领的由来和目的持什么样的观点，他都不得不承认它在占领状态下做得很不错。在远东，没有哪一个城市像这个城市建设得一样规整悦目。德国人在数年之间，把它从一个满是土坯小窝棚的肮脏小渔村，变成了中国最整洁的城市和一个具有巨大商贸潜力的港口。""尽管中国人普遍认为日本的经济控制太牢固了，以至于随便什么东西，只要缺乏国际压力或者政治上的造反，就不可能动摇它，我却并不认为日本满意于这种工业与商贸状况，尤其是根据一开始就被激发起来的那些强烈的希望来看。"①

9月，杜威在日本《改造》发表《太平洋会议》（The Pacific Conference）。杜威在文章中写："因为我最近对中国知识分子关于太平洋会议的观点有所耳闻，而我完全同意他们的观点。这种见解是：未来的世界和平只有通过把人对人的外交替换为政府对政府的外交，才能得到保证。""在中国，人们普遍认为日本的目标是既要在政治上又要在军事上征服中国。""在日本，人们往往认为，中国人一方目前的态度在某种程度上是外国的影响，尤其是美国的影响的结果。试图让外国影响来为中国的反日思想和运动负责，暗示着一种对中国人心理的严重误解。更好地理解这种心理，是中国和日本之间取得良好关系的先决条件，以及确保东方未来和平的方法。"②

---

① 《杜威全集·中期著作》第 13 卷，上海：华东师范大学出版社，2012 年，第 121—126 页。

② 《杜威全集·中期著作》第 13 卷，上海：华东师范大学出版社，2012 年，第 382—383 页。

1921年
10月

10月12日,杜威在《新共和》1921年第28卷发表《联邦制在中国》(Federalism in China)。该文章写于1921年7月。[①] 杜威在文章中写:"存在着一种相当明确且看来似乎会长久保持的、向着地方自主和地方自治的趋势,它伴随着一种模糊的希望:希望在未来,在不同程度上独立的单元将会重新结合成为中华合众国或中华联邦国。展望未来,人们期待着三个阶段:第一个是目前的分离主义运动的完成;第二个是北方与南方形成各自的邦联;第三个是重新统一成为一个单一国家。""世界和平的希望,以及中国自由的希望,在于坚持一种'放手'的策略:给中国一个机会,给它时间。危险在于匆匆忙忙,没有耐心;也可能在于美国想要显示我们在国际事务中是一股力量,以及我们也有一种积极的外交政策的欲望。然而,一种从外部支持中国而非从内部提升其志向的好心的政策,最终给它带来的伤害也许会与一种出于恶意而设想出来的政策一样多。"[②]

---

① 参见 John Dewey, China, Japan and the U. S. A: Present—day Conditions in the Far East and their Bearing on the Washington Conference, New York: Republic Pulishing Co. , INC. 1921。

② 《杜威全集·中期著作》第13卷,上海:华东师范大学出版社,2012年,第129—134页。

10 月 25 日,《申报》发布关于北京大学的消息:"胡适之博士,最近并发起组成一英文特班,专授杜威所著之教育学及论理学,以为一则可以精习英文,二则可以研究杜威氏之学说。现已有多数学生纷纷报名,不日即可成立。"①

10 月 27 日,星期四,胡适在日记中写:"上课,英文作文,新设一科为'杜威著作选读'。我初限此班不得过三十人,乃今日第一次上课竟有六十余人之多。可惜去年杜威先生在此时我因病不能设此一科。"②

10 月,杜威在《中国评论》(*China Review*)1921 年第 1 卷发表《中华民国成立十周年纪念》(The Tenth Anniversary of the Republic of China)。杜威在文章中写:"十年前的这场革命成功地推翻了满清王朝,但在任何积极的意义上,它都还不是一场完整的革命。作为权力和权威转到民众手中的一场变革,作为普通人从一种腐朽、暴虐、愚昧的寡头统治下的一场解放,这场革命在相当大的程度上还有待去完成。""我在中国的逗留印象最深刻的一点是:我看到了一种开明进步的民意确实而迅速地发展。道德与理智的力量在中国是如此巨大,以至于一切热爱中国的人都能从中受到鼓舞并且拥有这样的信念,即有朝一日,人们会通过他们伟大的奋斗赢得一个实实在在的而不仅仅是名义上的民国。"③

10 月,上海商务印书馆出版《杜威教育哲学》。内容系杜威 1920 年 4—5 月在南京高师作的系列演讲《教育哲学》。

---

① 《北京通信》,《申报》1921 年 10 月 25 日。

② 参见《胡适全集》第 29 卷,合肥:安徽教育出版社,2003 年,第 490 页。

③ 《杜威全集·中期著作》第 13 卷,上海:华东师范大学出版社,2012 年,第 127—128 页。

1921 年
11 月

11 月 1 日,星期二,胡适在日记中写:"下午,'杜威著作选读'科。此班学生似肯读书,所问似皆中肯。故我也很高兴。"①

《思维术》(*How We Think*)是"杜威著作选读"科使用的读本之一。1922 年 2 月 7 日,星期二,胡适在日记中写:"下午讲'*How We Think*'第十四篇。"②2 月 14 日,星期二,胡适在日记中写:"下午,杜威的'*How We Think*'完。"③

11 月 2 日,杜威和 T. M. Lamont 在《新共和》1921 年第 28 卷发表《美国在岔路口》(A Parting of the ways for America)。该文章写于 1921 年 10 月。④ 杜威在文章中写:"在我看来,真正的危险不在于我们的大财团决定对中国进行自私的掠夺:明智的自利,以及我们在中国的主要优势是没有掠夺行径的传统这个事实,都要求与中国进行合作。危险在于,中国将由于欧洲的高额借款和政

---

① 参见《胡适全集》第 29 卷,合肥:安徽教育出版社,2003 年,第 493 页。
② 参见《胡适全集》第 29 卷,合肥:安徽教育出版社,2003 年,第 511 页。
③ 参见《胡适全集》第 29 卷,合肥:安徽教育出版社,2003 年,第 517 页。
④ 参见 John Dewey, China, Japan and the U. S. A: Present—day Conditions in the Far East and their Bearing on the Washington Conference, New York: Republic Pulishing Co. , INC. 1921.

治事务而被从属化和牺牲掉,将在洗牌的过程中被丢弃。""这个文明(指中国——引者注)有一块大陆这么大的规模,它是如此古老,以至于相比之下,我们其他文明都像是暴发户;这个文明是如此浑厚密实,它的匆忙发展是无法不伴随灾难的。来自内部的转变是唯一的可行之途,而通过确保它拥有为了实现这个转变所需的时间,我们能最好地帮助中国,无论我们是否喜欢它在任何特定时间里采用的特定形式。""自由主义者们除了预言会议的失败并指责各种动机之外,可以做些更好的事情。他们可以为公开外交,为持续而明智的探询,为独立于宣传的讨论这道已经打开的大门而努力。"①

11 月 14 日,杜威在《巴尔的摩太阳报》(Baltimore Sun)发表《国际冲突的起因》(Causes of International Friction)。杜威在文章中写:"任何一个有可行性的联合,在眼下都很可能是这样一种联合,即它会使我们陷入欧洲政治与金融在中国的坏传统,这会激发和巩固如今意欲在我们中间建立起经济帝国主义的一切力量。"②

11 月 15 日,杜威在《巴尔的摩太阳报》发表《英日同盟与美国》(The Anglo—Japanese Alliance and the United States)。杜威在文章中写:"出于坦诚,我们不得不说,尽管在远东的美国人与英国人之间有着个人的友好关系,但是国家层面的感觉已经变得紧张了。没有必要试图去加以责备。英国人对在远东的声望、领导地位的感觉,由于美国声望的迅速上升而受到了伤害。存在着这样一种与日俱增的感觉,觉得美国有朝一日会成为英国的严重威胁。"③

① 《杜威全集·中期著作》第 13 卷,上海:华东师范大学出版社,2012 年,第 138—149 页。
② 《杜威全集·中期著作》第 13 卷,上海:华东师范大学出版社,2012 年,第 150—153 页。
③ 《杜威全集·中期著作》第 13 卷,上海:华东师范大学出版社,2012 年,第 153—157 页。

11 月 16 日,杜威在《巴尔的摩太阳报》发表《中国的利益》(China's Interest)。杜威在文章中写:"这么说吧,存在着三个中国。有在其他国家之间引发冲突与对抗的中国,即就国际关系而言的中国。有就国内事务而言的中国,在管理上混乱、分散,帮派林立,政府腐败严重。还有中国人的中国,人口众多,坚忍,勤劳,用非政治的方法治理着自身,牢固,超过西方人想象力限度的持久和稳定,是过去的和中国转变时可能的未来真正的中国。""至今为止,中国一直在拒斥西方工业体系的迅速引入。……受过教育的中国人,对工业主义的危险具有一种一致而鲜活的感觉。从一种模糊的伦理意义上来说,他们几乎要成为社会主义者了。如果允许中国人去完成他们自己的经济目标,那么可以想象,他们会设计出一种比如今困扰着西方国家的那个方案更好的方案。"①

11 月 16 日,杜威在《新共和》1921 年第 28 卷发表《日本的公众舆论》(Public Opinion in Japan)。杜威在文章中写:"儒家思想固然仍很强大,但它的强大更多的是由于习俗,而不是由于思想或思想上的影响力。……这个运动在去年前后慢下来了;但它放慢脚步是由于顽固习俗的未被意识到的惰性,而不是因为明确的思想上的反对或批评。这个情况在我看来,是很有代表性的。在世界上似乎没有任何一个国家像中国一样,学生们如此一致而急切地对思想中现代的新东西感兴趣,尤其是对有关社会与经济问题的思想感兴趣,而且支持现存秩序与现有状况的观点如此无足轻重——实际上,是如此乏人提及。""在日本,国家或者说天皇,几乎是公众舆论所具有

---

① 《杜威全集·中期著作》第 13 卷,上海:华东师范大学出版社,2012 年,第 157—160 页。

的唯一一个持久而有序的中心。这个事实很自然地加强了帝国主义的优势;人们能够以一种恒常而统一的方式来感受与思考的其他东西是如此稀少。""如果美国在太平洋会议中真的想要削弱军国主义者对日本公众舆论的控制,那么就不应等待日本来为种族权利的平等提出一个表述,更不应该在它被提出来之后予以否决。"①

11月17日,杜威在《巴尔的摩太阳报》发表《建议措施》(Suggested Measures)。杜威在文章中写:"就目前的状况而言,中国不是一个良好的市场;不值得为了它大费周章。给它一个机会,让它去发展自身,那么,它就会变成一个正常的、和平贸易的巨大市场,日本在其中具有许多天然的优势。""停止对中国的瓜分和从外部对它的各种资源的挖取;停止战舰的建造,这样,远东的各种问题将会逐渐地在一个适当的视域内呈现出来。"②

11月18日,杜威在《巴尔的摩太阳报》发表《中国的诉求中表现出了精明的策略》(Shrewd Tactics Are Shown in Chinese Plea)。杜威在文章中写:"现在作出预言还为时过早,但是看起来,似乎日本的策略会对中国的各个目标表达一种一般的同情,但同时强调其内部缺乏统一,处于所谓的混乱状态,并且主张为了确保各项目标和愿望的最终实现,中国必须在一段时间之内被置于某种国际监管之下。在后一种情况下,日本会由于邻近而成为代表着列强的实际上的保护者和受托者。那时,日本就既能把其关于中国想要的东西捞到手,又能得到各个强国的祝福了。"③

---

① 《杜威全集·中期著作》第13卷,上海:华东师范大学出版社,2012年,第223—228页。
② 《杜威全集·中期著作》第13卷,上海:华东师范大学出版社,2012年,第160—164页。
③ 《杜威全集·中期著作》第13卷,上海:华东师范大学出版社,2012年,第165—167页。

11月23日,杜威在《巴尔的摩太阳报》发表《对中国的四条原则》(Four Principles for China)。杜威在文章中写:"如果华盛顿会议采纳的这四条与中国有关的原则终结了讨论而不是开启了它,那么,它们就会是再令人失望不过的了。""中国长城以南,听上去像是一个完整的存在物。但是,一个人只要看一看地图就能断定,在面对一个要求北方领土以及海洋的强国的情况下,它保有其在政治上和行政上完整性的可能是多么微乎其微。"①

11月24日,杜威在《哲学杂志》(*Journal of Philosophy*)1921年第18卷发表《作为一种福音的古典意义》(Classicism as an Evangel)。杜威在文章中写:"出于这个理由,我把现代的有等级意识的古典主义称为颠倒了的浪漫主义。它是福音式的,不是自发的,因为它一心致力于拯救。它对拯救的构想是合理的,而浪漫主义的构想则是异想天开的,这一事实并未改变整个论断。它只不过把古代艺术的精神变成了一种与世隔绝的知识的唯美主义。"②

11月26日,列文森在致杜威的信中说,寄去了小册子《战争的非法性》的校样。"您非常善意地答应过为它写一个前言。"③

11月29日,杜威在《巴尔的摩太阳报》发表《地洞》(Underground Burrows)。杜威在文章中写:"自从会议召开以来,我一直相信,无论如何,公开性会比具体达成的决议更为重要。我们处于这样一个关键点上,在此,世界和平与安全的主要保障在于各

---

① 《杜威全集·中期著作》第13卷,上海:华东师范大学出版社,2012年,第168—169页。
② 《杜威全集·中期著作》第13卷,上海:华东师范大学出版社,2012年,第248—249页。
③ 参见《杜威全集·中期著作》第13卷,上海:华东师范大学出版社,2012年,第439页。

国对其他国家的诚意与善意的相互信任。公开是发展互信的方式。让他们的态度为世人所知,不曾心怀鬼胎的那些国家从这件事上得到的只有好处;有着掠夺性策略的那些国家,因为知道它们的举动受制于公开和普遍讨论而最好地得到了限制。""说美国各项政策的成败如今取决于它们是否有一个针对所有国家对公开性的适当要求作为靠山,这一点也不过分。地洞也得公开地挖。"①

11月29日,杜威写完《战争的非法性》前言,在致列文森的信中写:"我已经写了一些字句,如果您不喜欢它们,可以随意地把它们扔掉,或者可以写信给我,让我知道您喜欢从我这里得到什么样的评论。"②

11月,杜威在《中国学生月报》(*Chinese Students' Monthly*)1921年第17期发表《中国与裁军》(China and Disarmament)。杜威在文章中写:"希望他们能有一个机会独立于外部干涉来完成他们自己注定要做的事,而在过去,外部干涉一直是世界上的强国与中国的接触中如此令人不快的一个特征。""中国学生有了一个机会去帮助这个世界(至少帮助这个世界的美国部分)更好地理解中国的国内外的困境和问题,并以一种确切的方式培养一种对普遍而言的弱国以及具体而言的中国是公平的国际正义政策的同情理解。"③

11月,恽代英在致杨钟健的信中写:"我想假定以'促进生产工具公有'为明确目标,经济学家、社会学家当然赞成,教育家、文学家

---

① 《杜威全集·中期著作》第13卷,上海:华东师范大学出版社,2012年,第170—171页。
② 《杜威全集·中期著作》第13卷,上海:华东师范大学出版社,2012年,第439页。
③ 《杜威全集·中期著作》第13卷,上海:华东师范大学出版社,2012年,第135—137页。

亦应赞成;只包不了那些 Love wisdom for its own sake[为智慧而爱智慧]的哲学家。但是我想除非他们有一部分(如实验主义等)可以与上述的几方面 Practical help[实际帮助],不然,那便只好道不同不相为谋。因为想把他与上述几方面的人联成一体,本非事实上所可能的。"①杨钟健(1897—1979)系陕西华县人,为少年中国学会负责人之一。

1921 年
12 月

12 月 3 日,列文森在致杜威的信中写:"我认为您的前言是极其出色的。对我来说,能够得知一位真正的思想家的视角,以及这本小书给这样一个头脑留下的印象,这是非常新鲜和富有启发性的。"②

12 月 5 日,杜威在《巴尔的摩太阳报》发表《山东问题的各个角度》(Angles of Shantung Question)。杜威在文章中写:"中国人是精明的外交家和世界上最善于讨价还价的人。但是在大问题上,他们更加信赖道

---

① 恽代英:《致杨钟健》,《恽代英全集》第4卷,北京:人民出版社,2014 年,第 533 页。
② 《杜威全集·中期著作》第 13 卷,上海:华东师范大学出版社,2012 年,第 439—440 页。

德力量的作用,而不是建立在一个讨价还价基础上的、具有法律效力的正式协定。开化了的中国自由派人士对这次会议的期待,主要在于把它看作使中国的国民情绪、愿望和不公正对待为世界所知的一个机会。这个目标只有通过把山东问题提交给有着最大公开度的外交的整个会议才能实现。"①

12月7日,杜威在《新共和》1921年第29卷发表《会议和一个快乐的结局》(The Conference and A Happy Ending)。杜威在文章中写:"至于美国为人所知的政策,关键问题是路特先生的四点是否意在承认中国的现状。如果事态的继续发展显示这就是它们的主要意图,那么,我们可以肯定:政府为了在政治上、在美国民众面前自保,愿意以中国为代价来同日本和英国进行讨价还价。"②

12月9日,杜威在《巴尔的摩太阳报》发表《中国人的辞职》(Chinese Resignations)。杜威在文章中写:"一个美国人几乎难以想象这次会议上的各种考虑受到中国受过教育的阶层注视的关注程度。对我们来说是一个有趣的游戏,或者顶多是一个重要事件的东西,对他们来说,几乎是一件生死攸关的事情。""中国知识分子最杰出的领导者之一给我来了一封信,说他刚刚发表了一个公众演说,在其中,他警告他的听众们:中国必定要经历一个巨大的震惊、一个巨大的失望。这个群体脱离于政治之外,并且反对所有现存的政治派别。他们坚持主张内部改革的必要,并且坚定地确信,当这些改

---

① 《杜威全集·中期著作》第13卷,上海:华东师范大学出版社,2012年,第173—175页。
② 《杜威全集·中期著作》第13卷,上海:华东师范大学出版社,2012年,第176—180页。

革完成时,日本就没法继续反对中国了,而其他国家将会被迫放弃他们的不当占领和行为。"①

12月11日,杜威在《巴尔的摩太阳报》发表《条约的三个结果》(Three Results of Treaty)。杜威在文章中写:"尽管如此,《四国条约》还是达成了三个结果。它开了强国之间相互商议的先例,这比两国之间的仲裁协定走得更远。它终结了英日同盟,这是英美之间达到一个比较良好关系的巨大收获。它间接地使战争不那么容易在日本与美国之间发生,间接地给予中国承诺。中国也许会在其他方面感到失望,但它已经从这次会议中获得了一个重大的结果。"②

12月15日,《时事新报·学灯》发表邹恩润的文章《杜威的"民治与教育"》。③

12月15日,《评论之评论》1921年第1卷第4号发表瞿俊千的文章《杜威论实验主义》。④

12月17日,杜威在《巴尔的摩太阳报》发表《关于〈四国条约〉的几点事后思考》(A few Second Thoughts on Four—power Pact)。杜威在文章中写:"已经作出的这个说路特的四个模糊的原则将成为进一步的条约之核心的通告是令人沮丧的。中国无法得到它应该享有或者它希望拥有的全部东西。但是美国不应该成为把它牺牲掉的一方,即使只是在同意模糊的泛泛之言的程度上。这样的泛泛

---

① 《杜威全集·中期著作》第13卷,上海:华东师范大学出版社,2012年,第181—183页。
② 《杜威全集·中期著作》第13卷,上海:华东师范大学出版社,2012年,第184—185页。
③ 邹恩润:《杜威的"民治与教育"》,《时事新报·学灯》1921年12月15日。
④ 瞿俊千:《杜威论实验主义》,《评论之评论》第1卷第4号,1921年12月15日。

之言,虽然它们消除了外交官之间的直接冲突,但是归根结底,对世界和平永远是一个威胁。每个国家都以自己的方式来解释它们,并且指责其他国家言而无信。"①

12月17日,胡适的次子出生,名为"思杜",取思念杜威的意思。

12月21日,杜威在《新共和》1921年第29卷发表《通过亨利·亚当斯受到教育》(Education by Henry Adams)。杜威在文章中写:"我们外交政策的中国方面,也几乎不比我们对门罗主义的固守少几分顽固,少几分情绪化,少几分变动。它们之中没有一个是杰出美德的产物,而全部都是历史的偶然与自身利益的产物。但是,它们已经存在了。"②

12月23日,中华教育改进社召开成立大会。杜威被推举为七位名誉董事之一,其余六位是孟禄、梁任公、严范荪、张謇、张仲仁、李石曾。③

1921年,Foster Watson编辑的《教育百科辞典》(Encyclopedia and Dictionary of Education)出版,杜威在其中撰写《教育的目标与理念——有关这一主题的讨论》(Aims and Ideals of Education——Three problems are involved in a discussion of this topics)。杜威在文章中写:"童年期与青年期表现出某种积极和主动的东西、某种成

---

① 《杜威全集·中期著作》第13卷,上海:华东师范大学出版社,2012年,第186—189页。
② 《杜威全集·中期著作》第13卷,上海:华东师范大学出版社,2012年,第237—239页。
③ 参见《中华教育改进社成立纪录》,《陶行知全集》第1卷,成都:四川教育出版社,2005年,第586页。

长的力量。""成长本身就是教育要与之打交道的原初事实。保护、保持与引导成长,是教育的主要理念。""类似地,一个教育家的问题是去设计出学习的手段和去发现学生的心理及道德素质方面实际上发生着的变化,并建立起标准来确定相关于成长来说这些变化意味着什么。"①

1921 年,杜威在《新共和》1921 年第 28 卷发表《回复〈美国的中国政策〉》(Rejoinder to "American Policy in China")。杜威在文章中写:"值得争论的是,为了中国的利益而不是美国的利益,南中国不应该为了贸易上的便利而依赖一个外国势力。……直到目前为止,美国的政策是与唐宁街的政策相反而不是相似的。"②

1921 年,杜威为《战争的非法性》(*Outlawry of War*,Chicago:American Committee for the Outlawry of War,1921)撰写前言。杜威在前言中写:"这个世界现在需要的是启蒙,以及对道德力量的关注。列文森所提议的方案简明易懂。像所有真正简明易懂的提议一样,这个提议深入情境的根基。尤其是在启蒙各个民族的人们来面对国家间的争端,以及集中世界上所有的道德力量来对抗现代战争这个最令人憎恶的东西方面,它比迄今为止人们提出的任何其他方案更加注重提供自然的与规则的作用。"③

1921 年,杜威在中国社会和政治科学学会宣读《种族偏见与冲

---

① 《杜威全集·中期著作》第 13 卷,上海:华东师范大学出版社,2012 年,第 345—350 页。

② 《杜威全集·中期著作》第 13 卷,上海:华东师范大学出版社,2012 年,第 353—354 页。

③ 参见《杜威全集·中期著作》第 13 卷,上海:华东师范大学出版社,2012 年,第 355 页。

突》(Racial Prejudice and Friction)。发表在《中国社会与政治科学评论》(*Chinese Social and Political Science Review*)1922 年第 6 期。杜威在文章中写:"种族偏见的基础是对陌生事物本能的厌恶和惧怕。这种偏见由于附带的生理特征、语言和宗教上的文化差异,以及尤其是在目前,各种政治与经济力量的相互交融,变成了歧视与冲突,结果就是目前的种族概念和固定下来的种族差异以及种族摩擦。从科学角度来看,种族的概念在很大程度上是一个虚构,但作为一大堆实际现象的整个意指,它是一个实践角度的实在。""种族偏见是件坏事,但不分青红皂白地针对它作出的反应也会是件坏事。这是因为,正如我一直试图说明的那样,这个问题首先根本就不是一个关于种族的问题,而是不同类型的文明之间相互调整适应的问题。……被称为种族偏见的东西不是冲突的原因。毋宁说,它是由这些其他的深层原因所引发的冲突的产物和标志。"[1]

1921 年,杜威的著作《中国、日本和美国》(*China*,*Japan and the U. S. A*:Present-day Conditions in the Far East and their Bearing on the Washington Conference,New York:Republic Pulishing Co.,INC. 1921)出版。该书收录 7 篇曾在《新共和》上发表的文章。

1921 年,泰东图书馆出版《杜威三大演讲》,刘伯明口译,沈振声笔述。该书收《教育哲学》、《试验论理学》、《哲学史》三篇演讲记录稿。

1921 年,据《高一涵谈话记录》(1961 年 5 月 24 日,未刊稿)中的回忆内容:"那时,杜威来中国讲学,他反对马克思主义,说马克思主

---

[1] 参见《杜威全集·中期著作》第 13 卷,上海:华东师范大学出版社,2012 年,第212—222 页。

义在 19 世纪末还是有用的,到 20 世纪就没有用了,过时了。他说'你们不要讲什么阶级,资产阶级,无产阶级,你们中国可以区域或行业来团结,顶好拿"会馆"或"帮"做基础,如上海帮、江西帮。'我们当时觉得以'帮'做基础比产业工人好。邓中夏对这个也不同意。"①"'五四'时,杜威从美国来。他们反对罢课;大钊、邓康是主张把运动向深入推进。罢课运动闹得越大越好,为此与胡适大争起来……"②邓康即邓中夏。

1921 年,郑晓沧在《教育汇刊》第 2 卷第 2 期发表《教育上应有之国家主义》。郑晓沧在文章中写:"对于美国则因种种关系——交通较便,国体称同,复留学彼邦之人较多,杜威孟禄等等来华,教育学术之传布于吾国者日渐众多,因而影响于其实际,于是有为'美化'之惧者,惧之诚是矣!"③

① 《邓中夏年谱》,《邓中夏全集》(下),北京:人民出版社,2014 年,第 1697 页。
② 《邓中夏年谱》,《邓中夏全集》(下),北京:人民出版社,2014 年,第 1698 页。
③ 郑晓沧:《教育上应有之国家主义》,《郑晓沧教育论著选》,北京:人民教育出版社,1993 年,第 25 页。

附录

杜威系列演讲
时间表

系列演讲一

题目：社会哲学与政治哲学

翻译：胡适

笔记：毋忘（记录前四篇），伏庐（记录其余部分）

时间：星期六下午 4 点

地点：北京大学法科大礼堂

次序	演讲时间	
第一次		9 月 20 日
第二次		9 月 27 日
第三次	1919 年	10 月 4 日
第四次		10 月 18 日
第五次		10 月 25 日

次序	演讲时间	
第六次		11 月 1 日
第七次		11 月 15 日
第八次		11 月 22 日
第九次		12 月 6 日
第十次		12 月 13 日
第十一次		1 月 17 日
第十二次		1 月 24 日
第十三次		2 月 14 日
第十四次	1920 年	2 月 18 日(星期三,晚上 8 点)
第十五次		2 月 28 日
第十六次		3 月 6 日

系列演讲二

题目:教育哲学

翻译:胡适

笔记:伏庐

时间:星期日上午 9 点。1919 年 12 月 7 日起,改为星期日上午 9 点半

地点:北京西单手帕胡同教育部会场

次序	演讲时间	
第一次	1919 年	9 月 21 日
第二次		9 月 28 日

354

次序	演讲时间	
第三次		10 月 5 日
第四次		10 月 19 日
第五次		10 月 26 日
第六次		11 月 2 日
第七次		11 月 16 日
第八次		11 月 23 日
第九次		11 月 30 日
第十次		12 月 7 日
第十一次		12 月 14 日
第十二次	1920 年	1 月 18 日
第十三次		1 月 25 日
第十四次		2 月 1 日
第十五次		2 月 15 日
第十六次		2 月 22 日

系列演讲三

题目：思想之派别

翻译：胡适

笔记：绍虞

时间：星期五晚上 8 点

地点：北京大学法科大礼堂

次序	演讲时间	
第一次		11 月 14 日
第二次		11 月 21 日
第三次	1919 年	11 月 28 日
第四次		12 月 5 日
第五次		12 月 12 日
第六次		1 月 16 日
第七次	1920 年	1 月 23 日
第八次		1 月 30 日

系列演讲四

题目：现代的三个哲学家

翻译：胡适

笔记：伏庐

时间：星期二、星期五晚上 8 点

地点：北京大学法科大礼堂

次序	演讲时间		主题
第一次		3 月 5 日	詹姆士（一）
第二次		3 月 9 日	詹姆士（二）
第三次	1920 年	3 月 12 日	柏格森（一）
第四次		3 月 16 日	柏格森（二）
第五次		3 月 19 日	罗素（一）
第六次		3 月 23 日	罗素（二）

参考文献

一、主要论著

安乐哲：《和而不同：比较哲学与中西会通》，北京：北京大学出版社 2002 年版

《不思量自难忘——胡适给韦莲司的信》，周质平编译，合肥：安徽教育出版社 2001 年版

《蔡元培日记》，北京：北京大学出版社 2010 年版

《陈独秀著作选》，上海：上海人民出版社 1993 年版

《邓中夏全集》，北京：人民出版社 2014 年版

《杜威全集·中期著作》，上海：华东师范大学出版社 2012 年版

《杜威全集·晚期著作》,上海:华东师范大学出版社 2015 年版

《杜威五大讲演》,合肥:安徽教育出版社 1999 年版

杜威:《哲学的改造》,许崇清译,北京:商务印书馆 1958 年版

《杜威在华教育讲演》,单中惠、王凤玉编,北京:教育科学出版社 2007 年版

杜威夫妇:《中国书简》,王运如译,台北:地平线出版社 1970 年版

《杜威家书》,刘幸译,北京:北京师范大学出版社 2016 年版

《杜威与中国》,张宝贵编著,石家庄:河北人民出版社 2001 年版

《杜威谈中国》,沈益洪编,杭州:浙江文艺出版社 2001 年版

《杜威在华活动年表》,黎洁华编,《华东师范大学学报》(教育科学版)1985 年第 1、2、3 期

《范源廉集》,长沙:湖南教育出版社 2010 年版

冯友兰:《三松堂全集》,郑州:河南人民出版社 2001 年版

《冯友兰先生年谱长编》,蔡仲德编撰,北京:中华书局 2014 年版

《傅斯年全集》,长沙:湖南教育出版社 2003 年版

耿云志:《胡适年谱》,成都:四川人民出版社 1989 年版

顾红亮:《实用主义的误读》,上海:华东师范大学出版社 2000 年版;桂林:广西师范大学出版社 2015 年版

顾红亮:《实用主义的儒化》,北京:社科文献出版社 2016 年版

《胡适来往书信选》,北京:中华书局 1979 年版

胡适:《胡适口述自传》,上海:华东师范大学出版社 1993 年版

《胡适全集》,合肥:安徽教育出版社 2003 年版

《胡适讲演》,北京:中国广播电视出版社 1992 年版

《黄炎培日记》,北京:华文出版社 2008 年版

《黄炎培教育论著选》,北京:人民教育出版社 1993 年版

《回眸〈新青年〉·哲学思潮卷》,张宝明、王中江主编,郑州:河南文
  艺出版社 1998 年版

简·杜威:《杜威传》,单中惠编译,合肥:安徽教育出版社 2009 年版

江丽萍:《1920 年名人学术讲演会述论》,湘潭大学硕士论文,
  2010 年

《蒋梦麟教育论著选》,北京:人民教育出版社 1995 年版

蒋梦麟:《西潮》,沈阳:辽宁教育出版社 1997 年版

《经亨颐教育论著选》,北京:人民教育出版社 1993 年版

《经亨颐集》,杭州:浙江大学出版社 2011 年版

《李大钊全集》,石家庄:河北教育出版社 1999 年版

《李石岑讲演集》,桂林:广西师范大学出版社 2004 年版

《梁漱溟全集》,济南:山东人民出版社 1989—1993 年版

《鲁迅全集》,北京:人民文学出版社 2005 年版

罗素:《中国问题》,秦悦译,上海:学林出版社 1996 年版

《毛泽东年谱》(1893—1949)修订本,中共中央文献研究室编,北京:
  中央文献出版社 2013 年版

《毛泽东早期文稿》,长沙:湖南出版社 1990 年版

《民治主义与现代社会——杜威在华讲演集》,袁刚、孙家祥、任丙强
  编,北京:北京大学出版社 2004 年版

《潘光旦文集》,北京:北京大学出版社 2000 年版

《钱穆先生学术年谱》,韩复智编著,北京:中央编译出版社 2012
  年版

《钱玄同日记》,北京:北京大学出版社 2014 年版

《陶行知全集》,成都:四川教育出版社2005年版

《陶行知年谱长编》,王文岭撰,成都:四川教育出版社2012年版

王卓然:《中国教育一瞥录》,上海:商务印书馆1923年版

《吴宓日记》,北京:三联书店1998年版

《吴虞日记》,成都:四川人民出版社1984年版

《杨昌济集》,王兴国编注,长沙:湖南教育出版社2008年版

杨亮功:《早期三十年的教学生活·五四》,合肥:黄山书社2008
  年版

杨寿堪、王成兵:《实用主义在中国》,北京:首都师范大学出版社
  2002年版

杨寿堪、王成兵:《实用主义的中国之旅》,北京:中国社会科学出版
  社2014年版

《杨贤江全集》,郑州:河南教育出版社1995年版

元青:《杜威与中国》,北京:人民出版社2001年版

《恽代英全集》,北京:人民出版社2014年版

《赵世炎文集》,北京:人民出版社2013年版

《章士钊全集》,上海:文汇出版社2000年版

《张申府文集》,石家庄:河北人民出版社2005年版

《张太雷文集》,北京:人民出版社2013年版

《张元济日记》,石家庄:河北教育出版社2001年版

《张伯苓年谱长编》,梁吉生撰著,北京:人民教育出版社2008年版

《张伯苓教育论著选》,北京:人民教育出版社1997年版

《张伯苓教育言论选集》,天津:南开大学出版社1984年版

《郑晓沧教育论著选》,北京:人民教育出版社1993年版

《中国近代教育史资料汇编·教育行政机构及教育团体》,上海:上海教育出版社 2007 年版

《中国心灵的转化——杜威论中国》,顾红亮编,上海:华东师范大学出版社 2017 年版

周策纵:《五四运动》,南京:江苏人民出版社 1996 年版

二、报纸期刊

《北京大学日刊》

《晨报》

《大公报》

《复旦》(The Fuh Tan Students' Quarterly)

《福建教育月刊》

《教育潮》

《教育界》(上海)

《教育杂志》

《教育丛刊》(北京高师)

《美汉》

《民国日报》

《南京高等师范日刊》

《评论之评论》

《少年社会》

《申报》

《史地丛刊》

《时事新报》

《湘江评论》

《新潮》

《新教育》

《新青年》

《新中国》

《燕京大学季刊》

《益世报》

《英文杂志》

《约翰声》

三、英文论著

Barry Keenan，The Dewey Experiment in China：Educational Reform and Political Power in the Early Republic, Cambridge, Mass. ：Harvard University Press，1977

George Dykhuizen，The Life and Mind of John Dewey，Carbondale and Edwardsville：Southern Illinois University Press，1973

Jessica Ching—Sze Wang，John Dewey in China，Albany：State University of New York Press，2007

John Dewey，The Middle Works，Vol. 10，edited by Jo Ann Boydston，Carbondale and Edwardsville：Southern Illinois University Press，1980

John Dewey，The Middle Works，Vol. 11，edited by Jo Ann Boydston，Carbondale and Edwardsville：Southern Illinois University Press，1982

John Dewey，The Middle Works，Vol. 12，edited by Jo Ann Boydston，Carbondale and Edwardsville：Southern Illinois

University Press, 1982

John Dewey, The Middle Works, Vol. 13, edited by Jo Ann
Boydston, Carbondale and Edwardsville: Southern Illinois
University Press, 1983

John Dewey, The Middle Works, Vol. 14, edited by Jo Ann
Boydston, Carbondale and Edwardsville: Southern Illinois
University Press, 1983

John Dewey, The Later Works, Vol. 2, edited by Jo Ann Boydston,
Carbondale and Edwardsville: Southern Illinois University
Press, 1984

John Dewey, Reconstruction in Philosophy, New York: Henry Holt
and Company, 1920

John Dewey, China, Japan and the U. S. A: Present—day Conditions
in the Far East and their Bearing on the Washington Conference,
New York: Republic Pulishing Co. , INC. 1921

John Dewey, Alice Chipman Dewey, Letters from China and Japan,
edited by Evelyn Dewey, New York: E. P. Dutton &
Company, 1920

从攻读博士学位开始,我一直耕耘在"实用主义与中国"的研究领域,先后出版了专著《实用主义的误读》和《实用主义的儒化》,编辑出版了《中国心灵的转化——杜威论中国》。此次编著的《杜威在华学谱》一书,以年谱的形式呈现了杜威在中国访问的行程和学术安排,展示了杜威在华期间的日常生活与学术生活。

　　杜威在中国的访问,不仅深刻影响了中国,而且深刻影响了杜威。"这两年,是我生活中最有兴味的时期,学得也比什么时候都多。""我向来主张东西文化的汇合,中国就是东西文化的交点。"(《晨报》1921年7月1日)他对中国社会的观察,对中国文化的体验,对中国人生活方式的体察,有助于我们重新认识中国文化的现代意义和世界意义。

搜集杜威在华活动的文献是一个长期而持续的积累过程,需要韧性和毅力。在搜寻文献的过程中,我逐渐养成一个习惯:随时发现新材料,随时记录归档。目前呈现的是初步整理杜威文献的业绩,以为纪念杜威访问中国一百年献上一份薄礼。

为获取第一手资料,我曾在哈佛大学、哥伦比亚大学、伊利诺伊大学、北京大学等大学的档案馆查找文献。很大一部分文献整理工作,是在国家教育行政学院进修期间利用课余时间完成的。研究生王九洲、张潇、余涛等承担了查找资料、翻拍文献、校对书稿等工作,在此表示感谢。同时感谢华东师范大学中国现代思想文化研究所、哲学系、马克思主义学院、出版社等单位的支持。感谢全国重点马克思主义学院建设计划、上海市高峰高原学科建设计划、国家社科基金项目(16BZX058)等的支持。

顾红亮于华东师范大学

2019 年 4 月 30 日

图书在版编目(CIP)数据

杜威在华学谱/顾红亮编著. —上海:华东师范大学出版社,2019

(杜威研究在中国)

ISBN 978 - 7 - 5675 - 9028 - 1

Ⅰ.①杜… Ⅱ.①顾… Ⅲ.①杜威(Dewey,John1859 - 1952)-思想评论

Ⅳ.①B712.51

中国版本图书馆 CIP 数据核字(2019)第 084913 号

杜威研究在中国

杜威在华学谱

编 著	顾红亮
责任编辑	朱华华
责任校对	王丽平
装帧设计	卢晓红

出版发行 华东师范大学出版社
社　　址 上海市中山北路 3663 号　邮编 200062
网　　址 www.ecnupress.com.cn
电　　话 021 - 60821666　行政传真 021 - 62572105
客服电话 021 - 62865537　门市(邮购)电话 021 - 62869887
地　　址 上海市中山北路 3663 号华东师范大学校内先锋路口
网　　店 http://hdsdcbs.tmall.com

印 刷 者 上海昌鑫龙印务有限公司
开　　本 890×1240　32 开
印　　张 11.75
字　　数 255 千字
版　　次 2019 年 5 月第 1 版
印　　次 2021 年 5 月第 2 次
书　　号 ISBN 978 - 7 - 5675 - 9028 - 1
定　　价 68.00 元

出 版 人 王 焰

(如发现本版图书有印订质量问题,请寄回本社客服中心调换或电话 021 - 62865537 联系)